高校土木工程专业规划教材

工程经济

天津大学　余建星　杜　杰　主编
西安建筑科技大学　刘晓君　主审

中国建筑工业出版社

图书在版编目(CIP)数据

工程经济/天津大学余建星,杜杰主编. —北京:中国建筑工业出版社,2004 (2022.7重印)
高校土木工程专业规划教材
ISBN 978-7-112-06163-1

Ⅰ.工… Ⅱ.①余… ②杜… Ⅲ.工程经济学-高等学校-教材 Ⅳ.F40

中国版本图书馆 CIP 数据核字(2004)第 046586 号

高校土木工程专业规划教材

工 程 经 济

天津大学　余建星　杜 杰　主编
西安建筑科技大学　刘晓君　主审

*

中国建筑工业出版社出版、发行(北京西郊百万庄)
各地新华书店、建筑书店经销
北京建筑工业印刷厂印刷

*

开本:787×1092毫米 1/16 印张:16¼ 字数:390千字
2004年7月第一版　2022年7月第十六次印刷
定价:42.00元
ISBN 978-7-112-06163-1
(37407)

版权所有　翻印必究
如有印装质量问题,可寄本社退换
(邮政编码　100037)

本书结合国内外工程经济学近年来的发展，揭示工程技术与经济效果的内在联系，介绍了工程经济学的基本概念和基础知识；工程经济的静态、动态经济评价方法；详细介绍了不确定性分析方法和风险管理方法；论述了价值工程、工程经济的定性及定量预测方法；阐述了设备更新分析、决策技术、投资目标的财务分析以及投资项目的后评价等理论。

本书可作为土木工程、港口海岸及近海工程、水利水电工程以及船舶与海洋工程的大学本科教材或研究生教材，也可作为有关工程技术、管理人员的参考用书。

* * *

责任编辑：王　跃　吉万旺
责任设计：孙　梅
责任校对：刘玉英

序　言

《工程经济》是工程与经济交叉学科，它是研究工程技术与经济效果的内在联系，预测资金投入建设后，将来可获取的收益，研究其风险因素、风险后果以及如何避免风险、追求工程技术的科学性与经济性协调统一的一门学科。

20世纪三四十年代，工程经济在美国得到了初步发展，六七十年代，形成了相当完整的学术领域。工程经济在世界其他国家也得到了广泛的重视和应用，如英国的业绩分析、日本的经济性工程学等，我国的技术经济学也属于工程经济的范畴。

目前我国评价工程项目时，不仅仅注重其技术的可行性与先进性，而且逐步重视其软环境指标的研究，诸如经济效果、社会效果、生态环保等。

本书力求深入浅出、通俗实用。作者在参考现有教材的基础上，还介绍国内外普遍关注的最新成果。本书以揭示工程技术与经济效果的内在联系为基本出发点，以工程项目的技术与经济、功能评价为基本内容，论述了工程经济相对完整的学科体系；并结合我国的实际情况，在相关章节附有案例分析，以加深学生的理解和增强本书的实用性。

本书在编写过程中，参阅了国内外许多专家学者关于工程经济的相关著作和论述；在本书的审稿过程中，西安建筑科技大学管理学院的刘晓君教授给我们提出了宝贵的意见和建议；在出版过程中，得到了中国建筑工业出版社王跃主任等专家的大力支持与帮助，在此一并表示感谢。

本书由余建星做整体规划及技术把关。各章编者如下：第四、七、八、十章由杜杰编写，第一、十一章由杨丽编写，第二、三、九章由刘娜编写，第五章由孟博编写，第六章由谭振东编写，另外，王磊、田佳、杨利敏也参与了本书的编写与校对工作，全书由余建星、杜杰主编，西安建筑科技大学刘晓君教授主审。

此课程本书作者虽已讲授七遍，但由于工程经济属于新学科领域，加上作者水平有限，需要改进的地方还很多，敬请读者指正。

目 录

绪论 1
    第一节　工程经济 1
    第二节　工程经济的产生和发展 1
    第三节　工程经济的特点 2
    第四节　工程经济分析的原则 3

第一章　建设项目经济评价基本知识 5
    第一节　建设项目基本概念 5
    第二节　现金流量与现金流量图 6
    第三节　资金的时间价值 9
    第四节　名义利率与实际利率 20
    第五节　资金时间价值的连续复利计算公式 23
    第六节　资金时间价值公式的应用 26
    思考题与习题 28

第二章　建设项目经济评价基本方法 29
    第一节　静态评价方法 29
    第二节　动态评价方法 37
    第三节　设计与施工方案的技术经济分析 51
    思考题与习题 59

第三章　不确定性分析 60
    第一节　盈亏平衡分析 60
    第二节　敏感性分析 63
    第三节　概率分析 67
    思考题与习题 70

第四章　生产设备更新分析 72
    第一节　基本概念 72
    第二节　生产设备经济寿命的计算 72
    第三节　各类设备的更新分析 76
    第四节　设备折旧 78
    思考题与习题 82

第五章　工程经济预测技术 84
    第一节　经济预测的基本理论和基本概念 84
    第二节　定性预测方法 91
    第三节　定量预测方法 94
    思考题与习题 118

第六章　风险管理 119

  第一节 风险管理概述 ... 119
  第二节 风险分析 ... 120
  第三节 风险评价 ... 127
  第四节 风险决策 ... 129
  第五节 经济风险分析 ... 134
  思考题与习题 ... 137

第七章 决策技术 ... 138
  第一节 概述 ... 138
  第二节 不确定型决策 ... 139
  第三节 多目标决策 ... 141
  思考题与习题 ... 147

第八章 投资项目的财务分析 ... 148
  第一节 投资项目的可行性研究 ... 148
  第二节 基础财务报表的编制 ... 155
  第三节 资金规划 ... 176
  第四节 财务效果计算 ... 185
  第五节 案例分析 ... 186
  思考题与习题 ... 204

第九章 国民经济评价 ... 205
  第一节 国民经济评价 ... 205
  第二节 效益费用分析 ... 210
  思考题与习题 ... 213

第十章 投资项目的后评价 ... 214
  第一节 概述 ... 214
  第二节 项目实施后评价 ... 217
  第三节 项目运行后评价 ... 219
  第四节 项目后评价的一般方法 ... 220
  思考题与习题 ... 221

第十一章 价值工程 ... 222
  第一节 价值工程的基本原理 ... 222
  第二节 价值工程的实施步骤 ... 224
  思考题与习题 ... 230

附录 普通复利系数表 ... 231

参考文献 ... 250

绪 论

第一节 工 程 经 济

一、工程经济的概念

工程经济（Engineering Economics）是以工程技术为主体，以技术—经济系统为核心，研究如何有效利用工程技术资源，促进经济增长的科学。

工程经济的实质是寻求工程技术与经济效果的内在联系，解释二者协调发展的内在规律，促使技术先进性与经济合理性的统一。

二、工程经济的研究对象和任务

工程经济的研究对象是工程项目的经济规律。这里所说的项目是指投入一定资源的计划、规划和方案以及可以进行分析和评价的独立单位。因此工程项目的含义是很广泛的，可以是现有（已建）项目、新建项目、扩建项目、技术引进项目、技术改造项目等。

工程经济研究各种工程技术方案的经济效果，是指研究各种技术在使用过程中如何以最小的投入取得最大的产出；如何用最低的寿命周期成本实现产品、作业或服务的必要功能。

工程经济的任务是对工程项目及其相应环节进行经济效果分析；对各种备选方案进行分析、论证、评价，从而选择技术上可行、经济上合理的最佳方案。

工程经济主要内容包括资金的时间价值理论、工程项目的可行性研究理论、投资项目经济评价指标体系、不确定性分析、设备更新的经济分析、经济预测与决策技术、风险分析、价值工程理论等。

三、研究工程经济的意义

人们在生产实践中逐步体会到工程经济的重要性。很多重大工程技术的失误，不是科学技术上的原因，而更多源于经济分析上的失算。英法两国联合试制的协和号超音速客机在技术上完全达到了设计要求，是世界上最先进的，但是由于耗油量太大，噪声太响，尽管速度快，并不能吸引足够的客商，由此蒙受了极大的损失，这是国际上公认的重大工程技术失误的一个例子。一个优秀的工程师，不仅要对他所提出的方案的技术可靠性负责，还必须对方案的经济合理性负责。只有这样，他的工作才会有利于企业和社会，才会有利于满足广大人民的需要，这就要求他掌握工程经济的规律。

第二节 工程经济的产生和发展

工程经济源于1887年亚瑟姆·惠灵顿（Arthur M. Wellington）的著作《铁路布局的经济理论》（The Economic Theory of Railway Location）。

惠灵顿首次将成本分析方法应用于铁路的最佳长度或路线的曲率选择问题，开创了工程领域中的经济评价工作。在他的著作中，他将工程经济描述为"一门少花钱多办事的艺术"。20世纪20年代，戈尔德曼（O. B. Goldman）在他的《财务工程学》（Financial Engineering）中，提出了决定相对价值的福利程序，并说："有一种奇怪而遗憾的现象，就是许多作者在他们的工程学书籍中，没有或很少考虑成本问题。"实际上，工程师的最基本的责任是分析成本，以达到真正的经济性，即盈得最大可能数量的货币，获得最佳财务效率。

1930年，格兰特（E. L. Grant）在他的《工程经济原理》（Principles of Engineering Economy）一书中指出了古典工程经济的局限性。格兰特教授以复利计算为基础，讨论了判别因子和短期投资评价的重要性以及资本长期投资的一般比较。他的许多贡献获得了社会承认，被称为工程经济之父。

此后，工程经济在美国得到了进一步的发展与完善，形成了相当完整的学术领域。

工程经济在世界其他国家也得到了广泛的重视及应用，如英国的业绩分析、日本的经济性工程学、中国的技术经济学等都属于工程经济的范畴。

第三节 工程经济的特点

工程经济是工程与经济交叉形成的学科，它既不属于社会科学（经济学科），也不属于自然学科。工程经济立足于经济，研究技术方案，已成为一门独立的综合性学科，其主要特点有：

1. 综合性

工程经济横跨自然科学和社会科学两个大类。工程经济从技术的角度去考虑经济问题，又从经济角度去考虑技术问题。技术是基础，经济是目的。在实际应用中，技术经济涉及的问题很多，一个部门、一个企业有技术经济问题，一个地区、一个国家也有技术经济问题，因此，工程技术的经济问题往往是多目标、多因素的。它所研究的内容既包括技术因素、经济因素又包括社会因素与时间因素。

2. 实用性

工程经济之所以具有强大的生命力，在于它非常实用。工程经济研究的课题、分析的方案都来源于生产建设实践，并紧密结合生产技术和经济活动进行。它所分析和研究的成果，直接用于生产，并通过实践来验证分析结果是否正确。

工程经济与经济的发展、技术的选择、资源的综合利用、生产力的合理布局等关系非常密切。它使用的数据、信息资料来自于生产实践，研究成果通常以一个规划、计划或一个具体方案、具体建议的形式出现。

3. 定量性

工程经济的研究方法是以定量分析为主。即使有些难以定量的因素，也要予以量化估计。通过对各种方案进行客观、合理、完善的评价，用定量分析结果为定性分析提供科学的依据。不进行定量分析，技术方案的经济性无法评价，经济效果的大小无法衡量，在诸多方案中也无法进行比较和优选。因此，在分析和研究过程中，要用到很多数学方法、计算公式，并建立数学模型，借助计算机计算结果。

4. 比较性

工程经济研究的实质是进行经济比较。工程经济分析通过经济效果的比较，从许多可行的技术方案中选择最优方案或满意的可行方案。技术方案的一个技术经济指标是先进还是落后，不通过比较是无法判明的。

5. 预测性

工程经济分析活动大多在事件发生之前进行。对将要实现的技术政策、技术措施、技术方案进行预先的分析评价，首先要进行技术经济预测。通过预测，使技术方案更接近实际，避免盲目性。工程经济的预测主要有两个特点：一是尽可能准确地预见某一经济事件的发展趋向和前景，充分掌握各种必要的信息资料，尽量避免由于决策失误所造成的经济损失；二是预见性包含一定的假设和近似性，只能要求对某项工程或某一方案的分析结果尽可能地接近实际，而不是要求其绝对的准确。

第四节 工程经济分析的原则

一、工程经济分析的核心原则

对工程项目进行分析，要以经济效果为核心考察项目是否具有较好的经济效果，并选择效果好的项目先上马。后面章节中所介绍的指标体系大部分都是以不同的方法，从不同的角度构造反映经济效果的指标，也就是说效果最大化是评价项目的核心原则。

（一）经济效果的概念

要研究工程技术的经济规律，就是要计算工程技术方案的经济效果。在任何经济活动中，总是用一定的投入得到一定的产出，经济效果的科学概念应当是人们在实践活动中的所得与所费之比。人类的一切活动要达到一定的目的或取得一定的有效成果，就要耗费一定的劳动，取得的有效成果与劳动消耗之比，即为经济效果。

经济效果可用价值型指标表达如下：

$$经济效果 = \frac{收益}{费用}$$

（二）经济效果的类型

1. 宏观经济效果与微观经济效果

宏观经济效果是从整个国民经济角度考察的经济效果。考察工程项目对国民经济的贡献是不能忽视的环节。社会主义所有制的性质要求工程项目的经济评价应以整个国民经济或整个社会为出发点进行考察，这就是要研究工程项目的宏观经济效果。

微观经济效果是指从个体角度考察的效果。生产项目的直接投入、直接产出是微观经济效益的主要构成。利润最大化是企业追求的目标。微观效果的大小也是评价和选择项目的重要依据。

2. 直接经济效果与间接经济效果

直接经济效果是指项目自身直接生产并得到的经济效果。即生产项目系统直接创造的经济效果，如产品的销售收入等。间接经济效果是指项目导致的自身之外的经济效果，即生产项目引起的其系统之外的效果。如某企业生产项目的上马引起企业其他经济效果的增加，某大型钢铁基地的建成使重型机械部门的闲置生产能力得以启用，这相当于节约了费用。这些效果都是原项目的间接效果。间接效果的分析只有在项目进行国民经济评价时才考虑。

3. 短期经济效果与长期经济效果

短期经济效果是指短期内可以实现的经济效果,长期经济效果是指较长时期后能够实现的经济效果。

二、工程经济分析的基本原则

(一) 政策、经济与技术相结合

在进行评价时,既要反对不顾经济效果的倾向,同时也必须克服只讲经济效果而忽视社会效果的做法。

(二) 局部利益与整体利益相结合

工程项目的经济性研究,既要考虑具体部门或企业的经济效果,更应从整个国民经济或整个社会来考察。作为完整的工程项目的经济评价应包括微观和宏观两个方面,并应以宏观效果作为评价的主要依据,局部利益应与整体利益相结合,并服从于整体利益。

(三) 当前利益与长远利益相结合

评价一个工程项目的经济效果时,应注意当前经济效果与长远效果的结合。不仅考虑1年、2年的经济效果,还要考虑10年、20年甚至更长时间的经济效果。这无论对于资源的合理开发利用,还是对于社会经济和生态环境的协调发展,都有着重要的意义。

(四) 定性分析与定量分析相结合

反映工程项目的技术经济指标,一般是以定量形式来表示的,定量分析是工程经济分析的一个重要特点,但有些技术经济效果是不能以定量形式来表示的,而必须凭借定性分析来表示。为了客观、全面、准确地反映工程项目的技术经济效果,必须注意坚持定量分析与定性分析相结合,而以定量分析为主的原则。

(五) 静态分析与动态分析相结合

经济分析有静态分析和动态分析之分。静态分析是不考虑资金的时间价值的经济分析。动态分析是指考虑资金的时间价值和工程项目服务年限等事件因素的一种投资效果的分析,它能较好地反映客观真实情况。因此静态分析和动态分析应当结合,而以动态分析为主。

第一章　建设项目经济评价基本知识

第一节　建设项目基本概念

一、项目的概念

（一）项目

项目是指那些作为管理对象，按限定时间、预算和质量标准完成的一次性任务，其特征如下：

1. 一次性

项目的一次性是项目最主要的特征，也可称为单件性。指的是没有与此完全相同的另一项任务，其不同点表现在任务本身与最终成果上。只有认识项目的一次性，才能有针对性地根据项目的特殊性进行管理。

2. 目标的明确性

项目的目标有成果性目标和约束性目标。成果性目标是指项目的功能性要求，即设计规定的生产产品的规格、品种、生产能力目标。约束性目标是指限制条件，如工程质量标准、竣工验收投产使用、工期、投资目标、效益指标等。

3. 管理对象的整体性

一个项目是一个整体，在按其需要配置生产要素时，必须以总体效益的提高为标准，做到数量、质量、结构的总体优化。由于内外环境是变化的，所以管理和生产要素的配置是动态的。

每个项目都必须具备上述三个特征，缺一不可。重复的、大批量的生产活动及其成果，不能称作"项目"。项目的种类按其最终成果划分，有建设项目、科研开发项目、航天项目及维修项目等。

（二）建设项目

建设项目是项目中最重要的一类。一个建设项目就是一项固定资产投资项目，既有基本建设项目，如新建、扩建等扩大生产能力的建设项目，又有技术改造项目，即以节约、增加产品品种、提高质量、治理"三废"、劳动安全为主要目的的项目。建设项目是指需要一定量的投资，经过决策和实施（设计、施工等）的一系列程序，在一定的约束条件下以形成固定资产为明确目标的一次性事业。建设项目有以下基本特征：

（1）在一个总体设计和初步设计范围内，由一个或若干个互相有内在联系的单项工程（或单位工程）所组成的、建设中实行统一核算、统一管理的建设单位。

（2）在一定的约束条件下，以形成固定资产为特定目标。约束条件一是时间约束，即一个建设项目有合理的建设工期目标；二是资源约束，即一个建设项目有一定的投资总量目标；三是质量约束，即一个建设项目有预期的生产能力、技术水平或使用效益目标。

（3）需要遵循必须的建设程序和经过特定的建设过程。即一个建设项目从提出建设的设想、建议、方案选择、评估、决策、勘察、设计、施工一直到竣工、投产或投入使用,有一个有序的过程。

(4) 按照特定的任务,项目具有一次性特点的组织形式,表现为投资的一次性投入,建设地点的一次性固定,设计单一,施工单件。

(5) 具有投资限额标准。只有达到一定限额投资的才作为建设项目,不满限额标准的称为零星固定资产购置。随着改革开放的深入,这一限额将逐步提高,如投资 50 万元以上称建设项目。

(三) 施工项目

施工项目是建筑施工企业对一个建筑产品的施工过程及成果,也就是建筑施工企业的生产对象。它可能是一个建设项目的施工,也可能是其中的一个单项工程或单位工程的施工,因此,施工项目具有三个特征:

(1) 它是建设项目或其中的单项工程或单位工程的施工任务。

(2) 它作为一个管理整体,是以建筑施工企业为管理主体的。

(3) 该任务的范围是由工程承包合同界定的。但只有单位工程、单项工程和建设项目的施工才谈得上是项目,因为单位工程才是建筑施工企业的产品,分部、分项工程不是完整的产品,因此也不能称作"项目"。

建设项目与施工项目一般统称为工程项目,为不引起混淆,本书中的工程项目泛指建设项目和施工项目。

二、建设项目经济评价

建设项目经济评价是项目可行性研究的有机组成部分和重要内容,是项目决策科学化的重要手段。经济评价的目的是根据国民经济和社会发展战略和行业、地区发展规划的要求,在做好产品(服务)市场需求预测及厂址选择、工艺技术选择等工程技术研究的基础上,计算项目的效益和费用,通过多方案比较,对拟建项目的财务可行性和经济合理性进行分析论证,做出全面的经济评价,为项目的科学决策提供依据。

建设项目经济评价包括财务评价和国民经济评价。财务经济评价是在国家现行财税制度和价格体系的条件下,计算项目范围内的效益和费用,分析项目的赢利能力、清偿能力,以考察项目在财务上的可行性;国民经济评价是在合理配置国家资源的前提下,从国家整体的角度分析计算项目对国民经济的净贡献,以考察项目的经济合理性。

财务评价和国民经济评价结论都可行的项目可以通过,反之予以否定;国民经济评价结论不可行的项目,一般予以否定。对某些国计民生急需的项目,如国民经济评价结论好,但财务评价不可行,应重新考虑方案,必要时可向国家提出采取经济优惠措施的建议,使项目具有财务生存能力。

第二节 现金流量与现金流量图

一、现金流量

(一) 现金流量的概念

建设项目一般经历投资期、投产期、达产期、稳产期、减产期、回收处理期等阶段。我们把整个过程称为项目寿命周期。正确确定项目在寿命周期内各个时期(各个时间点)

的现金流量,是项目评价的基础。在工程经济分析中,要把评价的项目视为一个独立的系统。通常,对流入系统的资金收入叫现金流入,对流出系统的资金支出叫现金流出,并把某一个时间点的现金流入与现金流出的差额叫净现金流量。系统的现金流入、现金流出和净现金流量统称为现金流量。

工程经济学中研究的现金流量同会计学中研究的财务收支是不同的,二者有着重要的区别:

第一,工程经济学研究的是拟建项目未来将发生的现金流量,系统的现金流出量和现金流入量是预测的,因此,预测的精确性非常重要。而会计学中研究的一般是已经发生了的财务收支的实际数据,因此,统计记录的完整性和真实性非常重要。

第二,工程经济学中的现金流量计算是以特定的经济系统为研究对象的。凡是已流入和流出系统的资金,都视为现金流量,并对应发生的时点。例如固定资产投资和无形资产投资发生在建设期,已作为一次性支出而计入了现金流出,因此,就不能在生产经营期以产品成本费用中的折旧、摊销费的形式再计入现金流出,以免重复计算。但是在会计核算中,却以产品成本费用要素的形式逐期计提和摊销。

第三,在工程经济学研究中,由于考察的角度和范围不同,现金流量包括的内容不同。例如企业上缴给国家的税金,从企业角度看是现金流出量,但从整个国民经济角度看则既不是现金流出,也不是现金流入,因为社会资源量未变化,国民收入也未变化,只是在国家范围内资金分配权与使用权的一种转移。而在会计学中税金则视为企业财务支出。

第四,在工程经济学研究中的现金流量的现金,不仅指现钞,而且还包括转账支票等其他结算凭证。而会计学中的现金,则仅指现钞,即货币现金。

(二)现金流量的构成

在项目经济分析与评价中,构成系统现金流量的要素,主要有投资、成本、销售收入、税金和利润等。这些经济量是构成经济系统现金流量的基本要素,也是进行工程经济分析最重要的基础数据。其中构成系统现金流入的要素,主要是销售收入、回收固定资产残值和回收流动资金等。构成系统现金流出的要素,主要是投资、经营成本、税金等。

二、现金流量图

现金流量图是表示项目系统在整个寿命周期内各时间点的现金流入和现金流出状况的一种图示。它是用纵轴表示现金流量,用横轴表示时间坐标的现金流量与时间关系的直角坐标图,简称现金流量图。

现金流量图包括三大要素:大小、流向与时间点。其中,大小表示资金数额,流向指项目的现金流入或流出,时间点指现金流入或流出所发生的时间。现金流量图的一般形式如图1-1所示。

现金流量图的绘制方法:

(1)水平线表示时间坐标,时间推移从左到右,每一刻度表示一个计息期。

(2)垂直箭线表示现金流量的大小,箭头向上表示现金流入,记为 CI_t (Cash Income)符号为"+";箭头向下表示现金流出,记为 CO_t (Cash Output),符号为"-"。现金流量大小与箭线长度成比例。

(3)箭线的方向与立足点有关,同一笔资金借贷双方的现金流量方向相反。

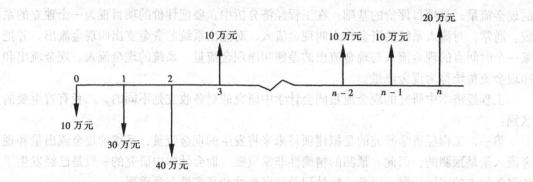

图 1-1 现金流量图

【例 1-1】 某项目第一、二、三年分别投资 100 万、70 万、50 万；以后各年均收益 90 万，经营费用均为 20 万，寿命期 10 年，期末残值 40 万。试绘制现金流量图。

【解】 该项目的现金流量图如图 1-2 所示。

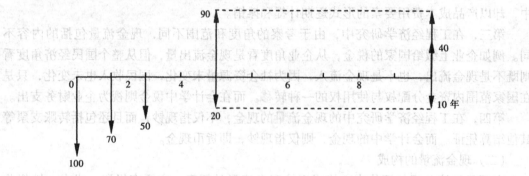

图 1-2 某项目现金流量图

【例 1-2】 某工程项目，其建设期为 2 年，生产期为 8 年。第一、二年的年初固定资产投资分别为 1000 万元，第三年初投入流动资金 40 万，并一次全部投入。投产后每年获销售收入 1200 万元，年经营成本及销售税金合计支出 800 万元。生产期的最后一年年末回收固定资产净残值 200 万元及全部流动资金。试绘制现金流量图。

【解】 该项目的现金流量图如图 1-3 所示。

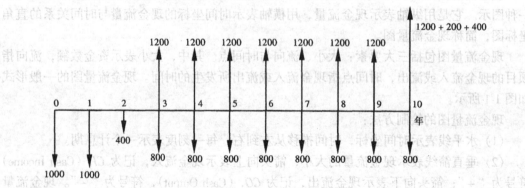

图 1-3 某工程项目现金流量图

第三节 资金的时间价值

一、资金时间价值的基本概念

(一) 货币与资金

货币是固定的充当一般等价物的特殊商品,它能够衡量商品价值的大小,充当商品交换的媒介,同时,还可将其贮藏起来,达到保值的目的,如金银铸币、金条等,但货币的贮藏只能保值,不能增值。

货币参与生产过程的循环就成为资金。资金是社会再生产过程中财产、物资的货币表现,其实质是再生产过程中运动着的价值。

(二) 资金时间价值概念

两笔等额的资金,由于发生在不同的时期,它们在价值上就存在着差别,发生在前的资金价值高,发生在后的资金价值低。产生这种现象的根源在于资金具有时间价值。

资金的时间价值,是指资金在生产和流通过程中随着时间推移而产生的增值。

资金会产生新的价值,说明了劳动只有与生产资料相结合才能创造出新的价值,它承认了生产资料的重要性。考虑资金的时间因素,实质上就是考虑工程项目在不同的时间所投入的人力、物力和财力的多少,以及在不同的时间发挥经济效益的大小。即在资金的流动条件下,资金与时间的关系,以及经济效益与时间的关系。一个工程项目的时间因素主要包括:①资金投入的时间;②完成(建设)周期;③使用年限;④经济效益;⑤资金使用代价的计算方式等。

从资金使用角度看,资金的时间价值是资金放弃即时使用的机会,在一定时间后可以换取一定的报酬。使用资金是需要付出代价的。

二、计息方法

(一) 利息和利率

资金的时间价值体现为资金运动所带来的利润(或利息),它是衡量资金时间价值的绝对尺度。资金在单位时间内产生的增值(利润或利息)与投入的资金额(本金)之比,简称为"利率"或"收益率",它是衡量资金时间价值的相对尺度,记作 i。i 越大,表明资金增值越快。

(二) 单利和复利

利息的计算有单利计息和复利计息之分。

1. 单利计息法

单利计息指仅以本金为基数计算利息,即不论年限有多长,每年均按原始本金计息,利息不再生利息。

例如,设本金为 P,利率为 i,计算利息的周期数为 n,本金与利息之和 F,则计算单利的公式推导过程如表 1-1。由表 1-1 可知,n 年末本利和的单利计算公式为:

$$F_n = P(1 + i \cdot n) \tag{1-1}$$

单利法计算公式的推导过程　　　　　表 1-1

年 份	年初欠款	年末欠利息	年末欠本利和
1	P	Pi	$P + Pi = P(1+i)$
2	$P(1+i)$	Pi	$P(1+i) + Pi = P(1+2i)$
3	$P(1+2i)$	Pi	$P(1+2i) + Pi = P(1+3i)$
⋮	⋮	⋮	⋮
n	$P[1+(n-1)i]$	Pi	$P[1+(n-1)i] + Pi = P(1+ni)$

【例 1-3】 某人在银行存入 10000 元，他希望 5 年后取出，已知 1 年期利率为 5%，3 年期利率为 7%，按单利计，试问有几种存款方式？何种存款方式最佳？

【解】 根据公式（1-1）：

方式 1：存 1 年定期存款，每年年末取出本金和利息后，只将本金再按一年定期储存，直到第 5 年年末总额：

$$F_5 = 10000 \times (1 + 5\% \times 5) = 12500 \text{ 元}$$

方式 2：存 1 年定期，每年年末取出本金和利息后，全部再按 1 年定期储蓄存入，继续存到第 5 年年末取出总额：

$$F_5 = 10000 \times (1 + 5\%) \times (1 + 5\%) \times (1 + 5\%) \times (1 + 5\%) \times (1 + 5\%)$$
$$= 12762.82 \text{ 元}$$

方式 3：先按方式 2 储蓄两年，年末取出全部本金和利息后再按 3 年定期储蓄存入，直到第 5 年年末取出总额：

$$F_5 = 10000 \times (1 + 5\%) \times (1 + 5\%) \times (1 + 7\% \times 3) = 13340.25 \text{ 元}$$

方式 4：先存 3 年定期储蓄，第三年年末取出本息后，再全部存 1 年的定期储蓄，每年年末取出本息再存，继续存至第 5 年年末取出总额：

$$F_5 = 10000 \times (1 + 7\% \times 3) \times (1 + 5\%) \times (1 + 5\%) = 13340.25 \text{ 元}$$

经过计算，得知方式 3 和 4 同是最佳方案。当然，还有许多可选的存款方式，不一一列举。

【例 1-4】 某工程建设项目借款 1000 万元，合同规定借期为 5 年，规定是按单利计息，年利率为 10%，试求 5 年后的本利和。

【解】 根据公式（1-1），有：

$$F_5 = P(1 + i \cdot n) = 1000(1 + 10\% \times 5) = 1500 \text{ 万元}$$

即到期应归还的本利和为 1500 万元。

单利计息法虽然考虑了资金的时间价值，但仅是对本金而言，而没有考虑每期所得利息再进入社会再生产过程从而实现增值的可能性，这是不符合资金运动的实际情况的。因此单利法未能完全反映资金的时间价值，在应用上有局限性，通常仅适用于短期投资及期限不超过一年的借款项目。

2. 复利计息法

复利计息时，是用本金和前期累计利息总额之和进行计息，即除最初的本金要计算利息外，每一计息周期的所有利息都要并入本金，再生利息。复利计算的本利和公式为：

$$F_n = P(1+i)^n \tag{1-2}$$

式（1-2）的推导见表1-2。

复利法计算公式的推导过程　　　　　表1-2

年　份	年初欠款	年末欠利息	年末欠本利和
1	P	Pi	$P + Pi = P(1+i)$
2	$P(1+i)$	$P(1+i)i$	$P(1+i) + P(1+i)i = P(1+i)^2$
3	$P(1+i)^2$	$P(1+i)^2 i$	$P(1+i)^2 + P(1+i)^2 i = P(1+i)^3$
⋮	⋮	⋮	⋮
n	$P(1+i)^{n-1}$	$P(1+i)^{n-1}i$	$P(1+i)^{n-1} + P(1+i)^{n-1}i = P(1+i)^n$

【例1-5】 在例1-4中，若年利率仍为10%，但按照复利计算，则到期应归还的本利和是多少？

【解】 用复利法计算，根据公式（1-2）有：

$$F_5 = P(1+i)^5 = 1000 \times (1+10\%)^5 = 1611 \text{万元}$$

从例1-4和例1-5中可以看到，当单利计算和复利计算的利率相等时，资金的复利值大于单利值，且时间越长，差别越大。由于利息是货币时间价值的体现，而时间是连续不断的，所以利息也是不断发生的。从这个意义上说，复利计算方法比单利计算更能反映货币的时间价值。因此，复利计息比较符合资金在社会再生产过程中运动的实际状况，在工程经济分析中，绝大多数情况是采用复利计算的。

三、资金的等值换算公式

（一）资金的等值原理

前面论述了资金的时间价值的基本概念。由于有了时间价值，资金就可以进行同一时刻的价值衡量。在资金时间价值的计算中，等值是一个十分重要的概念。资金等值是指不同时点发生的绝对值不等的资金可能具有相等的价值。资金等值有三个因素：①金额；②金额发生的时间；③贴现率。

例如，现在的100元与1年后的106元，在数量上并不相等，但如果将这笔100元的资金存入银行，存期1年，且年利率为6%时，则两者是等值的。因为，现在存入的100元，1年后的本金和利息之和为：

$$100 \times (1+6\%) = 106 \text{元}$$

利用等值的概念，可以把在一个时点发生的资金金额换算成另一时点的等值金额，这一过程叫资金等值计算。这样，不同时点的资金就可以进行等值运算。

我们把将来某一时点的资金金额换算成现在时点等值金额的过程称为"折现"或"贴现"。而将来时点上的资金贴现后的资金金额成为"现值"。把现在时点的资金按照时间等值原理换算至将来某时点的资金金额称为"终值"或"将来值、本利和"。需要说明的是，"现值"并非专指一笔资金"现在"的价值，它是一个相对的概念。一般地说，将第 $t+k$ 时点上发生的资金贴现到第 t 时点，所得的等值金额就是第 $t+k$ 时点上资金金额的现值。进行资金等值计算中使用的反映资金时间价值的参数叫贴现率。实际上，贴现率可以看作收益率。

理解等值概念时应注意以下几点：

①等值仅是一种尺度，即为在同一贴现率下评价不同现金流量方案的一种度量，等值本身并不具有购置、筹款投资和再投资等手段的含义；

②等值并不意味着具有相等的用途；

③进行等值计算时，换算期数的时间单位，一定要与利率的时间单位一致，如，期数是按月计算的，那么换算利率就是月利率等。

（二）资金等值计算公式

工程经济分析和评价中，为了考察投资项目的经济效果，必须对项目寿命期内不同时间发生的全部费用和全部收益进行计算和分析。在考察资金时间价值的情况下，不同时间发生的收入或支出，其数值不能相加减，只能通过资金等值计算将它们换算到同一时间点上进行分析，即进行资金等值计算。资金等值计算公式和复利计算公式的形式是相同的，因此也叫复利计算。在实际工作中，流入和流出项目系统的现金流量的方式常常是多种多样的。有一次流入或流出，也有多次流入或流出；有定期等额流入或流出，也有不定期不等额流入或流出等等。通常我们采用普通复利计算利息，它是相对于连续复利而言的。公式中常用的符号规定如下：

P——本金或现值；

i——利率或贴现率，也称报酬率或收益率；

n——计息周期数；

F——本利和、未来值或终值；

A——等额支付序列值，或等额年金序列值。

1．一次支付类型

一次支付又称整付，是指所分析系统的现金流量，无论是流入还是流出，均在一个时间点上一次发生，其典型现金流量图如图1-4。一次支付的等值计算公式有两个：

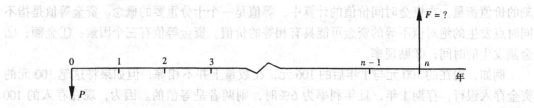

图1-4 一次支付终值公式现金流量图

（1）一次支付终值公式

该公式的经济含义是，已知支出本金（现值）P，当利率（报酬率或收益率）为 i 时，在复利计息的条件下，求第 n 期期末所取得的本利和，即未来值 F。

$$F = P(1+i)^n = P(F/P, i, n) \tag{1-3}$$

式中 $(1+i)^n$ 称为一次支付未来值系数，又叫一元钱的复利本利和。这个系数也可以用符号 $(F/P, i, n)$ 表示，其中斜线下的 P 以及 i 和 n 为已知条件，而斜线上的 F 是所求的未知量。系数 $(F/P, i, n)$ 可查普通复利系数表。

【例1-6】 某工程项目需要投资，现在向银行借款100万元（现值），年利率为10%，借款期5年，一次还清。问第5年末一次偿还银行的本利和是多少？

【解】 由公式（1-3）得：

$$F = P(1+i)^n = 100(1+10\%)^5 = 161.05 \text{ 万元}$$

也可查复利系数表（见本书附录），得 $(F/P, 10\%, 5) = 1.6105$，故可求得：

$$F = P(F/P, i, n) = 100(F/P, 10\%, 5)$$
$$= 100 \times 1.6105 = 161.05 \text{ 万元}$$

即 5 年末一次偿还银行本利和 161.05 万元。

(2) 一次支付现值公式

这是已知终值 F 求现值 P 的等值公式，它的经济含义是，如果想在未来的第 n 期期末一次收入 F 数额的现金流量，在利率（资金收益率）为 i 的复利计息条件下，求现在应一次支出（投入）本金 P 是多少。该公式是一次支付终值公式的逆运算。由式 (1-3) 可直接导出，其现金流量图如图 1-5 所示。

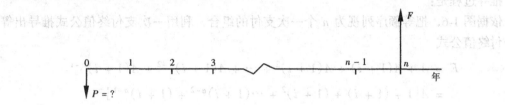

图 1-5 一次支付现值公式现金流量图

一次支付现值公式为：

$$P = F \cdot \frac{1}{(1+i)^n} = F(1+i)^{-n} = F(P/F, i, n) \tag{1-4}$$

式中 $(1+i)^{-n}$ 称为一次支付现值系数，或称贴现系数，也叫一元钱的现值系数，并可用符号 $(P/F, i, n)$ 表示，其系数值可查复利系数表求得。

【例 1-7】 某企业 6 年后需要一笔 1000 万元的资金，以作为设备技术更新款项，若已知年利率为 8%，问现在应存入银行多少钱？

【解】 由公式 (1-4) 可直接求得：

$$P = F(1+i)^{-n} = 1000 \times (1+8\%)^{-6} = 630.17 \text{ 万元}$$

也可查复利系数表得 $(P/F, 8\%, 6) = 0.63017$，故求得：

$$P = F(P/F, i, n) = 1000 \times 0.63017 = 630.17 \text{ 万元}$$

即现在应存入银行 630.17 万元。

2. 等额分付类型

等额分付是多次支付形式中的一种。多次支付是指现金流入和流出在多个时点上发生，而不是集中在某个时点上。现金流数额的大小可以是不等的，也可以是相等的。当现金流序列是连续的，现金流发生在每期末且数额相等，则称之为等额系列现金流（又叫普通年金）。

(1) 等额分付终值公式

如图 1-6 所示，从第 1 年年末至第 n 年年末有一等额的现金流序列，每年的金额均为 A，称为等额年值（年金）。

这个公式的经济含义是，对连续若干期期末等额支付的现金流量 A，按利率 i 复利计

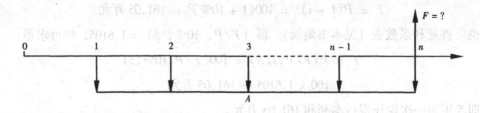

图 1-6 等额分付终值公式现金流量图

算利息,求第 n 期期末的未来值 F,即本利和。公式如下:

$$F = A\left[\frac{(1+i)^n - 1}{i}\right] = A(F/A, i, n) \tag{1-5}$$

推导过程是:

依据图 1-6,把等额序列视为 n 个一次支付的组合,利用一次支付终值公式推导出等额分付终值公式。

$$F = A + A(1+i) + A(1+i)^2 + \cdots + A(1+i)^{n-2} + A(1+i)^{n-1}$$
$$= A[1 + (1+i) + (1+i)^2 + \cdots + (1+i)^{n-2} + (1+i)^{n-1}]$$
$$= A\left[\frac{(1+i)^n - 1}{i}\right]$$

式中 $\frac{(1+i)^n - 1}{i}$ 称为等额支付序列未来值系数,亦可用符号 $(F/A, i, n)$ 表示,其数值可以从复利系数表中查得。

【例 1-8】 某公司每年年末存入银行 100 万元,利率为 6%,按复利计息,第 5 年年末本利和是多少?

【解】 由式 (1-5) 可得:

$$F = A\left[\frac{(1+i)^n - 1}{i}\right] = 100 \times \left[\frac{(1+6\%)^5 - 1}{6\%}\right]$$
$$= 100 \times 5.6371 = 563.71 \text{ 万元}$$

也可查复利系数表得 $(F/A, 6\%, 5) = 5.6371$,故得:

$$F = A(F/A, i, n) = 100(F/A, 6\%, 5)$$
$$= 100 \times 5.6371 = 563.71 \text{ 万元}$$

即第 5 年年末本利和是 563.71 万元。

(2) 等额分付偿债基金公式

也叫等额支付序列投入基金(或基金存储)公式。这个公式的经济含义是,在利率为 i,复利计息的条件下,如果要在 n 期期末能一次收入 F 数额的现金流量,那么在这 n 期内连续每期期末等额偿债基金值 A 应是多少?它是等额分付终值公式的逆运算,也就是已知 F、i、n,求 A。其现金流量图如图 1-7 所示。

由公式 (1-5) 可直接导出:

$$A = F\left[\frac{i}{(1+i)^n - 1}\right] = F(A/F, i, n) \tag{1-6}$$

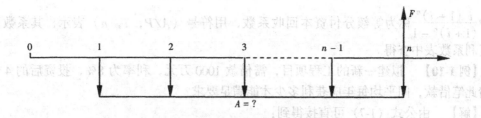

图 1-7 等额分付偿债基金公式现金流量图

式中 $\dfrac{i}{(1+i)^n-1}$ 称为等额分付偿债基金系数，用符号 $(A/F,i,n)$ 表示，其数值可从复利系数表中查得。

【**例 1-9**】 某工厂计划自筹资金于 5 年后扩建厂房，估计那时将需要资金 1000 万元，问从现在起平均每年应积累资金多少？（已知利率 6%）

【**解**】 由公式（1-6）可直接求得：

$$A = F\left[\dfrac{i}{(1+i)^n-1}\right] = 1000 \times \left[\dfrac{6\%}{(1+6\%)^5-1}\right]$$

$$= 1000 \times 0.17740 = 177.40 \text{ 万元}$$

也可查复利系数表得 $(A/F,6\%,5) = 0.17740$，故求得：

$$A = F(A/F,i,n) = 1000 \times (A/F,6\%,5)$$

$$= 1000 \times 0.17740 = 177.40 \text{ 万元}$$

即从现在起平均每年应积累资金 177.40 万元。

(3) 等额分付资本回收公式

这个公式的经济含义是，有现金流量现值 P，在报酬率为 i 并复利计息的条件下，在 n 期内与其等值的连续的等额分付资本回收值 A 应是多少？其现金流量图如图 1-8 所示。

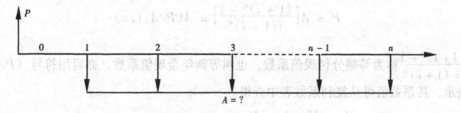

图 1-8 等额分付资本回收公式

等额分付资本回收公式，可由公式（1-3）代入公式（1-6）直接得到：

$$A = F\left[\dfrac{i}{(1+i)^n-1}\right], F = P(1+i)^n$$

$$A = P(1+i)^n \cdot \left[\dfrac{i}{(1+i)^n-1}\right]$$

$$\therefore A = P\left[\dfrac{i(1+i)^n}{(1+i)^n-1}\right] = P(A/P,i,n) \tag{1-7}$$

式中 $\dfrac{i(1+i)^n}{(1+i)^n-1}$ 称为等额分付资本回收系数，用符号 $(A/P, i, n)$ 表示，其系数值可从复利系数表中查得。

【例 1-10】 拟建一新的工程项目，需借款 1000 万元，利率为 8%，投资后的 4 年内还清此笔借款，问平均每年应获利多少才能满足要求？

【解】 由公式（1-7）可直接得到：

$$A = P\left[\dfrac{i(1+i)^n}{(1+i)^n-1}\right] = 1000 \times \left[\dfrac{8\% \times (1+8\%)^4}{(1+8\%)^4-1}\right]$$

$$= 1000 \times 0.30192 = 301.92 \text{ 万元}$$

同样也可以从复利系数表中查出 $(A/P, 8\%, 4) = 0.30192$ 代入进行计算，即平均每年应获利 301.92 万元才能满足要求。

(4) 等额分付现值公式

等额分付现值公式，也叫等额年金现值公式。这个公式的经济含义是，在利率为 i，复利计息的条件下，求 n 期内每期期末发生的等额分付值 A 的现值 P，其现金流量图如图 1-9 所示。

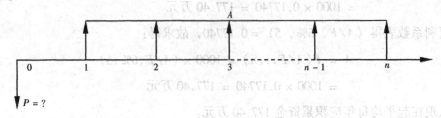

图 1-9 等额分付现值公式现金流量图

等额分付现值公式，是等额分付资本回收公式的逆运算，即：

$$P = A\left[\dfrac{(1+i)^n-1}{i(1+i)^n}\right] = A(P/A, i, n) \tag{1-8}$$

式中 $\dfrac{(1+i)^n-1}{i(1+i)^n}$ 称为等额分付现值系数，也叫等额年金现值系数，亦可用符号 $(P/A, i, n)$ 表示，其系数值可从复利系数表中查得。

特别的，由于 $\lim\limits_{n \to \infty} \dfrac{(1+i)^n-1}{i(1+i)^n} = \dfrac{1}{i}$，所以当周期数 n 足够大时，可近似认为：

$$P = \dfrac{A}{i} \tag{1-9}$$

【例 1-11】 设立一项基金，计划在从现在开始的 10 年内。每年年末从基金中提取 100 万元，若已知年利率为 10%，问现在应存入基金多少钱？

【解】 由公式（1-8）可直接得到：

$$P = A\left[\dfrac{(1+i)^n-1}{i(1+i)^n}\right] = 100 \times \left[\dfrac{(1+10\%)^{10}-1}{10\%(1+10)^{10}}\right]$$

$$= 100 \times 6.1446 = 614.46 \text{ 万元}$$

同样也可以从复利系数表中查得 $(P/A, 10\%, 10) = 6.1446$，代入即可求得，即现在应存入基金 614.46 万元。

3. 等差序列现金流的等值计算

有些项目的收支是按每期期末等额增减的，它的现金流量形成了一个等差序列。等差序列现金流的等值计算公式也叫均匀梯度序列公式，这个公式的经济含义是，在利率为 i，复利计息条件下，对 n 期内现金流量呈逐期等差递增变化或等差递减变化的序列，进行资金的时间价值计算。假设某投资额为 P 的项目，第 1 期期末的金额为 A_1，然后从第 2 期期末开始逐期等差递增或逐期等差递减，等差变额为 G。因此，等差序列起始时间为第 2 期期末，等差序列的等值换算就是在此前提下推导出来的。现金流量图如图 1-10 所示。

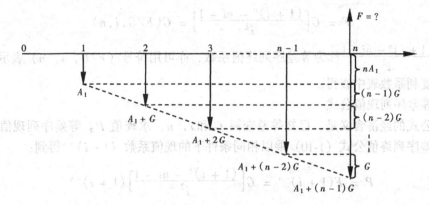

图 1-10　逐期递增等差现金流量

显而易见，图 1-10 的现金流量可分解为两部分：第一部分是由第 1 期期末现金流量 A_1 构成的等额分付现金流量图，如图 1-11 所示；第二部分是由等差变额 G 构成的递增等差序列现金流量图，如图 1-12 所示。

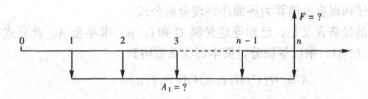

图 1-11　等额值为 A_1 的等额现金流量图

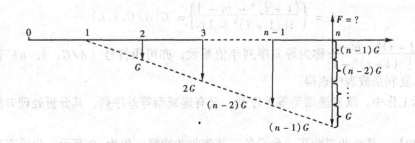

图 1-12　等差变额为 G 的递增等差序列现金流量图

(1) 等差序列终值公式

这个公式的经济意义是，已知等差变额 G 和 i、n，求 F。F 可看成是 $n-1$ 个等额序列现金流的终值之和，这些等额序列现金流的年值均为 G，年数分别为 $1，2，\cdots，n-1$。即：

$$F = \sum_{j=1}^{n-1} G \cdot \frac{(1+i)^j - 1}{i}$$

$$= G \left[\frac{(1+i)-1}{i} + \frac{(1+i)^2-1}{i} + \cdots + \frac{(1+i)^{n-1}-1}{i} \right]$$

$$= \frac{G}{i} [(1+i) + (1+i)^2 + \cdots (1+i)^{n-1} - (n-1)]$$

故

$$F = G \left[\frac{(1+i)^n - ni - 1}{i^2} \right] = G(F/G, i, n) \tag{1-10}$$

式中 $\dfrac{(1+i)^n - ni - 1}{i^2}$ 称为等差序列终值系数，亦可用符号 $(F/G, i, n)$ 表示，其系数值可从复利系数表中查得。

(2) 等差序列现值公式

这个公式的经济含义是，已知等差变额 G 和 i，n，求现值 P。等差序列现值公式可直接由等差序列终值公式 (1-10) 乘以相同条件下的现值系数 $(1+i)^{-n}$ 得到：

$$P = F(1+i)^{-n} = G \left[\frac{(1+i)^n - ni - 1}{i^2} \right] (1+i)^{-n}$$

故

$$P = G \left[\frac{(1+i)^n - in - 1}{i^2(1+i)^n} \right] = G(P/G, i, n) \tag{1-11}$$

式中 $\dfrac{(1+i)^n - in - 1}{i^2(1+i)^n}$ 称为等差序列终值系数，亦可用符号 $(P/G, i, n)$ 表示，其系数值可从复利系数表中查得。

(3) 等差序列现金流换算为等额序列现金流公式

这个公式的经济含义是，已知等差变额 G 和 i，n，求年金 A。此公式可直接由等差序列现值公式 (1-11) 乘以等额分付资本回收系数得到：

$$A = G(P/G, i, n)(A/P, i, n)$$

$$= G \left[\frac{(1+i)^n - in - 1}{i^2(1+i)^n} \right] \cdot \left[\frac{i(1+i)^n}{(1+i)^n - 1} \right]$$

故

$$A = \left\{ \frac{(1+i)^n - in - 1}{i[(1+i)^n - 1]} \right\} = G(A/G, i, n) \tag{1-12}$$

式中 $\dfrac{(1+i)^n - in - 1}{i[(1+i)^n - 1]}$ 称为等差序列年值系数，亦可用符号 $(A/G, i, n)$ 表示，其系数值可从复利系数表中查得。

在实际工作中，既有递增型等差序列，又有递减型等差序列，其分析处理方法基本相同。

【例 1-12】 某企业拟购买一台设备，其年收益额第一年为 10 万元，此后直至第 8 年末逐年递减 3000 元，设年利率为 15%，按复利计息，试求该设备 8 年的收益现值及等额支付序列收益年金。

【解】 将图 1-13 的现金流量分解为两部分。

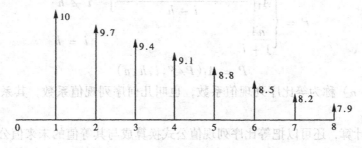

图 1-13 现金流量图

①第一部分是以第一年收益额 10 万元为等额值 A_1 的等额支付序列现金流量，由公式 (1-8) 可得：

$$P_1 = A(P/A, i, n) = 10(P/A, 15\%, 8) = 44.87 \text{万元}$$

第二部分是以等差变额 $G = 0.3$ 万元的支付现金流量，由公式 (1-11) 可得：

$$P_2 = G(P/G, i, n) = 0.3(P/G, 15\%, 8) = 0.3 \times 12.48 = 3.74 \text{万元}$$

因此 $P = P_1 - P_2 = 44.87 - 3.74 = 41.13$ 万元

②求等额支付序列收益年金。由公式 (1-7) 可得：

$$A = P(A/P, 15\%, 8) = 41.13 \times 0.2229 = 9.17 \text{万元}$$

即该设备 8 年的收益现值是 41.13 万元，等额支付序列收益年金为 9.17 万元。

4. 等比序列现金流的计算

有些项目的现金流量模式是逐期按一定相等比例增减的，例如某些商品的价格每年按一定固定比例增加，称之为等比序列现金流量，现金流量图如图 1-14 所示，其中：A_1 为某一定值，h 为某一固定的百分比。

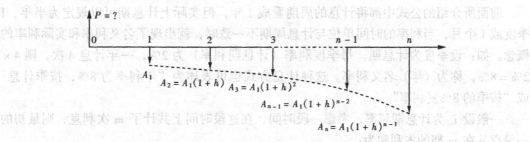

图 1-14 递增等比序列现金流量图

当计息周期的有效利率（贴现率）为 i 时，等比序列现金流的通用公式为：

$$A_t = A_1(1+h)^{t-1} \quad (t = 1,2,3,\cdots,n) \tag{1-13}$$

因此，等比序列现金流的现值为：

$$P = \sum_{t=1}^{n} A_1(1+h)^{t-1}(1+i)^{-t} = \frac{A_1}{(1+h)} \sum_{t=1}^{n} \left[\frac{1+h}{1+i}\right]^t$$

利用等比级数求和公式可得：

$$P = \begin{cases} A_1\left[\dfrac{1-(1+h)^n(1+i)^{-n}}{i-h}\right] & i \neq h \\ \dfrac{nA_1}{1+i} & i = h \end{cases} \quad (1\text{-}14)$$

或：
$$P = A_1(P/F, i, h, n) \quad (1\text{-}15)$$

$(P/F, i, h, n)$ 称为等比序列现值系数，也叫几何序列现值系数，其系数值可从复利系数表中查出。

通过适当计算，还可以把等比序列现值公式换算成与其等值的未来值公式及等额年金（值）公式。

【例 1-13】 若租用某仓库，目前年租金为 23000 元，预计租金水平今后 10 年内每年将上涨 5%。若将该仓库买下来，需一次支付 20 万元，但 10 年后估计仍可以 20 万元的价格售出。按贴现率 15% 计算，是租合算还是买合算？

【解】 若租用该仓库，10 年内全部租金的现值由公式（1-14）得：

$$P_1 = A_1\left[\dfrac{1-(1+h)^n(1+i)^{-n}}{i-h}\right] = 23000\left[\dfrac{1-(1+5\%)^{10}(1+15\%)^{-10}}{15\%-5\%}\right]$$
$$= 137393 \text{ 元}$$

若购买该仓库，全部费用的现值为：

$$P_2 = 200000 - 200000(1+15\%)^{-10}$$
$$= 150563 \text{ 元}$$

所以，租用该仓库的费用较少，租用合算。

第四节　名义利率与实际利率

一、名义利率与实际利率的概念

前面所介绍的公式中都将计息的周期看成 1 年，但实际上计息期可以规定为半年、1 季度或 1 个月，当利率的时间单位与计息周期不一致时，就出现了名义利率和实际利率的概念。如：设季度为计息期，每季度利率（计息期利率）为 2%，一年计息 4 次，则 4×2% = 8%，称为（年）名义利率。这种计息方式也可表述为"年利率为 8%，按季计息"或"按季的 8% 复利率"。

一般设 i_c 为计息期利率，考虑一段时间，在这段时间上共计了 m 次利息，则最初的一笔存款在 m 期的本利和为：

$$F = P(1+i_c)^m$$

定义这段时间上的名义利率 r：
$$r = mi_c \quad (1\text{-}16)$$

定义这段时间上的实际利率 i：
$$i = \dfrac{\text{利息}}{\text{本金}} = \dfrac{P(1+i_c)^m - P}{P} = (1+i_c)^m - 1 = \left(1+\dfrac{r}{m}\right)^m - 1 \quad (1\text{-}17)$$

【例 1-14】 某企业向银行借款，有两种计息方式，分别是：A 年利率 8%，按月计息；B 年利率 9%，按半年计息。问企业应选择哪一种计息方式？

【解】 企业当然应该选择具有较低实际利率的计息方式。

分别来计算 A、B 两种计息方式的年实际利率。

根据公式（1-16）和（1-17）有：

A 方式：$i_A = \left(1 + \dfrac{8\%}{12}\right)^{12} - 1 = 0.0830 = 8.30\%$；

B 方式：$i_B = \left(1 + \dfrac{9\%}{2}\right)^{2} - 1 = 0.0920 = 9.2\%$；

由于 $i_A < i_B$，故企业应该选择的计息方式为 A 方式。

【例 1-15】 设季度为计息期，i_c 为 2%，年初存款 400 元的年末终值为多少？

【解】 按等值换算的现金流量图的要求即现金流量图的单位时间要对应计息期，有（图 1-15）：

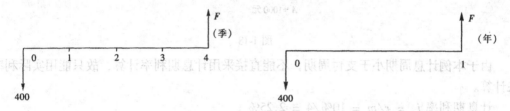

图 1-15　　　　　　　　　　图 1-16

$$F = 400(F/P, 2\%, 4) = 400(1 + 2\%)^4 = 433 \text{ 元}$$

按照实际利率，此问题可等价的计算如下（图 1-16）：

$$i = (1 + 2\%)^4 - 1 = 8.24\%$$

$$F = 400(F/P, i, 1) = 400(1 + 8.24\%) = 433 \text{ 元}$$

此问题的年名义利率 $r = 4 \times 2\% = 8\%$。

二、计息周期短于支付周期的情况

有些实际问题的现金支付周期为一固定时间，通常为一年，这样一般会包括几个计息周期。

计息周期小于（或等于）资金支付周期的等值计算方法有二：

(1) 按资金周期实际利率计算；

(2) 按计息周期利率计算。

【例 1-16】 现在存款 1000 元，年利率 10%，半年复利一次，问第 5 年末存款金额为多少？

【解】 现金流量图如图 1-17。

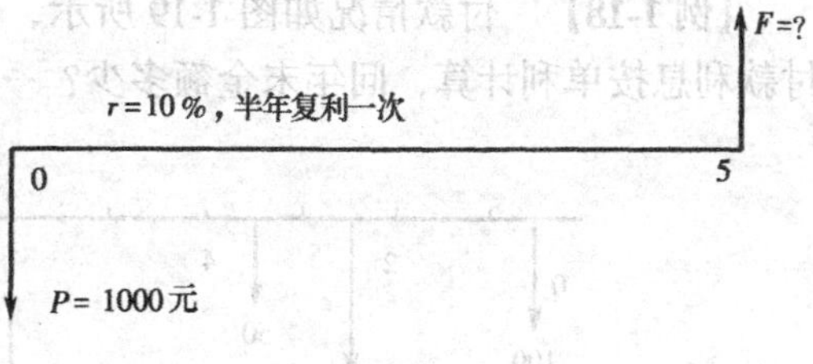

①按年实际利率计算

$$i = \left[1 + \dfrac{10\%}{2}\right]^2 - 1 = 10.25\%$$

则

$$F = 1000(F/P, 10.25\%, 5)$$
$$= 1000 \times 1.62889 = 1628.89 \text{ 元}$$

图 1-17

②按计息周期利率计算

$$F = 1000(F/P, 10\%/2, 2 \times 5) = 1000(F/P, 5\%, 10)$$
$$= 1000 \times 1.62889 = 1628.89 \, 元$$

【例 1-17】 每半年内存款 1000 元,年利率 10%,每季复利一次。问第 5 年末账户上共有存款金额多少?

【解】 现金流量图如图 1-18。

图 1-18

由于本例计息周期小于支付周期,不能直接采用计息期利率计算,故只能用实际利率来计算。

计息期利率 $i_c = r/m = 10\%/4 = 2.25\%$;

半年期实际利率 $i = (1 + 2.25\%)^2 - 1 = 4.55\%$

则 $F = 1000(F/A, 4.55\%, 2 \times 5) = 1000 \times 12.317 = 12317 \, 元$

三、计息周期长于支付周期的情况

由于计息周期大于支付周期,计息周期间的支付采用下列两种方法之一进行处理。

1. 单利计息

在计息期内的支付均按单利计算,其计算公式如下:

$$A_t = \Sigma A'_k [1 + (m_k/N) \times i] \tag{1-18}$$

式中 A_t——第 t 计息期末净现金流量;

N——一个计息期内支付周期数;

A'_k——第 t 计息期内第 k 期支付金额;

m_k——第 t 计息期内第 k 期支付金额到达第 t 计息期末所包含的支付周期数;

i——计息期利率。

【例 1-18】 付款情况如图 1-19 所示,年利率为 8%,半年复利一次,计息期内的支付款利息按单利计算,问年末金额多少?

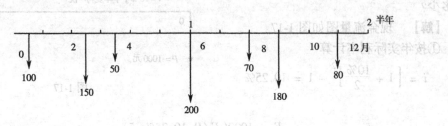

图 1-19

【解】 计息期利率为 $i = 8\%/2 = 4\%$；

$r = 8\%$，半年复利一次，计息期内的支付款利息按单利计算：

$A_1 = 100[1 + (5/6) \times 4\%] + 150[1 + (3/6) \times 4\%] + 50[1 + (2/6) \times 4\%] + 200 = 507$ 元

$A_2 = 70[1 + (4/6) \times 4\%] + 180[1 + (3/6) \times 4\%] + 80[1 + (1/6) \times 4\%] = 336$ 元

然后利用普通复利公式即可求出年末金额 F 为：

$$F = 507(F/P, 4\%, 1) + 336 = 507 \times 1.04 + 336 = 863.28 \text{元}$$

2. 复利计算

在计息周期内的收付按复利计算。此时，计息期利率相当于"实际利率"。支付周期利率相当于"计息期利率"。支付周期利率的计算正好与已知名义利率去求解实际利率的情况相反。支付周期利率计算出来后即可按普通复利公式进行计算。

【例 1-19】 每月存款 100 元，期限一年，年利率 8%，每季复利一次，计息期内支付利息按复利计算，问年末金额多少？

【解】据题意绘制现金流量图，如图 1-20 所示。

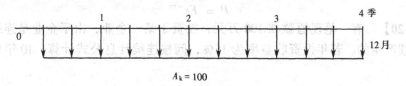

图 1-20

名义年利率 8%，每季复利一次，计息期内支付利息按复利计算。

计息期利率（即季度实际利率）$i_季 = 8\%/4 = 2\%$

运用实际利率公式（1-17）计算支付期利率如下：

$$i_年 = (1 + r/m)^m - 1$$

$$i_季 = (1 + r_季/3)^3 - 1 = 2\%$$

解得 $r_季 = 1.9868\%$

则每月利率 $i_月 = 0.6623\%$，每月复利一次；这与季度利率 2%，季度复利一次是相同的。利用普通复利公式即可求出年末金额：

$$F = 100(F/A, 0.6623, 12) = 100 \times 12.4469 = 1244.69 \text{元}$$

即年末金额为 1244.69 元。

第五节 资金时间价值的连续复利计算公式

一、连续复利

到目前为止，所探讨的现金流量均假设是发生在间断时间期末的间断金额，但是在企业资金的实际业务中，现金是按一个基本连续流程（分秒计）流入和流出的。同时，除了支付股息和债息外，企业的留成利润原则上并不从企业中取出，而是连续的重新投资于企业之中的，因此，把企业中的投资基金视为连续复利计息的方式更为符合实际情况。

在上一节中，我们定义了名义利率与实际利率。设 r 为一期的名义利率，一期计息 m 次，则计息期利率：

$$i_c = \frac{r}{m}$$

$$i = \left(1 + \frac{r}{m}\right)^m - 1$$

当 m 趋于无穷大时，有：

$$i = \lim_{m \to \infty}\left[\left(1 + \frac{r}{m}\right)^m - 1\right] = \lim_{m \to \infty}\left\{\left[\left(1 + \frac{r}{m}\right)^{\frac{m}{r}}\right]^r - 1\right\} = e^r - 1$$

这个实际利率称为连续复利下的实际利率。

二、一次性费用或效益连续计息的现值和终值公式

由连续复利下的实际利率，可以直接得到一次性费用或效益在一期内连续计息的终值公式：

$$F = P(1 + e^r - 1) = Pe^r \tag{1-19}$$

同样最初一笔资金 P 经 n 期后终值为：

$$F = P(1 + i)^n = P(1 + e^r - 1)^n = Pe^{rn} \tag{1-20}$$

同理，一次性费用或效益连续计息的现值公式为：

$$P = Fe^{-rn} \tag{1-21}$$

【例 1-20】 有一笔现值款项 100 万元，投资于某一企业，由于企业是连续生产，其效果是连续产生的。若年投资收益率为 15%，问按连续计息公式计算，10 年后该款项应为多少？

【解】 $r = 15\%$，$n = 10$，$rn = 0.15 \times 10 = 1.5$

将 $e^{rn} = 4.4817$ 代入公式（1-20）得：

$$F = Pe^{rn} = 100 \times 4.4817 = 448.17 \text{ 万元}$$

若间断计息，$i = 15\%$，$n = 10$，$(F/P, i, n) = 4.0456$，则

$$F = P(F/P, 15\%, 10) = 404.56 \text{ 万元}$$

注：此例中，计息期为一年，所以年名义利率与年实际利率为同一利率。

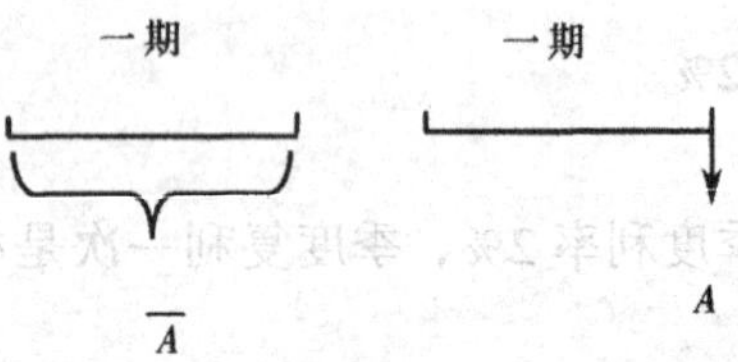

三、其他连续复利公式

设 r 为每期的名义利率，将一期分成 M 个子区间，$\overline{A}/M$ 为每个子区间末的现金流量，当 $M \to \infty$ 时，即为连续发生的现金流量，每期总量为 $\overline{A}$，则如图 1-21 所示，由公式（1-5）得：

图 1-21

$$A = \frac{\overline{A}}{M}\left[\frac{\left(1 + \frac{r}{M}\right)^M - 1}{\frac{r}{M}}\right] = \overline{A}\left\{\frac{\left[\left(1 + \frac{1}{M/r}\right)^{M/r}\right]^r - 1}{r}\right\}$$

其中 A 仍表示等额支付序列值，或称等额年金序列值。

令 $M \to \infty$

得

$$A = \overline{A}\frac{e^r - 1}{r} \tag{1-22}$$

对于 n 期的情况，例如已知 $\overline{F}$，求 P。

由公式（1-21）、（1-22）得

$$P = \overline{F}\frac{e^r - 1}{re^{rn}}$$

同理可得其他公式，并将其总结如下：

$$F = \overline{P}\frac{e^{rn}(e^r-1)}{re^r} = \overline{P}(F/\overline{P}, r, n) \tag{1-23}$$

$$P = \overline{F}\frac{e^r-1}{re^{rn}} = \overline{F}(P/\overline{F}, r, n) \tag{1-24}$$

$$\overline{A} = F\frac{r}{e^{rn}-1} = F(\overline{A}/F, r, n) \tag{1-25}$$

$$F = \overline{A}\frac{e^{rn}-1}{r} = \overline{A}(F/\overline{A}, r, n) \tag{1-26}$$

$$\overline{A} = P\frac{re^{rn}}{e^{rn}-1} = P(\overline{A}/P, r, n) \tag{1-27}$$

$$P = \overline{A}\frac{e^{rn}-1}{re^{rn}} = \overline{A}(P/\overline{A}, r, n) \tag{1-28}$$

【例1-21】 第一年连续存入一笔现金 $\overline{P}$，总量为200元，年名义利率为14%，连续计息，求4年末终值 F 和年度等值 A。

【解】 由公式（1-23）得：

$$F = \overline{P}\frac{e^{rn}(e^r-1)}{re^r} = 200 \times \frac{e^{14\% \times 4}(e^{14\%}-1)}{14\% \times e^{14\%}} = 326.73 \text{ 元}$$

由公式（1-22）、（1-23）和（1-25）得：

$$A = \overline{P}\frac{e^{rn}(e^r-1)^2}{re^r(e^{rn}-1)} = 200 \times \frac{e^{14\% \times 4}(e^{14\%}-1)^2}{14\% \times e^{14\%} \times (e^{14\% \times 4}-1)} = 65.41 \text{ 元}$$

即4年末终值 F 为326.73元，年度等值 A 为65.41元。

四、连续现金流量

设 r 为年名义利率，t 表示时间，单位为年，t 连续变化；有连续现金流量 $N(t)$，$N(t)$ 表示时刻 t 处的瞬时净现金流量（即单位时间上的净现金流量），如图1-22所示，则0到 T 时间内所有现金流量的折现值为：

图1-22

$$P(T) = \int_0^T N(t)\mathrm{d}t \cdot e^{-rt} = \int_0^T N(t) \cdot e^{-rt}\mathrm{d}t \tag{1-29}$$

一般设 $N(t)$ 为连续函数，实际上 $N(t)$ 可积即可。

【例1-22】 某项目瞬时净现金流量 $N(t) = t^3 - 12t$，寿命期15年，年名义利率为12%，连续计息，试求该项目现金流量的折现值。

【解】 由公式（1-29）得

$$\begin{aligned}P(T) &= \int_0^T N(t)\mathrm{d}t \cdot e^{-rt} = \int_0^T N(t) \cdot e^{-rt}\mathrm{d}t \\ &= \int_0^{15}(t^3-12t)e^{-0.12t}\mathrm{d}t \\ &= \left(-\frac{t^3-12t}{0.12} - \frac{3t^2-12}{0.12^2} - \frac{6t}{0.12^3} - \frac{6}{0.12^4}\right)e^{-0.12t}\Big|_0^{15} \\ &= 2697.70 \text{ 元}\end{aligned}$$

即该项目现金流量的折现值为2697.70元。

第六节 资金时间价值公式的应用

一、资金时间价值公式汇总

为了便于对复利公式的比较、分析和查阅。将公式的类型、已知条件、应求的未知量、计算公式、复利系数及其符号等汇总为表1-3。

普通复利公式汇总表　　　　表1-3

类别		已知	求	计算公式	复利系数名称与符号
一次支付	终值	P	F	$F = P(1+i)^n$	一次支付终值系数 $(1+i)^n$ 记为 $(F/P, i, n)$
	现值	F	P	$P = F(1+i)^{-n}$	一次支付现值系数 $(1+i)^{-n}$ 记为 $(P/F, i, n)$
等额分付	终值	A	F	$F = A\dfrac{(1+i)^n - 1}{i}$	等额分付终值系数 $\dfrac{(1+i)^n - 1}{i}$ 记为 $(F/A, i, n)$
	偿债基金	F	A	$A = F\dfrac{i}{(1+i)^n - 1}$	等额分付偿债基金系数 $\dfrac{i}{(1+i)^n - 1}$ 记为 $(A/F, i, n)$
	现值	A	P	$P = A\dfrac{(1+i)^n - 1}{i(1+i)^n}$	等额分付现值系数 $\dfrac{(1+i)^n - 1}{i(1+i)^n}$ 记为 $(P/A, i, n)$
	资本回收	P	A	$A = P\dfrac{i(1+i)^n}{(1+i)^n - 1}$	等额分付资本回收系数 $\dfrac{i(1+i)^n}{(1+i)^n - 1}$ 记为 $(A/P, i, n)$
等差序列	终值	G	F	$F = F_{A1} + F_G$ $F_{A1} = A_1\left[\dfrac{(1+i)^n - 1}{i}\right]$ $F_G = G\left[\dfrac{(1+i)^n - in - 1}{i^2}\right]$	等差序列终值系数 $\dfrac{(1+i)^n - in - 1}{i^2}$ 记为 $(F/G, i, n)$
	现值	G	P	$P = G\left[\dfrac{(1+i)^n - in - 1}{i^2(1+i)^n}\right]$	等差序列现值系数 $\left[\dfrac{(1+i)^n - in - 1}{i^2(1+i)^n}\right]$ 记为 $(P/G, i, n)$
	等额年金	G	A	$A = G\left\{\dfrac{(1+i)^n - in - 1}{i[(1+i)^n - 1]}\right\}$	等差序列等额年金系数 $\left\{\dfrac{(1+i)^n - in - 1}{i[(1+i)^n - 1]}\right\}$ 记为 $(A/G, i, n)$
等比序列	现值	A_1, h	P	$P = \begin{cases} A_1\left[\dfrac{1 - (1+h)^n(1-i)^{-n}}{i - h}\right] & (i \neq h) \\ \dfrac{nA_1}{1+i} & (i = h) \end{cases}$	等比序列现值系数 $\begin{cases} A_1\left[\dfrac{1 - (1+h)^n(1-i)^{-n}}{i - h}\right] & (i \neq h) \\ \dfrac{nA_1}{1+i} & (i = h) \end{cases}$ 记为 $(P/A_1, i, h, n)$

二、资金时间价值公式的应用

资金时间价值原理和等值计算公式广泛应用于财务管理、投资决策、资产估价等领域。通过下面的几个例题，读者可以对资金时间价值和资金等值计算的公式有更进一步的理解：

【例1-23】 某企业拟购买大型设备，价值为500万元，有两种付款方式可供选择：①一次性付款，优惠12%；②分期付款，则不享受优惠，首次支付必须达到40%，第1年末付30%，第2年末付20%，第3年末付10%。假若企业购买设备所用资金是自有资金，自有资金的机会成本为10%，问应选择哪种付款方式？又假若企业用借款资金购买设备，借款的利率为16%，则应选择那种付款方式？

【解】 （1）若资金的成本为10%，则
①一次性付款，实际支出 $500 \times (1-12\%) = 440$ 万元
②分期付款，相当于一次性付款值：

$$P = 500 \times 40\% + \frac{500 \times 30\%}{(1+10\%)} + \frac{500 \times 20\%}{(1+10\%)^2} + \frac{500 \times 10\%}{(1+10\%)^3}$$

$$= 456.57 \text{ 万元}$$

（2）若资金的成本为16%，则
①一次性付款，实际支出 $500 \times (1-12\%) = 440$ 万元
②分期付款，相当于一次性付款值：

$$P = 500 \times 40\% + \frac{500 \times 30\%}{(1+16\%)} + \frac{500 \times 20\%}{(1+16\%)^2} + \frac{500 \times 10\%}{(1+16\%)^3}$$

$$= 435.66 \text{ 万元}$$

因此，对该企业来说，若资金利率为10%，则应选择一次性付款，若资金利率为16%，则应选择分期付款。

【例1-24】 某项目投资5万元，如果每年收益1.2万元，投资收益率为10%，需几年收回投资？

【解】 由公式（1-8）：

$$P = A\left[\frac{(1+i)^n - 1}{i(1+i)^n}\right]$$

可解得：

$$n = \frac{-\lg\left(1 - \frac{P}{A}i\right)}{\lg(1+i)}$$

所以，本题中 $n = \dfrac{-\lg\left(1 - \dfrac{5}{1.2} \times 10\%\right)}{\lg(1+10\%)} = 5.7$ 年

即需5.7年收回投资。

【例1-25】 某项目投资共30万元，5年后可一次性收回本利和50万元，问：其投资收益率是多少？

【解】 根据公式（1-3）可得：

$$F = P(1+i)^n$$
$$50 = 30 \times (1+i)^5$$
$$(1+i)^5 = 1.667$$

查复利系数表得：

当 $i = 10\%$ 时，$(1+i)^5 = 1.611$，小于 1.667；

当 $i = 12\%$ 时，$(1+i)^5 = 1.762$，大于 1.667；

以下采用线性内插法求 i 值：

$$\frac{i - 10\%}{12\% - 10\%} = \frac{1.667 - 1.611}{1.762 - 1.611}$$

$$i = \frac{1.667 - 1.611}{1.762 - 1.611} \times (12\% - 10\%) + 10\% = 10.74\%$$

即其投资收益率是 10.74%。

以上例 1-24 以及例 1-25 是两个很简单的例子，但是实际上这两个例子介绍了两种求投资回收期和投资收益率的方法，即公式法和线性内插法。公式法求解较烦琐，但精确性高；而线性内插法使用范围较广，能达到简化计算的目的。但是，严格地讲各种复利系数随 i 或 n 的变化并非都是线性变化关系，但当 i 或 n 的任意两个数值的间距不大时，即使是非线性变化关系，用线性内插法计算求得的近似值与真实值也是十分接近的。

思考题与习题

1. 建设项目经济评价包括哪几种方式，各自的含义是什么？
2. 什么是资金时间价值？
3. 简述现金流量、净现金流量、现金流量图的概念。
4. 什么是利息、利率？
5. 什么是名义利率和实际利率，其关系如何？
6. 连续 8 年每年年末支付一笔款项，第一年 20000 元，以后各年每年递增 2500 元，问全部支付款项的现值、年值、终值分别为多少？设年利率 10%。
7. 某公司欲引进一项专利，对方提出有两种付款方式可供选择。一种是：一笔总算售价 25 万美元，一次支付；另一种是：总算与提成相结合，其具体条件是，签约时付费 5 万美元，2 年建成投产后，按产品每年销售收入 60 万元的 6% 提成（从第 3 年末开始至第 12 年末）。若资金利率为 10%，问从经济角度该公司应选择哪种付款方式？
8. 企业年初向银行贷款 5 万元购置设备，年利率 10%，银行要求第 10 年末本利一次付清，企业则计划在前 6 年内每年年末等额提取一笔钱存入银行，若银行年利率 8%，到第 10 年末刚好是贷款的本利和，问前 6 年每年年末存多少钱？
9. 年实际利率为 14%，每年计息 2、4、12 次，问年名义利率各为多少？
10. 某人现在存入 1000 元，3 年后存入 3000 元，5 年后存入 15000 元，年利率为 12%，半年计息一次，问 10 年后的存款金额是多少？
11. 每年连续现金流量 $\overline{A}$ 为 400 元。连续存 10 年，求终值 $\overline{F}$ 和现值 $\overline{P}$。年名义利率为 8%，连续计息。
12. 某项目 1~3 年投资，速率 $I(t) = 22t - t^2$，第 4~10 年销售收入速率为 $R(t) = \frac{1}{3}t^3 - 8\sin t$，经营费用速率 $C(t) = t + \cos t$，年名义利率为 12%，试求该项目的现值。

第二章 建设项目经济评价基本方法

经济效果评价是对建设项目的各方案从工程、技术、经济、资源、环境、政治、国防和社会等多方面进行全面地、系统地、综合地技术经济计算、分析、比较、论证和评价，从多种可行方案中选择出最优方案。经济效果评价是投资项目可行性研究的核心内容。为了确保投资决策的正确性和科学性，研究经济效果评价的指标和方法是十分必要的。

经济效果评价的指标是多种多样的，它们从不同角度反映项目的经济性。这些指标主要可以分作三大类：一类是以时间单位计量的时间型指标，例如借款偿还期、投资回收期等；第二类是以货币单位计量的价值型指标，例如净现值、净年值、费用现值、费用年值等；第三类是反映资金利用效率的效率型指标，如投资收益率、内部收益率、净现值率等。由于这三类指标是从不同角度考察项目的经济性，所以，在对项目方案进行经济效果评价时，应当尽量同时选用这三类指标而不限于单一指标，又由于项目方案的决策结构是多种多样的，因此各类指标的运用范围和应用方法也是不同的。

根据是否考虑资金的时间因素，经济效果评价方法可分为静态评价和动态评价。静态评价指标和动态评价指标各有所长，在实际评价工作中，两种评价指标通常配合使用，相互补充。

第一节 静态评价方法

静态评价方法使用不考虑资金时间价值的评价指标，即静态评价指标。工程技术经济中的静态评价指标主要有：静态投资回收期 P_t、贷款偿还期 P_d、静态追加投资回收期 P_a、简单投资收益率（ROI）、投资利润率、投资利税率等。静态评价指标的特点是计算简便、直观，易于掌握，所以传统的经济评价多采用静态评价指标。

一、静态投资回收期 P_t

投资回收期（资金还本年限）是以项目的净收入回收（抵偿）全部投资（固定资产投资和流动资金）所需的时间，它是反映投资项目财务上回收投资能力的指标。

通常按静态分析方法，其表达式为：

$$\sum_{t=1}^{P_t}(CI-CO)_t = 0 \qquad (2\text{-}1)$$

式中 CI——现金流入量；

CO——现金流出量；

P_t——投资回收期。

在第一章中，我们已经了解了全部投资财务现金流量表的概念，利用此表很容易计算满足式（2-1）的 P_t。表中累积净现金流量为零处的时间就是该项目的 P_t。

现金收支与投资回收期的图形如图 2-1 所示。

在实际工作中，累计净现金流量等于零的时间往往不是某一自然年份，这时可以采用下式计算投资回收期：

$$P_t = \begin{bmatrix} 累计净现金流量开 \\ 始出现正值年份数 \end{bmatrix} - 1 + \dfrac{\begin{bmatrix} 上年累计净现金 \\ 流量的绝对值 \end{bmatrix}}{当年净现金流量} \quad (2\text{-}2)$$

其中，"当年"指净现金流量开始出现正值的年份。

如果项目投产后的年净收益相等或用年平均净收益计算时，则 P_t 的计算式可转化为以下两种形式：

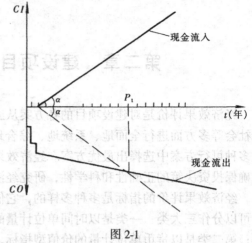

图 2-1

① 从投资开始年算起的投资回收期为：

$$P_t = \dfrac{I}{R} + 建设期 \quad (2\text{-}3)$$

式中 I——项目全部投资；
R——年净收益。

② 从投产年算起的投资回收期为：

$$P_t = \dfrac{I}{R} \quad (2\text{-}4)$$

投资回收期的判别标准是：将项目计算求得的 P_t 与部门或行业的基准投资回收期 P_c 相比较。若 $P_t \leq P_c$，可以考虑接受该项目；若 $P_t > P_c$，可以考虑拒绝该项目。

【例 2-1】 某工程项目投资为 12 万元，年净收益为 4 万元，项目寿命为 9 年，求该项目的静态投资回收期。

【解】 $P_t = \dfrac{12}{4} = 3$ 年

所以，该项目的静态投资回收期为 3 年。

【例 2-2】 某项目的净现金流量如表 2-1 所示，且该行业的 P_c 为 6 年，试计算其投资回收期，并初步说明项目的可行情况。

项目净现金流量表　　　　　　　　　表 2-1

T	0	1	2	3	4	5	6	7	8
NCF_t	-8	-4	-2	2	5	6	6	6	6
ΣNCF_t	-8	-12	-14	-12	-7	-1	5	11	17

【解】 各年累计净现金流量计算结果如表 2-1 所示。所以 P_t 为：

$$P_t = 6 - 1 + \dfrac{|-1|}{6} = 5.17(年) < P_c = 6 年$$

若从投产年起算，则

$$P_t = 5.17 - 2 = 3.17(年) < P_c = 6 年$$

所以，可以初步考虑接受该项目。

静态投资回收期最大的优点是意义明确、直观、计算方便，而且由于它选择方案的标准是资金回收的速度越快越好，迎合了一部分怕担风险的投资者的心理，同时在一定程度上反映了投资效果的优劣。因此，P_t 指标是人们容易接受和乐于使用的一种经济评价指标。

但是，静态投资回收期也有它的缺点和局限性。它的最大缺点是无法回答投资项目在整个使用期内的赢利水平。换句话说，P_t 指标只考虑投资回收之前的情况，不能反映投资回收之后的效果，它是一个短期指标，没有考虑项目（方案）在整个计算期内的总收益和赢利水平，因而具有片面性。投资回收期短的项目（方案），有时不一定是最优的项目（方案）。譬如，把问题简化一点，出口原油的码头工程，可以选择单点系泊（相当于一个浮筒，可以系泊油轮并有油管从浮筒中通过与油轮的接油口相接）和栈桥方案。两方案生产能力一样，因而营业收入可近似认为是一样的，单点系泊方案初投资略省一点，但使用期短，维修支出越来越高。栈桥方案初投资高、使用期长、维修费用低。两方案现金收支如图 2-2。

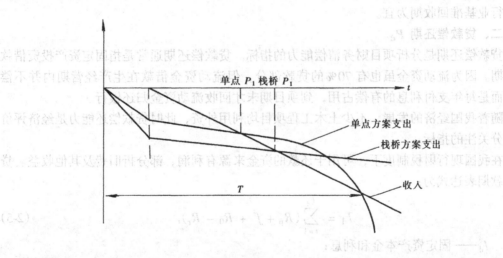

图 2-2

如果原油出口年限在 T 年以内，则单点系泊方案为最优方案，若原油出口年限超过 T 年，虽然单点系泊方案回收期短，但它没有回收期长的栈桥方案赢利高。事实上，当单点方案现金支出曲线的斜率陡于收入曲线时，即出现年经营亏损。事实上，有战略意义的长期投资往往早期效益较低，而中后期效益较高。

另外，P_t 指标没有考虑资金时间价值，无法正确辨识项目的优劣，难免带来不必要的损失。例如，某项目需 5 年建成，每年需投资 40 亿元，全部为国外贷款，年利率为 11%。项目投产后，每年可回收净现金 15 亿元。项目寿命为 50 年，若不考虑资金时间价值，用 P_t 指标加以衡量，则

$$P_t = (40 \times 5)/15 = 13.3 \text{ 年}$$

由于只用 13.3 年就可以收回全部投资，以后的 36.7 年回收的现金是净赚的钱，共计 550.5 亿元（$15 \times 36.7 = 550.5$），不能不说这是一个相当不错的项目。其实不然，如果考

虑利息因素，情况将大不相同。投产时

$$欠款 = 40 \times \frac{(1+0.11)^5 - 1}{0.11} = 249.1 亿元$$

投产后的每年利息支出 = 249.1×11% = 27.4亿元。可见每年回收的现金15亿元只能偿还利息的55%，另外45%的利息将变为新的借款。这样一来，借款余额将逐年上升。如果每年不用其他款项偿付余下的45%的利息和部分本金，则项目终结时的欠款将达几千亿元。显然这是一个极不可取的项目。

另外，目前各部门或行业的 P_c 尚未确定。同时，制订 P_c 也还存在一些问题。第一，P_c 取决于项目寿命，而决定项目寿命的因素既有技术方面的，又有产品需求方面的，还有经济方面的。随着技术进步的加速，各部门各行业的项目寿命相对缩短，并且相差很大，从而导致部门或者行业的 P_c 极不相同，而且必须及时加以调整，这项工作要求不断投入人力、物力和资金。据了解，保加利亚于20世纪60年代前半期颁布行业基准投资回收期（P_c），但很快就放弃了这种想法。第二，制订部门和行业基准投资回收期不利于资金在行业之间的流动，从而会对我国产业结构的调整形成障碍，故从这个角度来讲，以不制订行业基准回收期为宜。

二、贷款偿还期 P_d

贷款偿还期是分析项目财务清偿能力的指标。贷款偿还期通常是指固定资产投资借款偿还期。因为流动资金虽也有70%的贷款部分，但流动资金借款在生产经营期内并不偿还，而是每年支付利息的有偿占用，到项目期末才回收流动资金归还银行。

随着我国经济的发展，不少土木工程项目均利用外资，此时贷款偿还能力是经济评价中十分关注的指标。

在我国现行财税制度下，可用于还款的资金来源有利润、部分折旧费及其他收益。贷款还款期表达式为：

$$I_d = \sum_{t=1}^{P_d} (R_p + f' + R_0 - R_r)_t \tag{2-5}$$

式中 I_d——固定资产本金和利息；

P_d——贷款偿还期；

R_p——年利润总额；

f'——年可用作偿还贷款的折旧费；

R_0——可用作还款的其他收益；

R_r——还款期间的年企业留利。

$(R_p + f' + R_0 - R_r)_t$ 是第 t 年可用于还款的收益额。

贷款偿还期可通过财务平衡表推求，或单独列表计算。

偿还贷款有不同的方式，视贷款协议条款而定，通常有以下几种方式：

（1）等额本金法：每期还相等的本金和相应的利息。用下列符号：

I_d——贷款总额；

CP_t——第 t 年还本额；

IN_t——第 t 年付息额；

n——贷款期限；

i——贷款利率。

$$\left.\begin{array}{l} IN_t = i\left[I_d - \dfrac{I_d}{n}(t-1)\right] \\ CP_t = \dfrac{I_d}{n} \end{array}\right\} \qquad (2\text{-}6)$$

(2) 等额摊还法：每期偿还相等的本金和利息，即利用资本回收因子：

$$IN_t + CP_t = I_d \cdot \frac{i(1+i)^n}{(1+i)^n - 1} \qquad (2\text{-}7)$$

(3) 等额利息法：每期付息额相等，不还本金，最后一期本利还清：

$$\left.\begin{array}{l} IN_t = I_d i \\ CP_t = I_d, t = n \end{array}\right\} \qquad (2\text{-}8)$$

(4) 一次性偿还法：最后一期一次偿还本金和利息：

$$IN_n + CP_n = I_d(1+i)^n \qquad (2\text{-}9)$$

(5) 宽限期还款法：借用外资常用的方式，即在宽限期内只还利息，不还本金，宽限期后开始归还本金和利息。

【例 2-3】 某港口要进行建设，拟利用日元贷款更新设施。其中，国内投资 8570.81 万元，为拨改贷款，年利率 $i = 3.6\%$；另外日元贷款 2642.14 百万日元，合人民币 10568.55 万元，宽限期 10 年，30 年还清，年利率 $i = 2.5\%$。

企业利润的 74% 可用还贷。前三年折旧基金的 80%，以后年份折旧基金的 50% 用于还贷。

还款方式采用等额本金法（见表 2-2）。

【解】 表 2-2 列有计算过程。对表中数据有几点说明：

(1) 表中序号二，拨改贷款支用和外汇贷款支用，时间计算均发生在年中期，故序号三中应计利息时间为半年。例如，年份第 2 年拨改贷款应计利息：

$$1666.82 \times 3.6\% + 1901.38 \times \frac{3.6\%}{2} = 94.23 \text{万元}$$

外汇贷款应计利息：

$$1187.01 \times 2.5\% + 3416.81 \times \frac{2.5\%}{2} = 72.39 \text{万元}$$

(2) 表中序号四，还款本利和的时间计算，亦发生在中期，例如，年份第 5 年，拨改贷款应计利息：

$$9200.01 \times 3.6\% - 1032.85 \times \frac{3.6\%}{2} = 312.62 \text{万元}$$

(3) 从序号四中的拨改贷款还本利和项，可以看出拨改贷还款期为 11 年。外资贷款宽限期 10 年，对缓解企业还款压力是十分有利的。30 年还清外资贷款企业承受能力是没有问题的。

贷款偿还计算表（单位：万元）

表 2-2

序号	年份	一、1. 拨改贷款 年初累计	2. 外汇贷款 年初累计	二、1. 拨改贷款 支用	2. 外汇贷款 支用	三、1. 拨改贷款 应记利息	2. 外汇贷款 应记利息	四、1. 拨改贷款 还本利和	2. 外汇贷款 还本利和	五、1. 拨改贷款 年末累计	2. 外汇贷款 年末累计	六、1. 用于还款的利润	2.00 用于还款的折旧	3.00 用于还款其他收益
1		1608.90	1158.06	0.00	0.00	57.92	28.95	0.00	0.00	1666.82	1187.01	0.00	0.00	0.00
2		1666.82	1187.01	1901.38	3416.81	94.23	72.39	0.00	0.00	3662.43	4676.21	0.00	0.00	0.00
3		3662.43	4676.21	3208.25	4938.19	189.60	178.63	0.00	0.00	7060.28	9793.03	0.00	0.00	0.00
4		7060.28	9793.03	1852.22	1055.49	287.51	258.02	0.00	0.00	9200.01	11106.54	0.00	0.00	0.00
5		9200.01	11106.54	0.00	0.00	312.62	277.66	1032.25	277.66	8480.38	11106.54	828.00	481.91	0.00
6		8480.38	11106.54	0.00	0.00	279.26	277.66	1446.34	277.66	7313.30	11106.54	1242.09	481.91	0.00
7		7311.30	11106.54	0.00	0.00	229.77	277.66	1861.45	277.66	5681.63	11106.54	1657.20	481.91	0.00
8		5680.63	11106.54	0.00	0.00	174.29	277.66	1680.74	277.66	4175.18	11106.54	1657.20	301.20	0.00
9		4175.18	11106.54	0.00	0.00	120.05	277.66	1680.74	277.66	2614.49	11106.54	1657.20	301.20	0.00
10		2614.49	11106.54	0.00	0.00	63.87	277.66	1680.74	277.66	997.63	11106.54	1657.20	301.20	0.00
11		997.63	11105.54	0.00	0.00	17.64	277.66	1015.27	832.99	0.00	10551.21	1657.20	301.20	0.00
12		0.00	10551.21	0.00	0.00	0.00	263.78	0.00	819.11	0.00	9995.88	1657.20	301.20	0.00
13		0.00	9995.88	0.00	0.00	0.00	249.90	0.00	805.22	0.00	9440.56	1657.20	301.20	0.00
14		0.00	9440.56	0.00	0.00	0.00	236.01	0.00	791.34	0.00	8885.23	1657.20	301.20	0.00
15		0.00	8885.23	0.00	0.00	0.00	222.13	0.00	777.46	0.00	8329.90	1657.20	301.20	0.00
16		0.00	8329.90	0.00	0.00	0.00	208.25	0.00	763.57	0.00	7774.58	1657.20	301.20	0.00
17		0.00	7774.58	0.00	0.00	0.00	194.36	0.00	749.69	0.00	7219.25	1657.20	301.20	0.00
18		0.00	7219.25	0.00	0.00	0.00	180.48	0.00	735.81	0.00	6663.92	1657.20	301.20	0.00
19		0.00	6663.92	0.00	0.00	0.00	166.60	0.00	721.93	0.00	6108.60	1657.20	301.20	0.00
20		0.00	6108.60	0.00	0.00	0.00	152.71	0.00	708.04	0.00	5553.27	1657.20	301.20	0.00
21		0.00	5553.27	0.00	0.00	0.00	138.83	0.00	694.16	0.00	4997.94	1657.20	301.20	0.00
22		0.00	4997.94	0.00	0.00	0.00	124.95	0.00	680.28	0.00	4442.62	1657.20	301.20	0.00
23		0.00	4442.62	0.00	0.00	0.00	111.07	0.00	666.39	0.00	3887.29	1657.20	301.20	0.00
24		0.00	3887.29	0.00	0.00	0.00	97.18	0.00	652.51	0.00	3331.96	1657.20	301.20	0.00
25		0.00	3331.96	0.00	0.00	0.00	83.30	0.00	638.63	0.00	2776.63	1657.20	301.20	0.00
26		0.00	2776.63	0.00	0.00	0.00	69.42	0.00	624.74	0.00	2221.31	1657.20	301.20	0.00
27		0.00	2221.31	0.00	0.00	0.00	55.53	0.00	610.86	0.00	1665.98	1657.20	301.20	0.00
28		0.00	1665.98	0.00	0.00	0.00	41.65	0.00	596.98	0.00	1110.65	1657.20	301.20	0.00
29		0.00	1110.65	0.00	0.00	0.00	27.77	0.00	583.09	0.00	555.33	1657.20	301.20	0.00
30		0.00	555.33	0.00	0.00	0.00	13.88	0.00	569.21	0.00	0.00	1657.20	301.20	0.00

三、静态追加投资回收期 P_a

追加投资回收期,又称差额投资回收期,一般来说,项目技术方案有这样一个特征,即当某一方案的投资额大于另一方案的投资额时,则其年经营成本往往低于另一方案的年经营成本,这是技术进步带来的效益,也是符合客观实际的。追加投资回收期主要用于互斥方案的优劣比较,应当注意的是,虽然追加投资回收期可以用来比较方案的优劣与好坏,但是较优方案是否可行,还不能断定,还需另作判断。因此,追加投资回收期最适合于可行互斥方案的比较与选优。

不考虑资金时间价值的追加投资回收期称静态投资回收期,可由下式计算:

$$\sum_{t=0}^{P_a}(NCF_B - NCF_A)_t = 0 \tag{2-10}$$

式中 NCF_B、NCF_A 分别为方案 B 和方案 A 的净现金流量,一般 B 方案代表初始投资多的方案。

当 $P_a \leq P_c$ 时,说明方案 B 比方案 A 追加的投资能在基准投资回收期内回收,即方案 B 优于方案 A;否则,A 优于 B。

静态追加投资回收期除上述基本计算方式外,还有两种特殊的表现形式,现阐述如下:

① 两方案产出的数量和质量基本相同,且两方案的年经营费分别为常数的情况。

令 I_A、I_B 分别代表方案 A 和方案 B 的初始投资,且 $I_B > I_A$;C_A、C_B 分别代表案 A 和 B 的年等额经营费用(经营成本),且 $C_A > C_B$。则静态追加投资回收期表现为 B 方案节约的经营费用去补偿(回收)其追加投资(投资增量)所需的时间。用公式表示为:

$$P_a = \frac{I_B - I_A}{C_A - C_B} = \frac{\Delta I}{\Delta C} \tag{2-11}$$

【例 2-4】 某企业某产品年产量为 10 万吨,每吨成本费用为 70 元。现更新部分设备,需投资 325 万元,拆除下来的旧设备折价为 25 万元。设备更新后,企业该产品的年产量不变,但产品每吨成本费用降至 60 元。假定该部门的基准投资回收期为 5 年,问更新部分设备追加投资的经济性如何?

【解】 依题意有:

$$\Delta I = 325 - 25 = 300 \text{ 万元}$$
$$\Delta C = 10 \times 10^4 \times (70 - 60) = 100 \text{ 万元} / \text{年}$$
$$P_a = \frac{\Delta I}{\Delta C} = \frac{300}{100} = 3 \text{ 年}$$

因为 $P_a = 3$ 年 < 5 年,所以更新部分设备的追加投资在经济上是可以接受的。

② 两方案投入与产出不相同,但年净收益分别为常数的情形。

令 R_A、R_B 分别代表方案 A 和方案 B 的年等额净收益,且 $R_B > R_A$;$\Delta R = R_B - R_A$ 代表方案 B 相对于方案 A 的年等额净收益增量。则静态追加投资回收期 P_a 可用方案 B 较方案 A 的年等额净收益量去补偿其追加投资所需的时间。计算公式为:

$$P_a = \frac{I_B - I_A}{R_B - R_A} = \frac{\Delta I}{\Delta R} \tag{2-12}$$

【例 2-5】 某建设项目有两个可行方案可供选择,其投资额与年净收益如下:

A 方案：$I_A = 100$ 万元，$R_A = 120$ 万元

B 方案：$I_B = 110$ 万元，$R_B = 125$ 万元

设基准投资回收期 $P_c = 5$ 年，试选择较优方案。

【解】

$$P_a = \frac{I_B - I_A}{R_B - R_A} = \frac{110 - 100}{125 - 120} = \frac{10}{5} = 2 \text{ 年}$$

因为 $P_a = 2$ 年 $< P_c = 5$ 年，所以方案 B 优于方案 A，即较优方案为 B 方案。

用静态追加投资回收期进行技术方案的经济评价，最大的优点是简单方便，但是它有一定的局限性，表现在以下两个方面：第一，它只能衡量两个方案之间的相对经济性，但不能判定方案的可行性，也不能说明一个方案比另一个方案究竟好多少；第二，当 ΔI 和 ΔC（或 ΔR）都很小时，此指标值可能很大，很容易造成假象。例如，对于以下两个方案：$I_A = 100$ 万元，$I_B = 101$ 万元，$C_A = 100.01$ 万元/年，$C_B = 100$ 万元/年，则 $P_a = \frac{101 - 100}{100.01 - 100} = 100$ 年。当 $P_a = 10$ 年时，会认为方案 B 比方案 A 的追加投资极不经济。而事实上，从总体来看，两个方案的经济性几乎相同。

四、简单投资收益率 ROI

简单投资收益率是指项目投产后的年净收益 R 与初始投资 I_0 之比，记作 ROI，计算公式为：

$$ROI = \frac{R}{I_0} \tag{2-13}$$

式中 R——年净收益；

I_0——项目的初始投资。

简单投资收益率是衡量项目投资赢利能力的静态指标之一，它适用于简单并且生产变化不大的项目的初步经济评价和选优。一般情况下，当求出的简单投资收益率大于或等于其行业（或部门）的基准投资收益率时，认为该项目（或方案）是可以接受的。

由于目的不同，计算简单投资收益率时年净收益 R 和初始投资 I_0 有不同的内涵。

对于年净收益，一般有以下三种理解：

①R 是指项目投产后各年的平均净收益额，则 ROI 就是平均投资收益率；

②R 是取某一具体年份的净收益，则 ROI 就是该年的投资收益率；

③R 是取项目达到设计正常生产能力后的一个正常年份的净收益率，则 ROI 就是正常生产年份的投资收益率。

对于初始投资 I_0，有如下两种理解：

①以固定资产投资和流动资金投资之和作为初始投资 I_0，则 ROI 就是全部投资收益率；

②以固定资产投资作为初始投资，则 ROI 就是固定资产投资收益率。

因此，对项目同一技术方案，可依据不同的出发点计算不同的简单投资收益率。所以，进行方案比较时，一定要考虑该指标的可比性问题。

【例 2-6】 某大型钢铁联合企业的一期工程总投资为 270 亿元，达产后正常生产年份的平均净收益额为 50 亿元。设基准投资收益率 $E_c = 11\%$，试求该工程项目的平均投资收

益率，并初步判该方案是否可行。

【解】

$$ROI = \frac{50}{270} = 18.5\%$$

$$ROI = 18.5\% > E_C = 11\%$$

所以初步可以认为该方案可行。

五、投资利润率、投资利税率

（一）投资利润率

投资利润率一般是指投资项目达到设计生产能力后，一个正常生产年份的年利润总额与项目总投资的比率，其表达式：

$$投资利润率 = \frac{年利润总额}{总投资} \times 100\% \tag{2-14}$$

年利润总额 = 年销售收入 − 年总成本 − 年销售税金 − 年技术转让费 − 年营业外净支出

总投资 = 固定资产投资 + 建设期利息 + 流动资金

【例2-7】 某城市水源供水工程，其正常生产期的年利润为900.87万元。总投资中固定资产投资15979.59万元，建设期利息中国内贷款300万元、国外贷款480万，流动资金70.90万元。试求投资利润率。

【解】

$$投资利润率 = \frac{900.87}{15979.59 + 300 + 480 + 70.90} = 5.35\%$$

投资利润率水平比较低。若生产期内各年利润总额变化幅度较大时，应计算生产期内年平均利润总额。

（二）投资利税率

投资利税率是指项目达到设计生产能力后，一个正常年份的年利税总额与总投资的比率，其表达式：

$$投资利税率 = \frac{年利税总额}{总投资} \times 100\% \tag{2-15}$$

第二节 动态评价方法

静态评价方法的缺点是反映项目投资经济效果不准确，以此作为投资决策的依据，容易导致资金的积压和浪费。动态评价方法能克服静态评价指标的以上缺点。动态评价方法使用动态评价指标，主要有：动态投资回收期 P'_t、动态追加投资回收期 P'_a、净现值 NPV、净年值 NAV、净终值 NFV、费用现值 PW、净现值率 NPVR、投资净收益率 N/K、内部收益率 IRR、差额投资内部收益率 ΔIRR、外部收益率 ERR、必要收费率和效益费用率等（其中效益费用率将在以后章节中详细介绍）。

一、动态投资回收期 P'_t

动态投资回收期一般从投资开始年算起。它是用项目各年的净收益的现值来回收其全部投资的现值所需要的时间。其定义式为：

$$\sum_{t=0}^{P'_t}(CI-CO)_t(1+i)^{-t}=0 \tag{2-16}$$

实际计算时，一般采用净现金流量贴现累计并结合下式插值公式求解：

$$P'_t = \begin{bmatrix} 净现金流量贴现 \\ 累计开始出现正 \\ 值的年份数 \end{bmatrix} - 1 + \begin{bmatrix} 上年净现金流量贴现 \\ 累计值的绝对值 \\ 当年净现金流量贴现值 \end{bmatrix} \tag{2-17}$$

其中，"当年"指净现金流量贴现累计开始出现正值的年份。

如果项目投资为 I，各年净现金流量为 N，寿命为 n，利率为 i，则动态投资回收期为：

$$P'_t = -\frac{\ln(1-I\times i/N)}{\ln(1+i)} \tag{2-18}$$

读者可自行证明上式。

动态回收期的评价准则是：若 $P'_t \le n$，考虑接受该项目（n 为项目寿命期）；若 $P'_t > n$，考虑拒绝该项目。

【例 2-8】 某项目的现金流量如表 2-3 所示，利率 i 为 10%，试计算：(1) 静态投资回收期；(2) 动态投资回收期。

项目净现金流量表　　　　　　　　　　　　　　　　表 2-3

t	0	1	2	3	4	5	6	7	8
NCF_t	-100	-150	30	80	80	80	80	80	80

【解】 ①根据本项目现金流量的特点，首先求出静态等效一次投资额 $I = 100 + 150 - 30 = 220$ 万元，等效的建设期 $P_0 = 2$（年）。这样，若从建设期算起，该项目的静态投资回收期为：

$$P_t = \frac{I}{R} + P_0 = \frac{220}{80} + 2 = 4.75 \text{ 年}$$

②动态投资回收期 P'_t 可列表计算，具体计算过程见表 2-4。

列表计算动态投资回收期　　　　　　　　　　　　　表 2-4

年　数	净现金流量	10%的贴现系数	现　值	现金累计
0	-100	1.000	-100.00	-100.00
1	-150	0.909	-136.35	-236.35
2	30	0.826	24.78	-211.57
3	80	0.756	60.08	-151.49
4	80	0.683	54.64	-96.85
5	80	0.621	49.68	-47.17
6	80	0.564	45.12	-2.05
7	80	0.513	41.04	38.99
8	80	0.467	37.36	76.35 = NPV

表 2-4 中现值累计由负变正的年份数为 7 年,利用插值公式可计算出:

$$P'_t = 7 - 1 + |-2.05|/41.04 = 6.05 \text{ 年}$$

与静态投资回收期相比,动态投资回收期的优点在于考虑了资金的时间价值,但是计算上要复杂得多。

二、动态追加投资回收期 P'_a

动态追加投资回收期,是指在考虑资金时间价值的条件下,用年经营成本节约额(或年净收益增加额)补偿投资增量所需要的时间。其计算公式如下:

$$\sum_{t=0}^{P'_a}(NCF_B - NCF_A)_t(1+i)^{-t} = 0 \qquad (2\text{-}19)$$

动态追加投资回收期主要用于互斥方案的优劣与好坏比较,其判别标准是:若 $P'_a \leqslant n$,则投资多,经营成本低(或年净收益高)的方案较优;若 $P'_a > n$,则投资少,经营成本高(或年净收益低)的方案较优。同样,较优方案,在经济上是否可行,仍需另作判别。

【例 2-9】 某项工程建设有两个可供选择的技术方案。方案 A 采用一般技术,投资为 4000 万元,年平均经营成本为 2200 万元;方案 B 采用先进技术,投资为 6400 万元,年平均经营成本为 1600 万元。设 $i = 10\%$,项目寿命期 $n = 6$ 年。试用动态追加投资回收期选择较优方案。

【解】

$I_A = 4000$ 万元, $I_B = 6400$ 万元, $\Delta I = I_B - I_A = 6400 - 4000 = 2400$ 万元;
$C_A = 2200$ 万元, $C_B = 1600$ 万元, $\Delta C = C_A - C_B = 2200 - 1600 = 600$ 万元。

由式 (2-19) 和式 (2-18) 可得

$$P'_a = -\ln(1 - \Delta I \times i/\Delta C)/\ln(1+i)$$
$$= -\ln(1 - 2400 \times 0.1/600)/\ln(1+0.1) = 5.36 \text{ 年}$$

因为 $P'_a = 5.36 < n = 6$ 年,所以方案 B 为较优方案。

三、净现值(NPV)、净年值(NAV)、净终值(NFV)

(一)净现值(NPV)

1. 净现值指标及其评价准则

净现值(记作 NPV)是将项目整个计算期内各年的净现金流量,按某个给定的折现率,折算到计算期期初(第零年)的现值代数和。净现值的计算公式为:

$$NPV(i) = \sum_{t=0}^{n}(CI - CO)_t(1+i)^{-t} \qquad (2\text{-}20)$$

式中 n——计算期期数,一般为项目的寿命期;

i——设定折现率。

在项目经济评价中,若 $NPV \geqslant 0$,则该项目在经济上可以接受;反之,若 $NPV < 0$,则经济上可以拒绝该项目。

当给定的折现率 $i = i_c$ 时,若 $NPV(i_c) = 0$,表示项目达到了行业基准收益率标准,而不表示该项目盈亏平衡;若 $NPV(i_c) > 0$,则意味着该项目可以获得比行业基准收益率更高的收益;而 $NPV(i_c) < 0$ 时,仅表示项目不能达到行业基准收益率水平,不能确定项目是否亏损。

净现值是反映项目投资赢利能力的一个重要的动态评价指标,它广泛应用于项目经济评价中。其优点在于它不仅考虑了资金的时间价值、对项目进行动态评价,而且考察了项目在整个寿命期内的经济状况,并且直接以货币额表示项目投资的收益性大小,经济意义明确直观。

计算净现值时,以下两点十分重要:

(1) NCF_t,即 $CI_t - CO_t$ 的预计

由于净现值指标考虑了技术方案在计算期内各年的净现金流量,因而 NCF_t 预测的准确性至关重要,直接影响项目净现值的大小与正负。

(2) 折现率 i 的选择

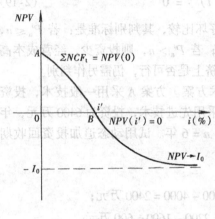

图 2-3 净现值函数曲线

由净现值的计算公式可以看到,对于某一项目而言,NCF_t 与 n 是确定的,此时净现值仅是折现率 i 的函数,称之为净现值函数。净现值函数如图 2-3 所示。图 2-3 中,点 A 是不考虑资金时间价值,即 $i=0$ 的净现值,等于项目在计算期内各年净现金流量的累计值,即 $\sum_{t=0}^{n} NCF_t$(称为累计净现金流量);点 B 的净现值为 0,此时的折现率为 i'。净现值函数曲线是一条以 $-I_0$ 为渐近线的曲线,此时折现率趋于无穷大。I_0 是项目在投资开始时刻(即第零年)的投资额。由图 2-3 可以看到,选取不同的折现率,将导致同一技术方案净现值的大小不一样,进而影响经济评价结论。因此,计算方案的净现值时,选取合适的折现率是非常重要的。

一般来说,折现率 i 的选取有以下三种情况:

① 选取社会折现率 i_s,即 $i = i_s$。通常只有当采用下面两种方法发生困难时,才采用此方法。社会折现率 i_s 通常是已知的。

② 选择行业(或部门)的基准折现率 i_c,即 $i = i_c$。根据项目的生产技术或企业的隶属关系,选取相应行业或部门规定的基准折现率 i_c,可避免选取 i_s,不考虑行业或部门差别的简单化,使 NPV 的计算结果更趋于合理。

③ 选取计算折现率 i_0,即 $i = i_0$。从代价补偿的角度,可用下式求出计算折现率:

$$i_0 = i_{01} + i_{02} + i_{03} \tag{2-21}$$

式中 i_0——计算折现率;

i_{01}——仅考虑时间补偿的收益率;

i_{02}——考虑社会平均风险因素应补偿的收益率;

i_{03}——考虑通货膨胀因素应补偿的收益率。

使用计算折现率 i_0,将使 NPV 的计算更接近于客观实际,但求 i_0 比较困难。

2. NPV 的计算示例

净现值(NPV)通常可以用列表计算,但也可用公式计算。列表计算清楚醒目,便于检查,并可一举算出动态投资回收期和其他比率性指标,如内部收益率、净现值率等。

【例2-10】 某项目的投资及年收如表2-5所示，求该项目的净现值。（基准收益率为12%）。

某项目的投资及年收入表（单位：万元）　　　　　　表2-5

年　份	成　　　本				收　入	净现金流量
	投　资	流动资金	生　产	总成本		
0	200	—	—	200	—	-200
1	200	—	—	200	—	-200
2	100	—	—	100	—	-100
3	100	—	—	100	—	-100
4	50	300	—	350	—	-350
5	—	—	50	50	600	550
6	—	—	100	100	600	500
7	—	—	100	100	600	500
8	—	—	100	100	600	500
9	—	—	100	100	600	500
总　计	650	300	450	1400	3000	1600

【解】 若用列表法求解该项目的 NPV（12%），则可取表2-5最后一栏"净现金流量"进行贴现，然后累加求和即可。这一过程见表2-6。表2-6最后一栏最后一个数即为 NPV 的值。因此，该投资项目的净现值为421.8万元。

列表法求解 NPV 值　　　　　　表2-6

年　份	净现金流量（1）	12%的现值系数（2）	现值（3）=（2）×（1）	现值累计
0	-200	1.000	-200.0	-200.0
1	-200	0.893	-178.6	-378.6
2	-100	0.797	-79.7	-458.3
3	-100	0.712	-71.2	-529.5
4	-350	0.636	-222.6	-752.1
5	550	0.567	311.9	-440.2
6	500	0.507	253.5	-186.7
7	500	0.452	226.0	39.3
8	500	0.404	202.0	241.3
9	500	0.361	180.5	421.8 = NPV

若利用公式计算，则有：

$$NPV(12\%) = \left[\frac{550}{(1+0.12)^5} + \frac{500}{(1+0.12)^6} + \frac{500}{(1+0.12)^7} + \frac{500}{(1+0.12)^8} + \frac{500}{(1+0.12)^9}\right] -$$

$$\left[200 + \frac{200}{(1+0.12)} + \frac{100}{(1+0.12)^2} + \frac{100}{(1+0.12)^3} + \frac{350}{(1+0.12)^4}\right] = 421.8 \text{万元}$$

所以，该投资项目的净现值为421.8万元。

【例2-11】 现有 A、B 两种小型机床可供选择,它们的寿命均为 5 年。A 机床的市场价为 10000 元,每年可带来收入 5000 元,每年支出为 2200 元,净残值为 2000 元;B 机床市场价为 12500 元,每年可带来收入 7000 元,每年支出为 4300 元,净残值为 3000 元。设定 $i_0 = 8\%$,试用净现值法评价和选择机床投资方案。

【解】

$$NPV(A) = \sum_{t=0}^{n}(CI - CO)_t(1 + i_0)^{-t}$$
$$= -10000 + (5000 - 2200)(P/A, 8\%, 5) + 2000(P/F, 8\%, 5)$$
$$= -10000 + 2800 \times 3.993 + 2000 \times 0.6806 = 2542 \text{ 元}$$

$$NPV(B) = \sum_{t=0}^{n}(CI - CO)_t(1 + i_0)^{-t}$$
$$= -12500 + (7000 - 4300)(P/A, 8\%, 5) + 3000(P/F, 8\%, 5)$$
$$= -12500 + 2700 \times 3.993 + 3000 \times 0.6806 = 323 \text{ 元}$$

因为 $NPV(A) = 2542$ 元 > 0,$NPV(B) = 323$ 元 > 0,所以机床 A、B 两个方案除均能达到设定折现率 $i_0 = 8\%$ 外,还能分别获得 2542 元和 323 元的超额净现值收益,说明两个方案在经济上都是合理的,都可以考虑接受。但由于 $NPV(A) > NPV(B)$,故选择机床 A 为较优方案。

(二)净年值(NAV)

净年值也称净年金(记作 NAV),它是把项目寿命期内的净现金流量以设定的折现率为中介折算成与其等值的各年年末等额的净现金流量值。

求一个项目的净年值,可以先求该项目的净现值,然后乘以资金回收系数进行等值变换求解,即

$$NAV(i) = NPV(i) \times (A/P, i, n) \tag{2-22}$$

用净现值 NPV 和净年值 NAV 对一个项目进行评价,结论是一致的。就一般项目的评价而言,要计算 NAV,一般先要计算 NPV。因此,在项目经济评价中,很少采用净年值指标。但是,对寿命不相同的多个互斥方案进行选优时,净年值比净现值有独到之简便之处,下面举例说明。

【例2-12】 已知 A、B 两种设备均能满足使用要求,A 设备的市场价为 100 万元,使用寿命为 4 年,每年可带来收入 40 万元;B 设备的市场价为 200 万元,使用寿命为 6 年,每年可带来收入 53 万元,试在基准折现率为 10% 的条件下选择经济上有利的方案。

【解】

$$NAV(A) = 40 - 100(A/P, 10\%, 4) = 8.5 \text{ 万元}$$
$$NAV(B) = 53 - 200(A/P, 10\%, 6) = 7.1 \text{ 万元}$$

因为 $NAV(A) > NAV(B)$,故选择设备 A 在经济下更为合理。

所以,在基准折现率为 10% 的条件下,选择设备 A 在经济上是有利的。

(三)净终值(NFV)

净终值是指项目寿命期内各年净现金流量以设定的折现率折算到项目寿命期末的金额代数和,记作 NFV,其计算公式为:

$$NPV = \sum_{t=0}^{n}(CI - CO)_t(1 + i)^{n-t} \tag{2-23}$$

对任一特定项目而言，净现值、净年值和净终值是等效的，无论采用哪一个指标，项目经济评价结论是一致的。但是，在实际工作中，人们多习惯采用净现值指标，而净年值常用于寿命期不全相等的互斥方案的经济评价中，净终值指标几乎不使用。

四、费用现值（PW）

在一些项目的经济评价中，相比较的几个方案完成的任务是一样的，可以理解为收益是一样的，此时只需研究方案的支出和费用就可以了，费用最小的方案就是较优方案。将式（2-20）简化为费用现值 PW 的形式：

$$PW = \sum_{1}^{n}(I + C' - S_V - W)_t(P/F, i, t) \tag{2-24}$$

式中 I——全部投资（固定资产投资和流动资金）；

C'——年经营成本；

S_V——计算期末回收固定资产残值；

W——计算期末回收流动资金；

n——计算期。

同样，也可以得到年费用等值，费用终值等指标比较方案。

五、净现值率（NPVR）、投资净收益率（N/K）

（一）净现值率（NPVR）

净现值指标用于多方案比较时，虽然能反映每个方案的赢利水平，但是由于没有考虑各方案投资额的大小，因而不能直接反映资金的利用效率。为了考察资金的利用效率，可采用净现值率指标作为净现值的补充指标。净现值率反映了净现值与投资现值的比较关系，是多方案评价与选优的一个重要评价指标。所谓净现值率，就是按设定折现率求得的项目计算期净现值与其全部投资现值的比率，记作 NPVR，计算式为：

$$NPVR = \frac{NPV}{I_p} = \frac{\sum_{t=0}^{n}(CI - CO)_t(1 + i)^{-t}}{\sum_{t=0}^{n}I_t(1 + i)^{-t}} \tag{2-25}$$

式中 I_p——项目全部投资现值。

净现值率表明单位投资的赢利能力或资金的使用效率。净现值率的最大化，将使有限投资取得最大的净贡献。

净现值率的判别准则：用净现值率评价项目或方案时，若 NPVR≥0，方案可行，可以考虑接受；若 NPVR<0，方案不可行，应予拒绝。

用净现值率进行方案比较时，以净现值率较大的方案为优。当对有资金约束的多个独立方案进行比较和排序时，则宜按照净现值率从大到小将项目排序，并依此次序选择满足资金约束条件的项目组合方案，使总 NPV 实现最大化。

【例 2-13】 某建设项目有两个技术方案可供选择。A 方案的净现值为 1473 万元，投资现值为 8197 万元；B 方案的净现值为 1026 万元，投资现值为 5088 万元。试以净现值和净现值率指标分别选择最优方案。

【解】 依题意有：

$$NPV（A）= 1473 万元$$

43

$$NPV(B) = 1026 \text{ 万元}$$
$$NPVR(A) = 1473/8197 = 18.0\%$$
$$NPVR(B) = 1026/5088 = 20.2\%$$

可见，若采用净现值指标，由于 $NPV(A) > NPV(B)$，应选 A 方案；若采用净现值率指标，由于 $NPVR(A) < NPVR(B)$，应选 B 方案为最优方案。

（二）投资净收益率（N/K）

投资净收益率是与净现值率指标相似的一个可以用于独立项目排序的指标，它是用投资的现值和去除项目净收益的现值和。对于常规投资项目来讲，$NPVR$ 与 N/K 可以视为一对互为变异的评价指标。因为在这种情况下，恒有下式成立：

$$NPVR = N/K - 1 \tag{2-26}$$

设任意常规投资项目共投资 m 年（$m \geq 1$），各年投资分别为 $I_1, I_2, I_3, \cdots, I_m$，产出共 n 年，各年净收益分别为 $R_{m+1}, R_{m+2}, \cdots, R_{m+n}$，则

$$N/K(i) = \sum_{t=m+1}^{m+n} \frac{R_t}{(1+i)^t} \Big/ \sum_{t=1}^{m} \frac{I_t}{(1+i)^t}$$

净现值

$$NPV(i) = \sum_{t=m+1}^{m+n} \frac{R_t}{(1+i)^t} - \sum_{t=1}^{m} \frac{I_t}{(1+i)^t}$$

投资现值

$$I_p(i) = \sum_{t=1}^{m} \frac{I_t}{(1+i)^t}$$

$$NPVR(i) = \frac{NPV(i)}{I_p(i)} = N/K(i) - 1$$

投资净收益率指标的评价准则是：当 $N/K \geq 1$ 时，从经济上可以考虑接受该项目；当 $N/K < 1$ 时，从经济上应该拒绝该项目。

六、内部收益率（IRR）

（一）内部收益率的含义与判别准则

内部收益率是一个同净现值一样被广泛使用的项目经济评价指标，它是指使项目净现值为零时的折现率，记作 IRR。其计算公式为：

$$\sum_{t=0}^{n} NCF_t (1+IRR)^{-t} = 0 \tag{2-27}$$

若某项目第零年投资 I_0，以后每年末获得相等的净收益 R，则内部收益可由以下两式确定：

$$(P/A, IRR, n) = \frac{I_0}{R} \tag{2-28}$$

$$(A/P, IRR, n) = \frac{R}{I_0} \tag{2-29}$$

IRR 的取值区间是 $(-1, +\infty)$。而对于大多数项目来说，$IRR \in (0, +\infty)$。

应用 IRR 对单独一个项目进行经济评价的判别准则是：若 $IRR \geq i_c$，则认为项目在经济上是可以接受的；若 $IRR < i_c$，则项目在经济上应予以拒绝。

内部收益率指标的经济含义是项目对占用资金的恢复能力。因此，内部收益率是指项

目对初始投资的偿还能力或项目对贷款利率的最大承受能力。由于内部收益率不是用来计算投资效果的，所以不能用内部收益指标作为排列多个独立项目优劣顺序的依据。

(二) 内部收益率的计算方法

求解内部收益率是求解以折现率为未知数的多项高次方程。当各年的净现金流量不等，且计算期较长时，求解内部收益率是相当烦琐的。下面介绍两种 IRR 的人工试算法：

(1) 内部收益率的一般人工解法。用试算法求内部收益率，首先要假定一初始值 r_0，将其代入净现值公式，如果此时净现值为正，则增加 r_0 的值；如果净现值为负，则减少 r_0 的值，直到净现值为零过程才停止。

人工计算时，通常当试算的 r 使 NPV 在零值左右摆动且先后两次试算的 r 值之差足够小，一般不超过5%时，可用线性内插法近似求出 r。内插公式为：

$$r = r_1 + (r_2 - r_1) \frac{NPV_1}{NPV_1 + |NPV_2|} \qquad (2-30)$$

式中　r——内部收益率；

　　　r_1——较低的试算折现率；

　　　r_2——较高的试算折现率；

　　　NPV_1——与 r_1 对应的净现值；

　　　NPV_2——与 r_2 对应的净现值。

【例 2-14】　已知某方案第零年和第一年分别投资 1000 元、800 元，第二、三、四年均获收益 500 元，第五年收益为 1200 元，试计算该方案的内部收益率。

【解】　先取 $r_1 = 12\%$，则有

$$NPV_1 = -1000 - 800(1+12\%)^{-1} + 500(1+12\%)^{-2} + 500 \times (1+12\%)^{-3}$$
$$+ 500(1+12\%)^{-4} + 1200(1+12\%)^{-5} = 38.87 \text{ 元}$$

由于 $NPV_1 > 0$，故提高折现率，令 $r_2 = 14\%$，有

$$NPV_2 = -1000 - 800(1+14\%)^{-1} + 500(1+14\%)^{-2} + 500 \times (1+14\%)^{-3}$$
$$+ 500(1+14\%)^{-4} + 1200(1+14\%)^{-5} = -60.25 \text{ 元}$$

应用线性插值公式 (2-30) 有

$$IRR = r = r_1 + (r_2 - r_1) \frac{NPV_1}{NPV_1 + |NPV_2|}$$

$$= 12\% + (14\% - 12\%) \frac{38.87}{38.87 + |-60.25|} = 12.78\%$$

该方案的内部收益率为 12.78%。

(2) 内部收益率初值的快速估计法。上述人工试算法求解内部收益率最困难的问题是如何比较适宜地确定初始估算值。如果初始估算值偏离最终结果较远，那么就要试算很多次才能求出进行插值计算的两个较为接近的收益率 r_1 和 r_2。

利用表 2-7 可以快速找出 IRR 的初值，一般情况下，利用这个初值进行两次试算就可

运用插值公式计算 IRR。

根据内部收益率初值估计表计算内部收益率的过程如下：

①累计投资方案净现金流量的负值年数，确定查初值估计表第一栏的行数。

②累计投资方案净现金流量的正值年数，确定要初值估计表第二栏相应于第①步的子行数。

③计算系数 α：

$$\alpha = \frac{\text{净现金流量正值的平均值}}{\text{净现金流量负值总和的绝对值}}$$

④根据 α 值的大小以及第②步确定的子行数，选取内部收益率的初始估计值 r_0。

⑤将 r_0 代入净现值函数。

内部收益率初值估计表　　　　　　　　　　　　　　　　　　表 2-7

净现金流量为负值的年数（一）	净现金流量为正值的年数（二）	α 值							
		0.1	0.2	0.3	0.4	0.5	0.6	0.8	1.0
1	5	—	0	12	22	30	38	>50	>50
	10	0	12	21	28	34	40	50	>50
	20	7	16	23	28	34	38	47	>50
2	5	—	0	10	19	25	30	40	49
	10	0	11	18	24	29	34	42	48
	20	6	14	20	25	29	33	40	46
3	5	—	0	9	15	21	25	33	40
	10	0	10	16	21	26	29	36	41
	20	6	13	18	23	26	29	35	40
4	5	—	0	7	13	18	22	28	34
	10	0	9	15	19	23	26	31	36
	20	6	12	17	21	24	26	31	35
5	5	—	0	7	12	16	19	25	29
	10	0	8	13	17	21	23	28	32
	20	5	12	16	19	22	24	28	31

若 NPV $(r_0) > 0$，则令 $r_1 = r_0$，NPV $(r_1) =$ NPV (r_0)，$r_2 = r_1 + 4\%$（或 2%）。然后将 r_2 代入净现值函数，可求出 NPV (r_2)，此时，NPV (r_2) 一般小于 0；如果不小于 0 的话，可再适当增加 r_2 的值。

若 NPV $(r_0) < 0$，则令 $r_2 = r_0$，$r_1 = r_0 - 4\%$，（或 2%）。将 r_1 代入净现值函数，可求出 NPV (r_1)，此时 NPV (r_1) 一般大于 0；不然，可适当减少 r_1 的值。

⑥利用插值公式求出 IRR，即：

$$IRR = r_1 + (r_2 - r_1) \frac{NPV(r_1)}{NPV(r_1) + |NPV(r_2)|}$$

下面以马拉维利隆圭的发展计划发例，说明表 2-7 的用法。

【例 2-15】 马拉维利隆圭发展计划的净现金流量分布情况示于表 2-8 中的第（二）栏，试求其 IRR。

马拉维利隆圭计划（单位：千马拉维磅） 表 2-8

（一）年	（二）现金流量	（三）		（四）	
		现值系数（14%）	贴现值	现值系数（12%）	贴现值
0	-920	1	-920	1	-920
1	-569	0.87719	-499	0.89286	-508
2	-556	0.76947	-428	0.79719	-443
3	-492	0.67497	-332	0.71178	-350
4	-360	0.59208	-213	0.63552	-229
5	-164	0.51938	-85	0.56743	-93
6	30	0.45559	14	0.50663	15
7	372	0.39964	149	0.45235	168
8	563	0.35056	197	0.40338	227
9	650	0.30751	200	0.36061	234
10	710	0.26974	192	0.32197	229
11	751	0.23662	178	0.28748	216
12	781	0.20756	162	0.25668	200
13~25	884	1.21264	1072	1.64887	1458
合计			$NPV_2 = -313$		$NPV_1 = 204$

【解】 ①由于马拉维利隆圭发展计划的净现金流量负值年数为 6，见表 2-7 中第（一）栏只有 1~5，故应取 5。

②由于马拉维利隆圭发展计划的净现金流量正值年数为 20，查表 2-7 第（二）栏可知应在第 5 行的第 3 子行查 IRR 的初值。

③计算系数 α：
$$\alpha = \frac{(30 + 373 + 563 + 650 + 710 + 751 + 781 + 13 \times 884) \div 20}{|-920 - 569 - 556 - 492 - 360 - 164|} = 0.25$$

④由于 $\alpha = 0.25$，故应考虑在 0.2 与 0.3 两列中插值，也就是 r_0 在 12% 与 16% 之间，那么 r_0 究竟取多少呢？

a. 由表 2-7 可知，随着 α 值的增大，r_0 也在增大。现在 $\alpha = 0.25$，居于 0.2 与 0.3 的中间位置，故 r_0 大致为 14%；

b. 一般说来，复利系数表的利率超过 10% 之后，大多给出偶数或个位为 5 的数值。

综合考虑上述两点之后，可取 $r_0 = 14\%$。

⑤将 $r_0 = 14\%$ 代入净现值函数，求 NPV(r_0)，计算过程示于表 2-8 的第（三）栏。因为 NPV(14%) = -313 千马拉维磅，故令 $r_2 = 14\%$，$NPV_2 = -313$；再令 $r_1 = 14\% - 2\% = 12\%$，求 NPV(r_1)。计算过程示于表 2-8 的第（四）栏，结果为 $NPV_1 = 204$ 千马拉维磅。

⑥利用插值公式求 IRR：
$$IRR = r_1 + (r_2 - r_1)\frac{NPV_1}{NPV_1 + |NPV_2|} = 12\% + (14\% - 12\%)\frac{204}{204 + |-313|} = 12.9\%$$

所以，马拉维利隆圭发展计划的内部收益率为 12.9%。

（三）内部收益率指标评价的优缺点

1. 内部收益率指标评价的优点

①与净现值指标一样,内部收益率指标考虑了资金的时间价值,对项目进行动态评价,并考察了项目在整个寿命期内的全部情况。

②内部收益率是内生决定的,即由项目的现金流量系数特征决定的,不是事先外生给定的。这与净现值、净年值、净现值率等指标需要事先设定基准折现率才能进行计算比较起来,操作困难小。因此,我国进行项目经济评价时往往把内部收益率作为最主要的指标。

2. 内部收益率指标评价的缺点

①内部收益率指标计算烦琐,非常规项目有多解现象,分析、检验和判别比较复杂。

②内部收益率只适用于独立方案的经济评价和可行性判断,一般不能直接用于互斥方案的比较和选优,也不能对独立项目进行优劣排序。

③内部收益率不适用于只有现金流入或现金流出的项目。对于非投资情况,即先取得收益,然后用收益偿付有关费用(如设备租赁)的情况。虽然可以运用 IRR 指标,但其判别准则与投资情况相反,即只有 IRR≤i_c 的方案(或项目)才可接受。

(四)内部收益率与净现值的比较选择

IRR 和 NPV 都是反映投资项目经济效果的最主要的指标。它们虽然存在很大的联系,但两者之间仍有许多不同,从形式上看,一个反映项目的绝对经济效果,一个反映项目的相对经济效果。用这两个指标评价投资项目时,有时结论是一致的,有时则相矛盾,这就给评价者带来麻烦。所以,如果能够根据两者的特点进行有针对性的选择,那么,就能对投资项目的经济效果得出科学恰当的评价。

1. 从投资项目的目的考虑

对新建项目而言,通常希望它在整个经济寿命期内的赢利水平较高,并且还要同本行业的赢利状况进行比较,所以应着重考虑它的相对经济效果,故一般优先使用 IRR 法进行评价。而对老项目的改革或设备更新项目,投资者更关心能否维持或增加原有的赢利水平,所以通常优先选用反映项目绝对经济效果的 NPV 法。

2. 从指标本身的特点考虑

IRR 不能反映项目的寿命期及规模的不同,故不适宜作为项目优先排队的依据。而 NPV 则特别适用于互斥方案的评价。

另外,我们还应考虑投资者的主观要求。例如,世界银行和亚洲发展银行认为,计算 IRR 事先不必规定标准折现率,容易用复利法计算,而且 IRR 代表了资本的收益性的周转能力,可看出资本运用的效率,所以偏重 IRR 法。而美国国际开发署却彻底否定 IRR 法,它规定只用 NPV 法,认为对项目的实施重要的并不是规定投资的下限,而是要确定投资的优先次序,故应用 NPV 法。

七、差额投资内部收益率(ΔIRR)

差额投资内部收益率,又称增量投资内部收益率,也叫追加投资内部收益率,它是指相比较两个方案的各年净现流量差额的现值之和等于零时的折现率。计算公式为:

$$\sum_{t=0}^{n}[(CI-CO)_2-(CI-CO)_1]_t(1+\Delta IRR)^{-t}=0 \qquad (2-31)$$

式中　　ΔIRR——差额投资内部收益率;

$(CI-CO)_2$——投资多的方案的年净现金流量;

$(CI-CO)_1$——投资少的方案的的净现金流量。

式 (2-31) 也可以拆成以下形式:

$$\sum_{t=0}^{n}(CI_2-CO_2)_t(1+\Delta IRR)^{-t} - \sum_{t=0}^{n}(CI_1-CO_1)(1+\Delta IRR)^{-t} = 0 \quad (2-32)$$

根据公式 (2-32),差额投资收益率也可解释为两个方案的净现值相等时的折现率。

应当指出,采用差额内部收益率比较和筛选方案时,相比较的方案必须寿命期相等或计算期相同。

差额投资内部收益率的判别准则如下:

计算求得的差额投资内部收益率 ΔIRR 与基准投资收益率 i_c (或社会折现率 i_s) 相比较,若 $\Delta IRR \geq i_c$ 时,则投资多的方案为优;若 $\Delta IRR < i_c$,则投资少的方案为优。

当多个互斥方案相比较和选优时,先按投资多少由少到多排列,然后,再依次就相邻方案两两比较。计算求出相比较两个方案的差额投资内部收益率 ΔIRR。若 $\Delta IRR \geq i_c$,则保留投资多的方案;若 $\Delta IRR < i_c$,则保留投资少的方案。被保留方案再与下一个相邻方案比较,计算 ΔIRR,再进行取舍判断。依次不断进行,直至比较完所有方案,最后保留的方案即为最优可行方案。

应当指出,用差额投资内部收益率对多方案进行评价和选优时,其前提是每个方案是可行的,或者至少排在前面、投资最少的方案是可行的。

【例 2-16】 设有两个互斥方案,其寿命期相同,有关数据如表 2-9 所列,设基准收益率 $i_c = 15\%$。试用差额投资内部收益率比较和选择最优可行方案。

方案相关数据表(单位:万元)   表 2-9

方 案	投资 (I) (第零年末发生)	年收入 (CI)	年支出 (CO)	净残值 (S_v)	使用寿命 (年)
A	5000	1600	400	200	10
B	6000	2000	600	0	10

【解】 第一步,计算净现值,判别可行性:

$$NPV(A) = -I + (CI-CO)(P/A, i_c, n) + S_v(P/F, i_c, n)$$
$$= -5000 + (1600-400) \times 5.019 + 200 \times 0.2472$$
$$= 1072.24 \text{ 万元}$$

$$NPV(B) = -6000 + (2000-600) \times 5.019 = 1026.60 \text{ 万元}$$

因为 $NPV(A) > 0$,$NPV(B) > 0$,所以 A、B 两个方案均可行。

第二步,计算差额投资内部收益率,比较并选择最优可行方案。

设 $i_1 = 12\%$,则有

$$\Delta NPV(i_1) = -6000 + 5000 + (2000-600-1600+400)$$
$$\times (P/A, 12\%, 10) - 200 \times (P/F, 12\%, 10)$$
$$= -1000 + 200 \times 5.65 - 200 \times 0.322$$
$$= 65.60 \text{ 万元}$$

设 $i_2 = 14\%$,则有

$$\Delta NPV(i_1) = -6000 + 5000 + (2000 - 600 - 1600 + 400)$$
$$\times (P/A, 14\%, 10) - 200 \times (P/F, 14\%, 10)$$
$$= -1000 + 200 \times 5.216 - 200 \times 0.2697$$
$$= -10.74 \text{ 万元}$$

用线性内插公式计算

$$\Delta IRR = 12\% + (14\% - 12\%) \times \frac{65.60}{65.60 + |-10.74|} = 13.72\%$$

因为 $\Delta IRR = 13.72\% < i_c = 15\%$，所以，投资少的方案，即方案 A 为最优可行方案。

当然，本题不用差额投资内部收益率，直接根据 NPV(A) > NPV(B)，且 A 的投资少于 B 的投资，得出方案 A 为最优可行方案的结论。

八、外部收益率（*ERR*）

外部收益率简记为 ERR。假定项目所有投资按某个折现率折算的终值恰好可用项目每年的净收益按基准折现率折算的终值来抵偿时，这个折现率称之为外部收益率。计算公式为

$$\sum_{t=0}^{n} I_t (1+ERR)^{n-t} = \sum_{t=0}^{n} (CI-CO)_t (F/P, i_c, n-t) \quad (2-33)$$

式中 I_t——第 t 年的投资。

外部收益率的经济含义可理解为：把一笔资金投资于某一方案，在经济上无异于将这笔资金存入一个年利率为 ERR 且以复利计息的银行中所获得的价值。因此 ERR 越大，说明投资的经济性越好，投资的效率越高。

外部收益率指标的判别准则是：若 ERR ≥ i_c，可以考虑接受该项目；若 ERR < i_c，可以考虑拒绝该项目。

外部收益率目前在项目经济评价中还没有得到普遍应用，但其前景看好。这是因为：

①它考虑了资金的时间价值，对项目进行动态评价；
②考察了项目在整个寿命期内的经济状况；
③它与内部收益率相比，其解具有简单性，即只有惟一解。

【例 2-17】 已知某项目需一次投资 1200 万元，预计该项目的寿命期为 3 年，第 1、2、3 年的净收益分别为 700、640、560 万元。假定 $i_c = 10\%$，试求 ERR，并判断该项目的经济可行性。

【解】 依题意有

$$1200(1+ERR)^3 = 560 + 640(1+10\%) + 700(1+10\%)^2$$

即有

$$(1+ERR)^3 = 1.7592$$

解得

$$ERR = 20.72\%$$

因为，ERR = 20.72% > i_c = 10%，所以该项目经济上是可行的。

九、必要收费率（*RR*）

目前正处于经济改革进程中，由集资、贷款兴办的土木工程项目越来越多，如收费公路、桥、码头、地方铁路等。这样兴办起的公共工程必须按企业经营，讲究经济效益才会

有生命力。因此,如何制定各类项目的收费标准,需要有一个测算指标。必要收费率 RR 可以作为简便地、近似地测算指标满足贷款条件所需的收费水平,即:

$$RR = \frac{AC}{Q(1-t')} \tag{2-34}$$

式中 Q——吞吐量、交通量等;

t'——综合税率,一般为营业税、城市维护建设税、教育费附加;

AC——年费用现值,$AC = p(A/P, i, n) + D - S(A/F, i, n)$,$i$ 为贷款利率,n 为还款期,P 为投产年的投资,D 为年运营费,S 为残值。

式(2-34)是偿还贷款利率为 i 的收费标准,没有考虑企业留利的要求。

【例 2-18】 某港拟新建一个散粮进出口码头,年吞吐量为 600 万吨,全部投资由银行贷款,贷款期为 15 年,贷款利率为 15.88%;建设期 3 年,第 1 年投入资金 5700 万元,第 2 年 11000 万元,第 3 年 10000 万元;年运营费为 1050 万元,营业税、城市维护建设税和教育费附加的综合税率为 3.24%。此外,还应上交国家能源交通重点建设基金,数额按年投资回收资金的 10.5%,或按提款取折旧费的 15% 计算,假定残值为零。

【解】 投产年的投资:

$P = 5700(1+15.88\%)^3 + 11000(1+15.88\%)^2 + 10000(1+15.88\%)$
$= 35228.52(万元)$

$$RR = \frac{35228.52(A/P, 15.88\%, 12)(1+10.5\%) + 1050}{600(1-3.24\%)} = 14.65 元/t$$

计算表明,按规定贷款利率和期限偿还银行贷款,港口的装卸、堆存等综合收费至少不应低于 14.65 元/吨。

如果考虑企业赢利率为 i_y,银行贷款利率为 i_e,预期的投资收益率为 i_p,则

$$i_p = i_y + i_e + i_y \cdot i_e \tag{2-35}$$

对本例,如果企业期望赢利率 $i_y = 3.64\%$,则投资预期的收益率为:

$i_p = 3.64\% + 15.88\% + 15.88\% \times 3.64\% = 20.10\%$

按式 (2-34),有:

$$RR = \frac{35228.5(A/P, 20.10\%, 12)(1+10.5\%) + 1050}{600(1-3.24\%)} = 16.97 元/t$$

即港口的综合收费必须每吨达 17 元/t。

第三节 设计与施工方案的技术经济分析

一、设计与施工方案的技术经济分析概述

(一)设计与施工方案的技术经济分析的目的

(1)选择合理的技术形式,在满足使用功能的条件下力求经济。

在实际工作中,经济与否往往成为选择方案的主要依据。特别是建筑工程一次性投资很大,而且产品一旦形成,其可变性很小,因此,在拟定方案时必须进行技术经济分析,以便做到胸中有数,减少盲目性。

(2) 通过一系列技术经济分析，可以从若干个可行方案中选取经济效果最佳的方案。

通过对拟定方案的定量、定性及综合性分析，才能选择出技术上既先进可行，经济上又合理的方案。一个方案最经济并不意味着最合理，而经济上合理也不意味着技术上先进可行，两者往往处于矛盾状态中。方案设计人员和经济分析人员的任务就是要对所拟定的方案进行深入细致地综合分析，以便选择更合理的方案。

(3) 通过对方案的技术经济分析，可以使方案得到不断地改进和完善。

建筑工程的产品由于影响因素很多，因此必须对本地区的自然条件和社会条件进行分析，并与设计方案联系起来。此外，通过技术经济分析，可以及时发现设计方案的某些不合理之处，经修改使之完善后，才成为更适合某种条件的方案。

(4) 通过一系列技术经济分析，可以积累经验，提高方案的设计和分析能力。

(二) 设计与施工方案技术经济分析的基本要求

建筑工程设计与施工方案的技术经济分析除必须遵循技术经济分析的一般原则之外，还有其自身的特殊要求，这些要求是：

(1) 以国家的建设方针为总标准，注意方案的总体经济效果，尽可能达到经济、适用、美观三者的统一。

(2) 在进行技术经济分析时，灵活地采用定量和定性两类分析方法。在进行定量分析时，要使用多指标组成的指标体系，并注意设置主要指标和辅助指标，进行综合评价。

(3) 在做技术经济分析结论时，既要着眼于建筑工程项目的目前效果，也要看长期效果；既要看局部效果，也要看宏观效果，切忌片面性。

(4) 注意方案可比性。

二、技术方案间的决策结构

作为决策者，主要的任务就是对可供选择的可行技术方案进行决策，决定是采纳还是放弃一个或数个方案。一般情况下，此类决策问题要受到一定条件的约束，其中最现实的问题是资金（或资源）是有限的。在有限的资金条件下，我们不得不放弃一些可供选择的方案。而如何选择方案，充分而合理地分配和利用有限的资源，以取得最佳的经济效益，是决策者面临的首要问题。

(一) 技术方案的相关性

在一个评价系统之内，参与评价的诸多方案是存在一定相互关系的，这些关系对评价与决策过程的影响极大，应引起决策者的重视。

1. 技术方案的经济相关性

许多工程项目投资方案在技术、经济甚至生态平衡等方面存在着一定的联系。仅从经济角度看，如果一个技术方案的被接受或是拒绝，会直接影响到另一个技术方案经济性，这两个方案就具有经济相关性。项目方案的经济相关有三种类型：

(1) 经济互斥性相关：一个方案存在和接受将完全排斥了另一个方案的接受。例如，某工厂现有更新设备资金100万元，一种方案是引进设备需花费100万元，另一种方案是购买国产设备需用85万元。由于资金限制，只能选用一种方案，这两个方案就是经济互斥性相关的。

(2) 经济依存性相关：一个方案的存在和接受必须以另一方案的存在为前提条件，现金流量也会受到另一个方案存在的影响。

(3) 经济互补性相关：执行一个方案会增加另一个方案的效益。例如，在一个商业网点建立一个大型停车场，可以促进该商业点的繁荣，而停车场本身并不是以商业点为前提的，这两个项目方案就是经济互补的。

2. 资金（资源）的限制

资金的限制主要来自于两个方面：从企业内部来说，资源是有限的，要求决策者最有效地分配资金以获得最好的经济效益。考虑到资金的成本和费用等经济问题，必须使一部分方案受到限制。从企业外部来说，外部资本市场资金供用的有限性，也会限制技术方案的选择。

3. 技术方案的技术不可分性

一个完整的技术方案作为一项资产，决策时总是完整地被接受或是拒绝，不可能将一个完整的技术方案分成若干部分来执行和实施。因此，当资金受到限制时，接受一个大的技术方案往往会自动排斥若干个小技术方案的接受。

（二）技术方案的决策结构类型及处理方法

根据技术方案的经济相关性，可以将备选方案间的关系划分为完全独立方案关系、互斥方案关系、资金（或资源）约束条件下的独立方案群和混合方案关系等。

1. 完全独立方案关系

独立方案（Independent Alternatives）是指一系列方案中接受某一方案并不影响其他方案的接受。换言之，只要投资者在资金上没有限制，则可以自由地选择要投资的任何方案。单一方案的评价问题也属于独立方案的特例。

例如，一家公司的销售部门考虑下列三个相互独立的发展方案：

甲方案：增聘业务人员，需要资金50万元；

乙方案：增加在报纸、杂志上的广告，需要资金40万元；

丙方案：增加电视的广告量，需要资金100万元。

以上各方案都是相互独立的，只要每个方案的经济性合理，我们可以全部接受，不受任何条件约束。

独立方案的评价特点是：对于某一方案来说，只要自身具有好的经济效益，就应被接受。

2. 互斥方案关系（排他型）

互斥方案（Mutually Exclusive Alternatives）指决策者接受一系列方案中某一方案时就排斥了所有的其他方案，方案间存在着相互排斥、互不相容的关系。常见的例子有：

(1) 新厂址应设在北京、上海还是深圳？

(2) 现有某车间的人力加工系统改造成半自动、全自动系统或不改造？

(3) 拟添置一台精密设备，是购买进口的，还是购买国产的或自动研制？

(4) 某人就业问题，是就职于工资较高的新办企业，还是就职于工资适中的政府部门？

从上面的诸多例子中可以看到，这些方案之间彼此充满了排斥性，具有"势不两立"的含义。互斥方案关系非常多见，是决策分析的研究重点。

3. 资金（或资源）约束条件下的独立方案解

由于资金的限制，使原来独立关系的方案组具有了相关性。换言之，由于投资者在资金上有限制，则不能自由地选择投资方案。

如前面提到的独立方案关系中的某销售部门三个相互独立的发展方案。如果该公司给销售部门的年度预算额为190万元，则全部方案都可以任意考虑。但如果年度预算额为140万元，则只能部分地考虑方案组合的有效性。此时，决策问题就演变为受资金约束的独立方案组的决策问题。

4. 独立且互斥方案（混合方案关系）

独立且互斥方案（Independent and Mutually Exclusive Alternatives）可以用一例子说明。某公司就明年的生产经营进行决策，要求各个部门（营销、生产、工程部门）提出明年的年度计划方案，并规定每个部门提交的方案最多只能通过一个。但是营销部门提交了三个可行方案，生产部门提交了两个可行方案，工程部门只提交了一个方案。

就每个部门而言，其所提交的各个可行方案是互斥型的；但是各部门之间则是彼此独立的，这就是独立且互斥方案。它们在进行经济决策分析之前，也可转变成互斥的方案组合。就本例而言，如果包括不投资方案的话，可以有24个互斥的方案组合。

5. 其他相关方案关系的处理

(1) 依存型方案关系（Dependent Alternatives），一个方案的接受和实施是以另一方案的接受为前提的。例如，某公司有下列的电脑系统投资方案：

A 方案：购买 IBM 公司的电脑系统；

B 方案：购买 Intel 公司的电脑系统；

C 方案：购买 IBM 公司的软件系统；

D 方案：购买 Intel 公司的软件系统；

E 方案：自己开发软件系统（不管购买任何电脑系统）；

F 方案：不购买任何电脑系统。

以上诸方案中，C 方案和 D 方案分别是 A 方案与 B 方案的依存方案；只有已确定购买 IBM（或 Intel）公司的电脑系统，购买 IBM（或 Intel）公司的软件系统才有意义。同理，E 方案也必须在该公司决定购买电脑系统之后才有意义。这些方案被称之为依存型的投资方案。

(2) 现金流量相关型方案。一方案的取舍会直接导致另一方案现金流量的变化。如为解决 A、B 两地之间的交通问题，有关部门提出了两个可行方案：一是建设跨海公路大桥；二是兴建轮渡码头。由于 A、B 两地之间的客货运输量是一定的，所以跨海公路大桥的建设必然会减少轮渡码头的客货运输量。

此类问题，同样可以转化为互斥方案组问题。如这里的 A、B 两地之间的交通问题，可以转化为四个互斥的方案组合：只建设跨海公路大桥；只兴建轮渡码头；同时建设跨海公路大桥和轮渡码头；均不投资。

现实中的大多数复杂方案关系都可以转化为互斥方案组合，进而利用互斥方案的分析方法进行决策。在不同方案类型的决策中，宗旨只有一个：最有效地分配有限的资金，以获得最大的经济效益。重要的是根据方案间的不同类型关系正确地选择和使用评价指标和方法。

三、独立方案的工程经济评价

独立方案经济评价常用的评价指标有我们前面论述的 NPV、IRR、NAV 等。凡通过绝对效果检验的方案,就认为它在经济效果上是可以接受的,否则就应予以拒绝。所谓绝对(经济)效果检验是指用经济效果评价标准(NPV≥0,NAV≥0,IRR≥i_0)只检验方案自身的经济性的方法,也就是将技术方案自身的经济效果指标与评价标准相比较,达标即可。

【例 2-19】 两个独立方案 A 和 B,其现金流见表 2-10。试判断其经济可行性(i_0 = 15%)。

独立方案 A、B 的净现金流量表（单位：万元） 表 2-10

方案	0（时点）	1~10	方案	0（时点）	1~10
A	-2000	450	B	-2000	300

【解】 本例中 A、B 方案为独立方案关系。首先,分别计算 A、B 方案自身的绝对效果指标,净现值、净年值或内部收益率均可,然后根据各指标的判别准则进行绝对效果检验并决定取舍。

(1) 用净现值进行绝对效果检验：

$$NPV_A = -2000 + 450(P/A, 15\%, 10) = 258.46 \text{万元}$$

$$NPV_B = -2000 + 300(P/A, 15\%, 10) = -494.36 \text{万元}$$

据净现值判别准则,A 方案可予接受,B 方案应予拒绝。

(2) 用净年值进行绝对效果检验：

$$NAV_A = 450 - 2000(A/P, 15\%, 10) = 51.4 \text{万元}$$

$$NAV_B = 300 - 2000(A/P, 15\%, 10) = -98.6 \text{万元}$$

据净年值判别准则,A 方案可予接受,B 方案应予拒绝。

(3) 用内部收益率进行绝对效果检验：
A、B 方案的内部收益率方程分别为：

$$-2000 + 450(P/A, IRR_A, 10) = 0$$

$$-2000 + 300(P/A, IRR_B, 10) = 0$$

解得各自的内部收益率为 $IRR_A = 18.3\%$,$IRR_B = 8.1\%$,由于基准投资收益率为 15%,故应接受 A 方案,拒绝 B 方案。

对于独立方案而言,经济上是否可行的判断依据是其绝对经济效果指标是否优于一定的检验标准。不论采用净现值、净年值和内部收益率当中哪种评价指标,评价结论都是一样的。

四、互斥方案的工程经济评价

(一) 增量（差额）分析法

互斥方案经济效果评价常用增量分析法,进行方案的相对效果检验及比选。比选时应注意方案间的可比性：如计算期的可比性,收益与费用的性质及计算范围的可比性,方案风险水平的可比性以及评价方法所使用假定的合理性（如内部收益率的再投资假设）等。

先通过分析一个互斥方案评价的例子,来说明绝对（经济）效果检验和增量分析法。

【例 2-20】 方案 A、B 是互斥方案,其各年的现金流量见表 2-11,试评价选择（i_0 = 10%）。

互斥方案 A、B 的净现金流量及经济效果指标计算表　　　　表 2-11

年　份	0	1～10	NPV	IRR（%）
方案 A 的净现金流（万元）	-200	39	39.64	14.4
方案 B 的净现金流（万元）	-100	20	22.89	15.1
增量净现金流（A-B）（万元）	-100	19	16.75	13.8

【解】　首先计算两个方案的绝对经济效果指标 NPV 和 IRR：

$$NPV_A = -200 + 39(P/A, 10\%, 10) = 39.64 \text{ 万元}$$

$$NPV_B = -100 + 20(P/A, 10\%, 10) = 22.89 \text{ 万元}$$

由方程式：

$$-200 + 39(P/A, IRR_A, 10) = 0$$

$$-100 + 20(P/A, IRR_A, 10) = 0$$

还可求得：　　　　　　$IRR_A = 14.4\%$，$IRR_B = 15.1\%$

很明显，由 NPV 和 IRR 指标检验可知，方案 A 和方案 B 都能通过绝对经济效果检验，且结论是一致的。现在的问题是哪个方案最优。

由于 $NPV_A > NPV_B$，故按净现值最大准则方案 A 优于方案 B。但计算结果还表明，$IRR_B > IRR_A$，若以内部收益率最大为比选准则，方案 B 优于方案 A，这与按净现值最大准则比选的结论相矛盾。

到底按哪种准则进行互斥方案比选更合理呢？解决这个问题需要分析投资方案比选的实质。投资额不等的互斥方案比选的实质是判断增量投资（或称差额投资）的经济合理性，即投资大的方案相对于投资小的方案多投入的资金能否带来满意的增量收益。显然，若增量投资能够带来满意的增量收益，则投资额大的方案优于投资额小的方案，若增量投资不能带来满意的增量收益，则投资额小的方案优于投资额大的方案。

表 2-11 给出了方案 A 相对于方案 B 各年的增量净现金流，即方案 A 各年净现金流与方案 B 各年净现金流之差额。增量净现金流，表明了投资较大的方案的增量投资所带来的增量收益情况。根据增量净现金流，可计算出差额净现值（也称增量净现值，记作 ΔNPV，其经济涵义是大方案的增量投资的净现值）和差额内部收益率（也称增量投资内部收益率，前面已有过论述）。对于上例：

$$\Delta NPV = -100 + 19(P/A, 10\%, 10) = 16.75 \text{ 万元}$$

由方程式　　　　　　$-100 + 19(P/A, \Delta IRR, 10) = 0$

得　　　　　　　　　　$\Delta IRR = 13.8\%$

计算结果表明：$\Delta NPV > 0$，$\Delta IRR > i_0$（$i_0 = 10\%$），大方案多投入 100 万元增量投资的经济效果满足要求，即投资大的方案 A 优于投资小的 B 方案。

以上分析中采用的以增量净现金流为分析对象来评价增量投资经济效果，进而对投资额不等的互斥方案进行比选的方法称为增量分析法或差额分析法（Incremental Analysis）。这是互斥方案比选的基本方法。

净现值、净年值、投资回收期、内部收益率等评价指标都可用于增量分析，相应的有差额净现值、差额净年值、差额投资回收期、差额内部收益率等增量评价指标。

（二）增量（差额）分析指标在费用现金流互斥方案评价中的应用

对于已知费用现金流的互斥方案，无须进行绝对效果检验，只须进行相对效果检验，通常使用费用现值 PC 或费用年值 AC 指标。方案选择的判别准则是：费用现值或费用年值最小方案是最优方案。

【例 2-21】 某两个能满足同样需要的可行的互斥方案 A 与 B，其费用现金流见表 2-12。试对两个方案进行选择（$i_0 = 15\%$）。

方案 A、B 的费用现金流（单位：万元）　　　　　　　　　表 2-12

方　案	初始投资	年度费用支出	方　案	初始投资	年度费用支出
	0	1～10 年		0	1～10 年
A 方案	-100	-11.68	增量费用现金流（B - A）	-50	5.13
B 方案	-150	-6.55			

【解】 本问题为仅有费用现金流的互斥方案比选和评价，可采用费用现值 PC、费用年值 AC 或差额净现值 ΔNPV、差额内部收益率 ΔIRR 等判别优劣。

（1）费用现值 PC 法。

$$PC_A = 100 + 11.68 \times (P/A, 15\%, 10) = 158.62 \text{ 万元}$$

$$PC_B = 150 + 6.55 \times (P/A, 15\%, 10) = 182.87 \text{ 万元}$$

由于 $PC_A < PC_B$，根据费用现值最小的选优准则，可判定方案 A 优于方案 B，故应选取方案 A。（费用年值 AC 法略）

（2）差额净现值 ΔNPV 法。

根据增量费用现金流（B - A）：

$$\Delta NPV_{B-A} = -50 + 5.13 \times (P/A, 15\%, 10) = -24.25 \text{ 万元}$$

ΔNPV_{B-A} 小于零，B 方案的增量投资不合理，故应选取方案 A。

（3）差额内部收益率 ΔIRR 法。

根据增量费用现金流列出方程：

$$-50 + 5.13 \times (P/A, \Delta IRR_{B-A}, 10) = 0$$

解得 $\Delta IRR_{B-A} = 0.47\%$，$\Delta IRR_{B-A} < 10\%$，故可判定投资小的方案 A 优于投资大的方案 B，应选取方案 A。

（三）约束条件下独立方案群的选优问题

技术方案，特别是独立方案的比较和选优过程中，最常见的约束是资金的约束。由于受到资金总拥有量的约束，不可能采用所有经济上合理的技术方案。一般来说，全部入选方案的资金总需要与当时实际可能的资金提供量是不会一致的。假如方案是由一个大方案（需要较多的资金）和几个小方案所组成，在资金不足时，便可能产生单一大方案和若干个小方案之间的抉择问题。

例如，方案 A、B、C 所需要的资金分别为 K_a、K_b 和 K_c，设 K_b 较大，K_a 和 K_c 较小，能够筹集的资金是有限的，或者只能满足 B 方案，或者只能同时满足 A 和 C。由于技术方案的不可分性（即一个技术方案只能作为一个整体或被接受、或被放弃），决策者不能再完全按方案的评价指标 NPV、NAV 或 IRR 等从大到小的次序进行取舍。对上述情况，人们应当做出的抉择是选方案 B 或方案 A 与方案 C。尽管方案 A、B、C 是互不相关的独立方案，即某一方案的接受并不影响其他方案的接受，但在约束条件下（上例是资金，也可以是其他资源及劳动力等），也可能会成为相关的方案。

当存在着资金约束的条件下，独立方案群的经济评价方法是把所有可行的投资方案进行排列组合，并排除那些不满足约束条件的组合（即不可行组合），每个可行的组合都代表一个满足约束条件的互斥方案，这样我们就可以利用前述的互斥方案经济评价方法来选出最好的组合。我们很容易列出各种方案组合，例如上述 A、B、C 三个相互独立的方案组合是：A、B、C、AB、AC、BC 和 ABC。当然还有一个方案是什么也不做，即不进行投资。某些不满足约束条件的组合被排除后，会使方案组合的数目减少而使问题简化。

【例 2-22】 有 3 个方案 A、B、C（不相关方案），各方案的投资年净收益和寿命期见表 2-13，预先计算表明各方案的 IRR 均大于基准收益率 15%。

方案 A、B、C 的投资年净收益和寿命期（单位：元）　　表 2-13

方　案	投资（生产期初）	年净收益	寿命期	IRR
A	12000	4300	5 年	26%
B	10000	4200	5 年	32%
C	17000	5800	10 年	33%

已知总投资限额是 30000 元。因此这三个方案不能同时都选上（这样总投资需 39000 元，超过了限额）。可按以下步骤进行工作。

第一步，列出 A、B、C 的所有可能组合，见表 2-14：

方案 A、B、C 所有可能组合　　表 2-14

组　号	方案的组合	所需投资（元）	年净收益（元）	
			1～5 年	6～10 年
1	A	12000	4300	0
2	B	10000	4200	0
3	C	17000	5800	0
4	AB	22000	8500	0
5	AC	29000	10100	5800
6	BC	27000	10000	5800
7	ABC	39000	14800	5800

第二步，排除投资超过 30000 元限额的投资组合 7（即 ABC 组合），并按投资额从小到大排列出要考虑的互斥的投资方案组，得表 2-15。

投资额排序　　表 2-15

组　号	方案的组合	所需投资（元）	年净收益（元）		NPV（15%）	排序
			1～5 年	6～10 年		
2	B	10000	4200	0	4079.05	5
1	A	12000	4300	0	2414.27	6
3	C	17000	5800	0	12108.86	3
4	AB	22000	8500	0	6493.32	4
5	BC	27000	10000	5800	16187.91	1 入选
6	AC	29000	10100	5800	14523.12	2

第三步，选优。这里我们用净现值来计算，并用净现值最大作为选择准则。见表2-15，BC 组合入选。

思 考 题 与 习 题

1. 试列举常用的动态评价指标和静态评价指标。
2. 内部收益率的经济含义是什么？
3. 两技术方案 A、B 的寿命期分别为 3 年和 5 年，各自寿命期内的净现金流量如表2-16。试用年值法评价选择（$i_0 = 12\%$）。

技术方案 A、B 的净现金流表（单位：万元）　　　　　表 2-16

方　案	0	1	2	3	4	5
A	-300	96	96	96	96	96
B	-100	42	42	42	—	—

4. 某项目有关数据如表 2-17，若设基准折现率为 $i_0 = 10\%$，试计算其动态投资回收期。

项目相关数据表（单位：万元）　　　　　表 2-17

年　份	0	1	2	3	4	5	6	7	8	9	10
投资支出	20	500	100								
其他支出				300	450	450	450	450	450	450	450
收　入				450	700	700	700	700	700	700	700

5. 某企业下属的 A、B、C 三个分厂提出了表 2-18 所示的技术改造方案。各分厂之间是相互独立的，而分厂内部各技术改造方案则是互斥的。若各方案的寿命都是八年（不考虑建设期），基准收益率为 15%。试问：当企业的投资额在 600 万元以内时，从整个企业角度出发，最有利的选择是什么？若资金限额增加 200 万元或减少 200 万元时，又将怎样？

各分厂技术改造方案　　　　　表 2-18

分厂	投资方案	初始投资（万元）	年净收益（万元）	分厂	投资方案	初始投资（万元）	年净收益（万元）
A	A_1	100	40	B	B_3	300	75
	A_2	200	70		B_4	400	95
	A_3	300	90	C	C_1	200	85
B	B_1	100	20		C_2	300	110
	B_2	200	55		C_3	400	150

第三章 不确定性分析

不确定性分析是对决策方案受到各种事前无法控制的外部因素变化与影响所进行的研究与估计，是研究技术方案中主要不确定性因素对经济效益影响的一种方法。

进行不确定性分析，是为了分析不确定因素，尽量弄清和减少不确定因素对经济效果评价的影响，以预测项目可能承担的风险，确定项目在财务上、经济上的可靠性，避免项目投产后不能获得预期的利润和收益，以致使投资不能如期收回或给企业造成亏损。在项目评价中，不确定性就意味着项目带有风险性。风险性大的工程项目，必须具有较大的潜在获利能力。也就是说，风险越大，则项目的内部收益率也应越大。

不确定性分析包括盈亏平衡分析、敏感性分析和概率分析。盈亏平衡分析一般只用于财务评价，敏感性分析和概率分析可同时用于财务评价和国民经济评价。三者的选择使用，要看项目的性质、决策者的需要、相应的财力人力等。

第一节 盈亏平衡分析

盈亏平衡分析也称为量本利分析，它是将成本划分为固定成本和变动成本并假定产销量一致，根据产量、成本、售价和利润四者之间的函数关系，确定盈亏平衡点，进而评价方案的一种不确定性分析方法。

产品的销售量、总成本费用和利润三者之间存在着相互依存的关系，产品销售量若低于一定"界限"企业就无利可得，甚至要亏损。通过盈亏平衡分析，可以找到这个"界限"，从而预知产品的销售量达到多少时才有利润。结合市场调查，还可预测市场是否能够达到这个销售量水平，进而确定这种产品有无开发价值，避免决策的盲目性。

在盈亏平衡分析中，通常将问题简化，即只将一个量看成变量，而其他的量视为其函数。这里介绍的盈亏平衡分析是将产量看成是自变量，而将销售收入、总成本视为产量的一元函数。从而产量的多少决定了总成本的大小，决定了销售收入，进而决定了利润的多少，所以通常也称其为量本利分析。

一、线性盈亏平衡分析

所谓线性盈亏平衡分析，是将方案的总成本费用、销售收入设为产量的线性函数，具体地说有下面的假设。

1. 销售收入是产量的线性函数

$$TR(x) = px$$

式中 TR——销售收入；

p——单位产品售价（已知定量）；

x——产量（变量）。

2. 总成本费用是产量的线性函数

$$TC(x) = F + \nu x$$

式中 TC——总成本费用；
ν——单位产品变动成本（已知定量）；
F——总固定成本（已知）。

3. 产量等于销量

将成本函数、销售收入函数作图如图 3-1。

由上面的假设，利润（这里未考虑税金及附加）

$\pi(x) = TR(x) - TC(x) = px - (F + \nu x)$

令 $\pi(x) = 0$，得

$$(p - \nu)x = F$$

$$x^* = \frac{F}{p - \nu} \tag{3-1}$$

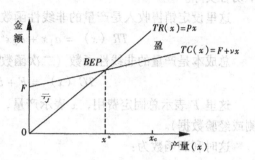

图 3-1 成本函数、销售收入函数图

销售收入线与总成本线的交点称为盈亏平衡点（BEP：Break Even Point），也就是项目赢利与亏损的临界点，对应的产量为 x^*，可由公式（3-1）求得。

若项目的年设计生产能力为 x_c，则盈亏平衡点处的生产能力负荷率

$$E^* = \frac{x^*}{x_c} \times 100\% \tag{3-2}$$

公式（3-2）刻画了项目的安全程度，参考图 3-1，x^* 距 x_c 越远，项目应该越安全。根据国外的经验，当 $E^* < 70\%$ 时，认为项目抗风险能力强。

当考虑税金及附加时，设单位产品税金及附加为 t，则公式（3-1）变为：

$$x^* = \frac{F}{p - \nu - t} \tag{3-3}$$

【例 3-1】 某企业拟生产某种产品，预计产品售价为 50 元/件，每件产品变动成本为 30 元，税金 3 元/件，总固定成本为 12000 元，年设计生产能力为 900 件。求盈亏平衡点处的产量及平衡点处的销售收入。项目抗风险能力如何？

【解】 由公式（3-3）有

$$x^* = \frac{F}{p - \nu - t} = \frac{12000}{50 - 30 - 3} = 706 \text{ 件}$$

盈亏平衡点处的销售收入为

$$TR(706) = 50 \times 706 = 35300 \text{ 元}$$

因为

$$e^* = \frac{706}{900} = 0.7844 = 78.44\% > 70\%$$

所以该项目抗风险能力不强。

应该注意的是，在上面的盈亏平衡分析中，需将总成本分为固定成本和变动成本两部分。而固定成本是指不随产量变化而变化的那部分费用，如固定资产折旧费、大修理基金、管理费用等；变动成本是指随产量变化而变化的那部分费用，如原材料、辅助材料、

动力、外购协作件等。在实际中有的产品的部分成本既不属于固定成本，也不属于变动成本，可以称它为半可变成本。实务中，应该根据实际情况，结合有关财务约定，借助于统计资料和经验进行分解处理。

二、非线性盈亏平衡分析

在线性盈亏平衡分析中，不论产量（等于销售量）为多少，价格总是不变的，这显然不切合实际。

这里设定销售收入是产量的非线性函数（二次函数）：
$$TR(x) = a_1 x + a_2 x^2 \quad (a_2 < 0, \text{通常} \ a_2 \text{很小})$$

总成本是产量的非线性函数（二次函数）：
$$TC(x) = F + b_1 x + b_2 x^2 \quad (b_2 > 0)$$

这里 F 表示总固定费用，x 表示产量，而 a_1、a_2 和 b_1、b_2 为统计常数（基于市场预测或经验数据）。

这时利润函数为：
$$\pi(x) = TR(x) - TC(x) = a_1 x + a_2 x^2 - (F + b_1 x + b_2 x^2)$$

盈亏平衡分析图如图 3-2。

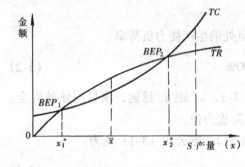

图 3-2 盈亏平衡分析图

令 $\pi(x) = 0$，即 $a_1 x + a_2 x^2 = F + b_1 x + b_2 x^2$

解上面的方程，求得盈亏平衡点 BEP_1 和 BEP_2 对应的产量 x_1^* 和 x_2^*。

令 $\pi'(x) = a_1 + 2a_2 x - (b_1 + 2b_2 x) = 0$，可求得最大赢利点产量 $\bar{x}$。

另外 O 点和 S 点具有特殊的意义，两点的产量是由方程 $\pi(x) = -F$ 解出的，即：
$$a_1 x + a_2 x^2 - F + b_1 x + b_2 x^2 = -F$$
$$a_1 x + a_2 x^2 = b_1 x + b_2 x^2$$

其中一个点是 O 点，产量为零；另外一个点为 S 点，产量是由上面方程解出的非零解。其实这两个点都是亏损值为 F 的点，O 点为开工点（Open），S 点为停产关门（Shut）点。

在 x_2^* 到 S 点之间，是亏损区，那么为什么还要维持生产呢？原因是在此区间虽然亏损，但亏损额度少于 F。这时的生产收入（$a_1 x + a_2 x^2$）除了能抵偿变动费用（$b_1 x + b_2 x^2$）外，还能抵偿部分固定费用（F），要比停止生产亏损的少，所以还应继续维持生产。一旦产量超过 S 点，亏损额要比不生产多，就不应再生产了。

从上面的分析可知，采用非线性盈亏平衡分析模型能够得到更多的信息。

当然读者可根据实际问题，建立更能反映实际状况的销售收入及成本函数的数学模型。

【例 3-2】 某生产项目根据统计分析得到关系式 $TR(x) = 100x - 0.001x^2$，$TC(x) = 200000 + 4x + 0.005x^2$，$x$ 表示产量，TR 和 TC 分别为销售收入和总成本，试作盈亏平衡分析。

【解】
$$\pi(x) = TR(x) - TC(x)$$
$$= 100x - 0.001x^2 - (200000 + 4x + 0.005x^2)$$
$$= -0.006x^2 + 96x - 200000$$

令 $\pi(x) = 0$,解得盈亏平衡点产量:
$$x_1^* = 2462, \quad x_2^* = 13538$$

令 $\pi'(x) = -0.012x + 96 = 0$,得最大赢利点产量: $\bar{x} = 8000$

令 $a_1 x + a_2 x^2 = b_1 x + b_2 x^2$,即 $100x - 0.001x^2 = 4x + 0.005x^2$

解得
$$x_1 = 0, \quad x_2 = 16000$$

即 S 点对应的产量为 16000 个单位。

第二节 敏感性分析

一、敏感性分析的基本概念

在经济分析中,经常需要计算一些经济指标,而影响这些指标的因素通常很多,如在前面所讲的评价指标 NPV 的计算就受许多因素影响。投资、价格、产量、经营费用、寿命期、折现率等各种因素对其都有影响,而这些因素又具有不确定性,所以有必要分析各种因素的变化对指标的影响,以便减少项目的风险。

所谓敏感性分析就是分析并测定各个因素的变化对指标的影响程度,判断指标(相对于某个项目)对外部条件发生不利变化时的承受能力。

敏感性分析分单因素敏感性分析和多因素敏感性分析。在单因素敏感性分析中,设定每次只一个因素变化,而其他因素保持不变,这样每次就可以分析出这个因素的变化对指标的变化的影响大小。如果一个因素在较大的范围内变化时,引起指标的变化幅度并不大,则称其为非敏感性因素;如果某因素在很小范围变化时就引起指标很大的变化,则称为敏感性因素。通过敏感性分析决策者可以掌握各个因素对指标影响的重要程度,在对因素变化进行预测、判断的基础上,对项目的经济效果作进一步的判断,或在实际执行中对敏感因素加以控制,减少项目的风险。

多因素敏感性分析是考察多个因素同时变化对项目的影响程度,通过分析可以判断项目对不确定性因素的承受能力,从而对项目风险的大小进行评估,为投资决策提供依据。

二、敏感性分析的基本步骤

(一)确定分析指标

指标的确定与所涉及的具体项目有关。在工程经济分析中,大多是对投资项目进行评价,所以指标的选定可以是前面讨论的各种反映投资项目经济效果的指标,如净现值(NPV)、净年值(NAV)、净现值率(NPVR)、投资回收期(P_t, P_t')、内部收益率(IRR)等等。各个指标都有其特定的含义,反映的问题、评价的角度都有所不同。因此应根据经济评价的深度和具体情况来选择敏感性分析指标。这里附带说明的是,不确定分析是可行性研究中项目经济评价方法的重要组成部分。一般而言,敏感性分析指标应与经济评价指标一致,不应超出所选用的经济评价指标范围而另立分析指标。在项目的机会研究阶段,各种经济数据较为粗略,常使用简单的投资收益率和投资回收期指标。而在详细可行性研究阶段,经济指标主要采用净现值、内部收益率,并通常辅以投资回收期指标,所以可行性的研究中的敏感性分析主要以这几个指标为主。

（二）按需要选择分析不确定因素

影响投资方案经济效果（或经济指标）的不确定性因素很多,而且所有与之有关的因素都具有不同程度的不确定性。但没有必要对所有因素都进行敏感性分析,只须选择那些预计对指标影响较大的因素和引用的数据的准确性把握不大的因素。

项目敏感性分析中的不确定性因素通常从以下几个方面选定：①项目投资；②项目寿命期；③产品价格；④产销量；⑤销售收入；⑥经营成本（可单独考虑变动成本）；⑦项目残值；⑧折现率等。

（三）计算不确定性因素变动对指标的影响程度

单因素敏感性分析时,在固定其他因素的条件下,变动其中某一个不确定性因素,计算分析指标相应的变动结果,这样逐一得到每个因素对指标的影响程度。在多因素敏感性分析时,要计算多个因素同时变化对分析指标的影响程度。

（四）确定敏感性因素,对方案风险情况做出判断

在单因素敏感性分析时,要确定敏感性因素。在第三步计算中,可以规定每个因素变化同一个百分比（递增或递减）,并观察因素变化导致分析指标的变化。使指标变化最多的就称为最敏感性因素,次之的称为次敏感性因素……变动最小的称为不敏感性因素。

多因素敏感性分析要确定多因素在何范围变化时指标可行,或不可行,即确定指标可行与不可行的临界线或临界面。

根据上面的分析以及预测的各种因素未来的实际变化范围,对项目风险做出判断,以便对项目进行控制。

三、敏感性分析举例

（一）单因素敏感性分析

【例 3-3】 某项目初始投资 200 万元,寿命 10 年,期末残值 20 万元,各年的销售收入、经营成本均相等,分别为 70 万元、30 万元。经预测,将来投资、销售收入、经营成本可能在 ±10% 范围变化,试对 NPV 进行敏感性分析。（$i_c = 10\%$）

【解】 题目中已指出不确定性因素为投资、销售收入、经营成本。

(1) 计算原方案指标。

$$NPV = -200 + (70 - 30)(P/A, 10\%, 10) + 20(P/F, 10\%, 10)$$
$$= -200 + 40 \times 6.1446 + 20 \times 0.3855 = 53.49 \text{ 万元}$$

(2) 计算各因素变化后的指标值,这里考察投资和经营成本变化情况。

①设投资增加 10%,其他因素不变：

$$NPV(+10\%) = -200(1 + 10\%) + 40 \times 6.1446 + 20 \times 0.3855$$
$$= 33.49 \text{ 万元}$$

比原方案减少 20 万元。

求投资变化的临界值,即设投资变化百分比为 x 时,NPV 等于 0,此时

$$NPV(x) = -200(1 + x) + 60 \times 6.1446 + 20 \times 0.3855 = 0$$

得：
$$x = 0.2675 = 26.75\%$$

②设销售收入减少10%，其他因素保持原值不变：
$$NPV(-10\%) = -200 + [70(1-10\%) - 30] \times 6.1446 + 20 \times 0.3855$$
$$= 10.48 \text{万元}$$
比原方案减少 43.01（万元）。
设销售收入变化百分比为 y 时，$NPV = 0$，即
$$NPV(y) = -200 + [70(1+y) - 30] \times 6.1446 + 20 \times 0.3855 = 0$$
$$y = -12.44\%$$

③设经营成本增加10%，其他因素不变：
$$NPV(+10\%) = -200 + [70 - 30(1+10\%)] \times 6.1446 + 20 \times 0.3855$$
$$= 35.06 \text{万元}$$
比原方案减少 18.43（万元）。
设经营成本变化百分比为 z 时，$NPV(z) = 0$，即
$$NPV(z) = -200 + [70 - 30(1+z)] \times 6.1446 + 20 \times 0.3855 = 0$$
$$z = 29.02\%$$

(3) 敏感性因素排序并做图。

由（2）中计算可知，在不确定因素都变化同样数值（10%）时，引起指标的变化大小不同。销售收入导致的变化最多，所以为最敏感性因素；投资次之，为次敏感性因素；经营成本引起的变化最少，为不敏感性因素。

由图 3-3 也可以看出，最陡峭的直线为最敏感性因素，并以此类推。

由于分析指标 NPV 与上述三个不确定性因素的函数关系都是线性的，故图 3-3 中变化线都为直线。读者可在此例中设定寿命期为另一个不确定性因素，则 NPV 关于寿命期的变化线为曲线。

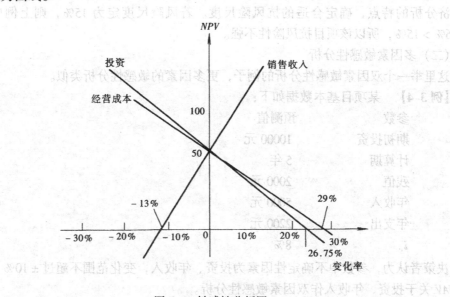

图 3-3 敏感性分析图

(4) 风险分析。

从投资角度（投资变化，其他两因素不变）来看，当投资增加超过 26.75% 时，项目

不可行，据最初的数据，投资最多增减10%，所以项目抗风险性强；从销售收入角度看，当销售收入减少至12.44%时，NPV等于零，即项目处于可行与不可行的临界点。而销售收入最多增减10%，所以从销售收入角度看，项目抗风险性较强。同理，从经营成本角度看，项目也具有较强的抗风险能力。

以上分析只是一个问题的侧面，具有片面性。因为不确定因素的变化不可能一个变另外两个不变，而是都在变，因此作如下分析：

在最不利的情况下，即：

投资为 200（1+10%）＝220万元，

销售收入为 70（1－10%）＝63万元，

经营成本为 30（1+10%）＝33万元时，

$$NPV = -200 + (63-33) \times 6.1446 + 20 \times 0.3855 = -27.95 万元 < 0$$

在最有利的情况下，即：

投资为 200（1－10%）＝180万元，

销售收入为 70（1+10%）＝77万元，

经营费用为 30（1－10%）＝27万元时，

$$NPV = -180 + (77-27) \times 6.1446 + 20 \times 0.3855 = 134.94 万元 > 0$$

把 NPV 可能的数值（图 3-4）表示出来有：

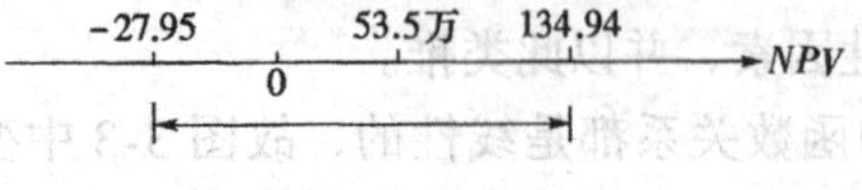

不可行所占比例为：

$$\frac{|-27.95|}{134.94 + |-27.95|} = 0.1716 = 17.16\%$$

图 3-4 NPV 可能数值图

在概率分析上，发生概率小于5%的事件为小概率事件。在实际分析中，可根据项目性质及工程经济分析的特点，确定合适的抗风险尺度。若风险尺度定为15%，则上例中，由于17.16%＞15%，所以该项目抗风险性不强。

（二）多因素敏感性分析

这里举一个双因素敏感性分析的例子，更多因素的敏感性分析类似。

【例 3-4】 某项目基本数据如下：

参数	预测值
期初投资	10000 元
计算期	5 年
残值	2000 元
年收入	5000 元
年支出	2200 元
i_c	8%

决策者认为，参数中不确定性因素为投资、年收入，变化范围不超过±10%，试对指标 NAV 关于投资、年收入作双因素敏感性分析。

【解】 设 x，y 分别表示投资、年收入的变化百分比，则

$$NAV = -10000(1+x)(A/P, 8\%, 5) + 5000(1+y) - 2200 + 2000(A/F, 8\%, 5)$$
$$= -10000(1+x) \times 0.2505 + 5000(1+y) - 2200 + 2000 \times 0.1705$$

$$= 636 - 2505x + 5000y$$

方案可行时有

$$636 - 2505x + 5000y \geq 0$$

临界线为:
$$636 - 2505x + 5000y = 0$$

以 x, y 为两坐标轴,作双因素敏感性分析图如下:

图 3-5 中,虚线方框内部为不确定性因素的变化范围,直线 $636 - 2505x + 5000y = 0$ 将其分成两部分,左上部分 $NAV > 0$ (即项目可行),右下部分为 $NAV < 0$ (即项目不可行)。

不可行部分所占的比重为:

$$\frac{1/2 \times (10\% - 5.4\%) \times (10\% - 7.7\%)}{20\% \times 20\%} = 0.0132 = 1.32\%$$

风险尺度仍取 15%,因为 1.32% < 15%,所以该项目抗风险能力强。

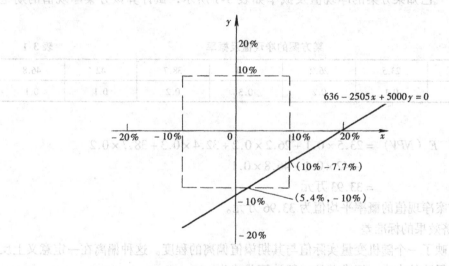

图 3-5 双因素敏感性分析图

第三节 概 率 分 析

概率分析是研究各种不确定因素按一定概率值变动时,对项目方案经济评价指标影响的一种定量分析方法。其目的是为了在不确定情况下为决策投资项目或方案提供科学依据。

概率分析的关键是确定各种不确定因素变动的概率。概率分析的内容应该根据经济评价的要求和项目方案的特点确定。一般是计算项目方案某个确定性分析指标(例如净现值)的期望值;计算使方案可行时指标取值的累计概率;通过模拟法测算分析指标的概率分布等。概率分析时所选取的分析指标,应与确定性分析的评价指标一致。

一、投资方案经济效果的概率描述

严格说来,影响方案经济效果的大多数因素都是随机变量。我们可以预测其未来可能的取值范围,估计各种取值或值域发生的概率,但不可能确定地预知它们取什么值。投资方案的现金流量序列是由这些因素的取值所决定的。所以，实际上方案的现金流量序列也是随机变量。

要完整地描述一个随机变量，需要确定其概率分布的类型和参数。在经济分析与决策中使用最普遍的是均匀分布与正态分布。

（一）经济效果的期望值

投资方案经济效果的期望值是指在一定概率分布下，投资效果所能达到的概率平均值。其一般表达式为：

$$E(x) = \sum_{i=1}^{n} x_i p_i \tag{3-4}$$

式中 $E(x)$——变量的期望值，变量可以是各种分析指标；

P_i——变量 x_i 的取值概率。

【例3-5】 已知某方案的净现值及概率如表3-1所示，试计算该方案净现值的期望值。

某方案的净现值及概率　　　　　　　　　　　表3-1

净现值（万元）	23.5	26.2	32.4	38.7	42	46.8
概　　率	0.1	0.2	0.3	0.2	0.1	0.1

【解】

$$E(NPV) = 23.5 \times 0.1 + 26.2 \times 0.2 + 32.4 \times 0.3 + 38.7 \times 0.2$$
$$+ 42 \times 0.1 + 46.8 \times 0.1$$
$$= 33.93 \text{万元}$$

即这一方案净现值的概率平均值为33.96万元。

（二）经济效果的标准差

标准差反映了一个随机变量实际值与其期望值偏离的程度。这种偏离在一定意义上反映了投资方案风险的大小。标准差的一般计算公式为：

$$\sigma = \sqrt{\sum_{i=1}^{n} p_i [x_i - E(x)]^2} \tag{3-5}$$

式中 σ——变量 x 的标准差。

【例3-6】 利用上例中的数据，试计算投资方案的净现值的标准差。

【解】

$$\sum_{i=1}^{n} P_i [x_i - E(x)]^2$$
$$= 0.1 \times (23.5 - 33.93)^2 + 0.2 \times (26.2 - 33.93)^2 + 0.3 \times (32.4 - 33.93)^2$$
$$0.2 \times (38.7 - 33.93)^2 + 0.1 \times (42 - 33.93)^2 + 0.1 \times (46.8 - 33.93)^2$$
$$= 51.16$$

$$\sigma = \sqrt{\sum_{i=1}^{n} p_i [x_i - E(x)]^2} = \sqrt{51.16} = 7.15 \text{万元}$$

（三）经济效果的离散系数

标准差虽然可以反映随机变量的离散程度，但它是一个绝对量，其大小与变量的数值及其期望值大小有关。一般而言，变量的期望值越大，其标准差也越大。特别是需要对不同方案的风险程度进行比较时，标准差往往不能够准确反映风险程度的差异。为此引入另一个指标，称作离散系数。它是标准差与期望值之比，即：

$$C = \frac{\sigma(x)}{E(x)} \tag{3-6}$$

由于离散系数是一个相对量，不会受变量和期望值的绝对值大小的影响，能更好的反映投资方案的风险程度。

当对两个投资方案进行比较时，如果期望值相同，则标准差较小的方案风险较低；如果两个方案的期望值与标准差均不相同，则离散系数较小的方案风险较低。

二、投资方案的概率分析

概率分析的基本原理是在对参数值技能型概率估计的基础上，通过投资效果指标的期望值、累计概率、标准差及离散系数来反映方案的风险程度。

在对投资方案进行不确定性分析时，有时需要估算方案经济效果指标发生在某一范围的可能性。例如当净现值大于或等于零的累计概率越大，表明方案的风险越小，反之，则风险越大。

【例 3-7】 已知某投资方案经济参数及其概率分布如表 3-2 所示，假设市场特征已定，试求：

① 净现值大于或等于零的概率；
② 净现值大于 50 万元的概率；
③ 净现值大于 80 万元的概率。

方案经济参数值及其概率　　　　　　　　表 3-2

投资（万元）		年净收入（万元）		折现率		寿命期（年）	
数值	概率	数值	概率	数值	概率	数值	概率
120	0.3	20	0.25				
150	0.5	28	0.40	10%	1.00	10	1.00
175	0.2	33	0.20				
		36	0.15				

【解】 根据参数的不同数值，共有 12 种可能组合状态，每种状态的组合概率及所对应的净现值计算结果如表 3-3 所示。

方案所有组合状态的概率及净现值　　　　　　表 3-3

组合	投资（万元）	175				150			
	年净收入（万元）	20	28	33	36	20	28	33	36
	组合概率	0.05	0.08	0.04	0.03	0.125	0.20	0.10	0.075
	净现值（万元）	−52.11	−2.95	27.77	46.21	−27.11	22.05	52.77	71.21
组合	投资	120							
	年净收入（万元）	20		28		33		36	
	组合概率	0.075		0.12		0.06		0.045	
	净现值（万元）	2.89		52.05		82.77		101.21	

以投资 175 万元计算：

年净收入为 20 万元：组合概率为两者概率之积，即

$$组合概率 = 0.2 \times 0.25 = 0.05$$

$$净现值 = -175 + 20(P/A, 10\%, 10) = -52.11 \text{ 万元}$$

年净收入为 28 万元：

$$组合概率 = 0.2 \times 0.40 = 0.08$$

$$净现值 = -175 + 28(P/A, 10\%, 10) = -2.95 \text{ 万元}$$

以此类推可以得出表中其它的数据。

将表中数据按净现值大小进行重新排列，可进行累计概率分析，如下表 3-4 所示：

净现值累积概率分布　　　　　　　　　表 3-4

净现值（万元）	-52.11	-27.11	-2.95	2.89	22.05	27.77	46.21	52.05	52.77	71.21	82.77	101.21
概　率	0.05	0.125	0.08	0.075	0.20	0.04	0.03	0.12	0.10	0.075	0.06	0.045
累积概率	0.05	0.175	0.255	0.33	0.53	0.57	0.60	0.72	0.82	0.895	0.955	1.00

根据表 3-4 可以得出：

(1) 净现值大于或等于零的概率为：

$$P(NPV \geq 0) = 1 - 0.255 = 0.745$$

(2) 净现值大于 50 万元的概率为：

$$P(NPV > 50) = 1 - 0.60 = 0.40$$

(3) 净现值大于 80 万元的概率为：

$$P(NPV > 80) = 1 - 0.895 = 0.105$$

上述分析是在已知参数的概率分布条件下进行的，然而，在实际投资评价中，往往会遇到缺少足够的信息来判断参数的概率分布，或者概率分布无法用典型分布来描述。在这种情况下，可采用蒙特卡罗模拟方法来对方案进行风险分析，具体请参见本书第六章。

思考题与习题

1. 什么是不确定性分析？
2. 盈亏平衡分析的涵义和特点是什么？
3. 列举敏感性分析的步骤。
4. 概率分析中一般使用哪几种经济效果指标？
5. 某构件厂欲生产某种型号的预制板，设计生产能力为每年 2 万件。生产每件产品的可变成本为 50 元，工厂固定成本每年为 20 万元，据预测每件产品的售价为 100 元，销售税率为 10%。试计算该厂盈亏平衡点的年产量。如果该厂希望获得 10 万元的利润，问应生产销售多少产品？
6. 某项目方案预计在计算期内的支出、收入如表 3-5 所示，试以净现值指标对方案进行敏感性分析（基准收益率为 10%）。

项目的支出和收入（单位：万元）　　　　　　　　　表3-5

指标＼年份	0	1	2	3	4	5	6
投资	50	300	50				
年经营成本				150	200	200	200
年销售收入				300	400	400	400

第四章 生产设备更新分析

第一节 基 本 概 念

一、设备更新的概念

设备更新指用新设备对正在使用的设备整体更换,分为原型更新和新型更新。

设备的更新,应考虑何时更新、用何种设备更新。既要考虑技术的先进性,又要考虑经济的合理性。故对设备的更新方案要进行优选。

二、设备更新的意义

机器设备是工业企业进行现代化生产的物质和技术基础,一个国家生产效率和技术水平主要取决于机器设备。随着科学技术的不断进步和社会生产的不断发展,都对劳动手段提出了更高的要求,而对现有设备不断进行更新正是使现有劳动手段不断实现现代化的有效途径。

设备更新是经济顺利发展的关键。从发达国家经济发展经验中可以看出,落后的生产设备是经济发展的严重障碍。第一次世界大战以前,英国是世界上经济强国之一,但由于在技术已经进步的条件下,未能及时更换已陈旧落后的技术装备,致使其经济失去了世界上的领先地位。而同一时期,美国和德国积极采用新技术,都先后超过了英国。最近几十年,日本由于将国民收入的大部分用作改善和更新设备的投资,经济有了突飞猛进的发展。在我国,一些大型骨干企业,基本上是 20 世纪 50 年代、60 年代建成的,由于不重视技术改造和设备更新,普遍存在着设备役龄过长、设备质量差、设备超负荷运行、设备构成素质差等方面的问题,导致了企业长期陷于高耗费、低质量和产品性能多年如一日的落后状态,严重阻碍了我国经济的发展。因此,对现有企业的设备更新意义重大。

第二节 生产设备经济寿命的计算

一、设备的寿命

设备的寿命,由于研究角度不同其含义也不同,在对设备更新进行经济分析时需加以区别。

（一）设备的物理寿命

指设备从全新状态投入使用开始,到不能再使用而报废为止的全部时间,使用时间的长短与维修保养有关。

（二）设备的折旧寿命

指根据规定的折旧原则和方法,将设备的原值通过折旧的形式转入产品成本,直到使设备净值接近于零的全部时间,其寿命与物理寿命不等,与提取折旧的方法有关。

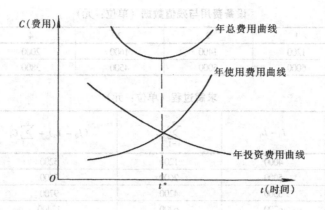

图 4-1 设备经济寿命示意图

t^*—设备经济寿命

（三）设备的技术寿命

指设备从全新状态投入使用开始，到由于技术进步和性能更高的设备不断出现，使其成为陈旧落后设备的时间。

（四）设备的经济寿命

指设备的平均年使用成本最低的年数。设备的经济寿命取决于有形磨损和无形磨损（贬值）。

设备寿命周期总费用包括设备投资和使用费用。设备投资包括购买价格、运杂费、安装费及调试费用。设备使用费用包括维修保养、动力燃料、操作人员工资、废品损失等费用，如图 4-1 所示。

二、经济寿命的一般算法

（一）不考虑残值

静态

$$CA_t = \frac{I_0}{t} + \frac{1}{t}\sum_{t=1}^{n}C_t \tag{4-1}$$

动态

$$AC_t = I_0(A/P, i, t) + \sum_{t=1}^{n}C_t(P/F, i, t)(A/P, i, t) \tag{4-2}$$

式中 CA_t——静态年总费用；

AC_t——动态年总费用；

I_0——设备投资；

C_t——第 t 年设备的使用费用；

t——设备使用时间，$t = 1, 2, \cdots, n$。

（二）考虑设备使用 t 年后残值 L_t

静态

$$CA_t = \frac{I_0 - L_t}{t} + \frac{1}{t}\sum_{t=1}^{n}C_t \tag{4-3}$$

动态

$$AC_t = [I_0 - L_t(P/F, i, t) + \Sigma C_t(P/F, i, t)](A/P, i, t) \tag{4-4}$$

【例 4-1】 A 设备投资 10000 元，使用年限为 5 年，有关数据见表 4-1，计算该设备的经济寿命。求解过程见表 4-2。

设备费用与残值数据（单位：元）　　　　　　　表 4-1

t（年限）	1	2	3	4	5
C_t（使用费用）	1200	1400	1600	2000	2400
L_t（残　值）	6000	5000	4500	3800	2900

求解过程（单位：元）　　　　　　　表 4-2

t	$I_0 - L_t$	$\sum_{t=1}^{n} C_t$	$(I_0 - L_t) + \sum_{t=1}^{n} C_t$	CA_t
1	4000	1200	5200	5200
2	5000	2600	7600	3800
3	5500	4200	9700	3233
4	6200	6200	12400	3100
5	7100	8600	15700	3140

根据以上计算结果，设备使用到第 4 年末时，年总费用最低，经济寿命为 4 年。从此例可以看出，经济寿命的确定实际上是从设备使用 1 年、2 年……的方案中选择一个最有利的方案。依使用费用与残值变化的不同，还有其他经济寿命的计算方法。

三、设备更新时机的选择

设备何时更新，是分析设备在什么时候更新最恰当的问题，它与经济效益紧密相关，一般有下面两种情况：

（1）按经济寿命来确定设备的更新时机。

前面讲过，当设备使用到经济寿命年限时，再继续使用，经济上已不合算。但有一条件，即该项目期限长于若干台设备经济寿命之和。

（2）按寿命期内总使用成本最低来确定设备的更新时机。

如果某设备为项目服务的年限已定，在该年限内，一台设备无法服务到头，而两台设备经济寿命之和又长于服务年限，因此就有不同更新时机的问题。下面以两台设备的接续为例。若该项业务需要服务的年限大于一台设备可服务的年限，而又小于两台设备可服务的年限之和，用后一台设备更换前一台设备的时机就可能不止一个，这就有一个最佳时机选择的问题。对于这样问题，只要找出在已定服务年限内的总使用成本最低点，显然就是最佳的更新时机。

设某项目任务期为 N 年，正在使用的设备的使用年限为 t 年，则在任务期内替换设备的可使用年限为 $(N-t)$ 年。显然，前一台设备的使用时间越长，后一台设备的使用时间越短，其总费用计算公式如下：

（1）静态计算公式

$$TC_N = TC_{0t} + TC_{1(N-t)} = \left[(I_0 - L_{0t}) + \sum_{t=1}^{n} C_{0t}\right] + \left[(I_1 - L_{1(N-t)}) + \sum_{t=1}^{N-t} C_{1t}\right] \quad (4-5)$$

式中　TC_{0t}，$TC_{1(N-t)}$——分别为使用中的设备和替换设备在项目任务期内的总费用；

　　　I_0，I_1——分别为使用中的设备和替换设备的投资；

　　　C_{0t}，C_{1t}——分别为使用中的设备和替换设备第 t 年的使用费用；

　　　L_{0t}，$L_{1(N-t)}$——分别为使用中的设备第 t 年末的残值和替换设备第 $N-t$ 年末的残值。

如果更新设备的效率和被更新设备的效率一样，可直接用公式（4-5），若更新设备的效率是被更新设备效率的 β 倍，公式（4-5）应改为：

$$TC_N = \left[(I_0 - L_{0t}) + \sum_{t=1}^{n} C_{0t}\right] + \frac{1}{\beta}\left[(I_1 - L_{1(N-t)}) + \sum_{t=1}^{N-t} C_{1t}\right] \quad (4\text{-}6)$$

或

$$TC_N = \beta\left[(I_0 - L_{0t}) + \sum_{t=1}^{n} C_{0t}\right] + \left[(I_1 - L_{1(N-t)}) + \sum_{t=1}^{N-t} C_{1t}\right] \quad (4\text{-}7)$$

（2）动态计算公式

将式（4-5）考虑资金的时间价值，代入相应的复利公式，即

$$\begin{aligned}PVC_N &= PVC_{0t} + PVC_{1(N-t)} \\ &= [I_0 - L_{0t}(P/F, i, t) + \Sigma C_{0t}(P/F, i, t)] \\ &\quad + [I_1 - L_{1(N-t)}(P/F, i, N-t) \\ &\quad + \Sigma C_{1t}(P/F, i, N-t)](P/F, i, N)\end{aligned} \quad (4\text{-}8)$$

式中　　PVC_N——任务期内二台设备的现值成本；

PVC_{0t}，$PVC_{1(N-t)}$——分别为使用的设备和替换设备的现值成本。

由以上公式可以看出，只要 t 变化，则 $N-t$ 也相应变化，根据预测的数据用以上公式进行计算比较，就可找出 N 年内总费用最低的 t，即为正在使用设备的最佳更新时机。如果替换设备的效率与使用中设备的效率不同（考虑技术进步），只要计算出效率比，代入以上公式即可。

【例 4-2】　设备 B 的投资为 20000 元，使用期为 6 年，其他数据见表 4-3。

设备费用与残值数据（单位：元）　　　　　　　　　　　表 4-3

设备使用年限（年）	1	2	3	4	5	6
使用费用	1500	1600	1900	2300	3000	4000
年末残值	13000	11000	9000	6000	4000	2000

已知 B 设备的效率是 A 设备（见例 4-1 数据）的两倍，若该项目已用 A 设备服务了两年，任务期为 6 年，现在拟用 B 设备更换，试选择最佳更新时机。

【解】

由题意可知，项目的任务期为 6 年，因 A 设备已使用了两年，则用 B 设备替换的更新时机有四个，即 A 设备使用 2 年、3 年、4 年或 5 年更新。对这四个更新时机组合，我们用以上公式，分别计算它们在任务期内的总费用，找出效率相同时总费用最低的年限，就是最佳更新时机，计算结果见表 4-4。

计算结构（单位：元）　　　　　　　　　　　表 4-4

t	TC_{0t}	$N-t$	$TC_{1(N-t)}$	$TC_N = TC_{0t} + \frac{1}{\beta}TC_{1(N-t)}$
2	7600	4	21300	18250
3	9700	3	16000	17700
4	12400	2	12100	18450
5	15700	1	8500	19950

计算结果表明，在任务期内 A 设备使用 3 年后用 B 设备替换的总费用最低，因此 A 设备使用 3 年后更新为最佳。此例还可以用动态方法试算。

第三节　各类设备的更新分析

更新方案的选择，是在若干个可行的备选方案中进行比较，选出最优或较满意方案。应该注意的是，比较选优时不考虑沉没成本，即原有设备的价值只能按目前的市场价来计算。

一、拟更新设备的经济寿命

（一）尚需服务年限很长

1. 更新设备的寿命期相同

当更新设备的寿命期相同时，可用现值成本法（PVC 法），或者年成本法（AC 法）进行比较选优。

【例 4-3】　拟更新设备已到更新时机，更新设备有 A、B 两种，数据见表 4-5，设折现率为 8%，试比较选优。

【解】　①现值成本法（PVC 法）

$PVC_A = 16000 - 600(P/F, 8\%, 5) + 5000(P/A, 8\%, 5) = 35555.1$ 元

$PVC_B = 12000 - 300(P/F, 8\%, 5) + 6500(P/A, 8\%, 5) = 37748.3$ 元

结论：$PVC_A < PVC_B$，即 A 方案比 B 方案节约现值成本 2193.2 元，选 A 方案。

设备费用与残值数据（单位：元）　　　表 4-5

数据 方案	初始投资	年经营费用	寿命（年）	残值	数据 方案	初始投资	年经营费用	寿命（年）	残值
A	16000	5000	5	600	B	12000	6500	5	300

②年成本法（AC 法）

$AC_A = 16000(A/P, 8\%, 5) - 600(A/F, 8\%, 5) + 5000 = 8905.7$ 元

$AC_B = 12000(A/P, 8\%, 5) - 300(A/F, 8\%, 5) + 6500 = 9454.8$ 元

结论：$AC_A < AC_B$，即 A 方案比 B 方案节约年成本 549.1 元，选 A 方案。

2. 更新方案寿命期不同

更新方案寿命期不同时，仍可用现值成本法和年成本法比较选优。用现值成本法必须对寿命期进行调整，即以各方案寿命期的最小公倍数为计算期，分别计算它们的现值成本，加以比较，显然此时年成本法比较方便。下面以年成本法为例说明：

【例 4-4】　某工厂 5 年前以 22000 元购进一台设备 A，估计还可以使用 5 年，届时残值为 1200 元，年经营费为 900 元。现市场上与其功能相同的设备 B 的初始投资为 24000 元，可使用 10 年，10 年末的残值为 1000 元，年经营费用为 600 元。现有两个方案可供选择，继续使用 A 设备；将 A 设备以 10000 元出售，然后购买 B 设备。若折现率为 10%，试比较选优。

分析：A 设备的投资及第 5 年末的账面折余均为沉没成本，评价时不应计入。A 设备若在第 5 年末出售所得 10000 元，即为 A 设备继续使用的投资。购置 B 设备的投资为

24000元，而此时将 A 设备出售可得 10000 元，因此 B 设备的投资为 14000 元。各方案的现金流量如图 4-2（单位：元）。

【解】 年成本法：

$AC_1 = 10000 (A/P, 10\%, 5) + 900$
$\quad - 1200 (A/F, 10\%, 5)$
$\quad = 3341 \text{ 元}$

$AC_2 = 14000 (A/P, 10\%, 10) + 600$
$\quad - 1000 (A/F, 10\%, 10)$
$\quad = 2815 \text{ 元}$

结论：$AC_1 > AC_2$，即方案 2 比方案 1 节约年成本 526 元，故购置 B 设备经济。

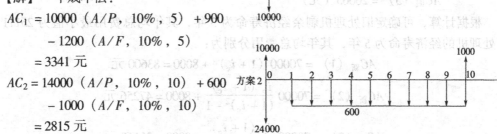

图 4-2 方案的现金流量图

（二）尚需服务年限确定

当项目的尚需服务年限确定时，一般选定尚需服务时间为研究期间，用 PVC 法选优。设项目的任务期为 N 年，拟更新设备的经济寿命为 t^* 年，则尚需服务年限为 $N - t^*$ 年。现举例说明。

【例 4-5】 仍用前例数据，项目任务期为 10 年，尚需服务年限为 5 年，则研究期间可选定为 5 年，试比较选优。

【解】 现值成本法：

$PVC_1 = 10000 - 1200 (P/F, 10\%, 5) + 900 (P/A, 10\%, 5) = 12667 \text{ 元}$

$PVC_2 = 14000 - 1000 (P/F, 10\%, 10) + 600 (P/A, 10\%, 5) = 15890 \text{ 元}$

因为 $PVC_2 > PVC_1$，即方案 2 好于方案 1，故购置 B 设备经济。

二、拟更新设备未到经济寿命，且项目任务期 N 大于拟更新设备的经济寿命

【例 4-6】 M 公司 2 年前用 80000 元购买了一台软饮料处理机，经济寿命为 7 年，在今后 5 年的服务寿命中，其年度运行成本分别为 2000 元、10000 元、18000 元、25300 元和 34000 元，目前的残值为 40000 元，以后各年的残值均为零。

目前市场上出现一种新型软饮料处理机，价格为 70000 元，使用寿命为 5 年，该机器一但使用就无残值，每年运行费用均为 8000 元。试求：

(1) 新型机器的经济寿命是几年？(2) 如果 $i_c = 8\%$，公司长期经营的话，是否更新旧处理机，何时更新最为有利？

【解】 (1) 因为新处理机的年均总费用为 $AC_\text{新} = 70000 (A/P, i, n) + 8000$，由于 n 愈大，$(A/P, i, n)$ 愈小，故新处理机的经济寿命等于机器的物理寿命，也即 5 年。

(2) 下面先计算旧处理机的剩余经济寿命，然后与新处理机进行比较，用 $AC_\text{旧}(t)$ 代表旧处理机再使用 t 年的年均总费用，则有：

$AC_\text{旧}(1) = 40000 (1 + i_c) + 2000 = 45200 \text{ 元}$

$AC_\text{旧}(2) = \left[\dfrac{2000}{(1 + i_c)} + \dfrac{10000}{(1 + i_c)^2} + 40000 \right] \times \dfrac{i_c (1 + i_c)^2}{(1 + i_c)^2 - 1}$

$$= 28278 \text{（元）}$$

同理，$AC_{旧}(3) = 25109 \text{（元）}$

$AC_{旧}(4) = 25151 \text{（元）}$

$AC_{旧}(5) = 26665 \text{（元）}$

根据计算，可确定旧处理机剩余经济寿命为3年，其年均总费用最小值为25111元。新处理机的经济寿命为5年，其年均总费用分别为：

$$AC_{新}(1) = 70000(1+i_c) + 8000 = 83600 \text{ 元}$$

$$AC_{新}(2) = 70000 \frac{i_c(1+i_c)^2}{(1+i_c)^2 - 1} + 8000 = 47256 \text{ 元}$$

$$AC_{新}(3) = 70000 \frac{i_c(1+i_c)^3}{(1+i_c)^3 - 1} + 8000 = 35160 \text{ 元}$$

$$AC_{新}(4) = 70000 \frac{i_c(1+i_c)^4}{(1+i_c)^4 - 1} + 8000 = 29133 \text{ 元}$$

$$AC_{新}(5) = 70000 \frac{i_c(1+i_c)^5}{(1+i_c)^5 - 1} + 8000 = 25535 \text{ 元}$$

如果旧处理机继续使用3年后，再保留使用1年，由于旧处理机无残值，故其年均总费用即为当年运行成本25300元，仍然低于处理机最低年均总费用25535元，故继续使用3年后不应更新。

旧处理机继续使用4年后是否应该更新？如果不更新再继续使用1年，则其年均总费用将高达34000元，远远超过使用新处理机的25535元。故应该在继续使用旧处理机4年之后立即更新。

第四节 设 备 折 旧

一、折旧的概念

折旧是由于设备会发生磨损，为使再生产过程不断延续下去，就要将设备因磨损而失去的价值逐渐转移到产品成本中去，并从产品销售收入中回收，这种计入成本回收的设备的转移价值称为折旧费。

因此，从价值观点讲，折旧可以看作是设备性能衰退和过时引起的损失转移到产品价值中的等量价值；从会计观点讲，折旧可以看作是设备在寿命期内注销的设备成本；从经济分析的角度看折旧，则可丰富折旧分析的内容。首先，折旧应与设备的有形磨损和无形磨损挂钩。这使采用加速折旧成为合理；其次，因为折旧费的特点是免税和分期获得，故早期快速回收折旧意味着企业早期税赋减少，设备投资风险损失减少，而且折旧基金在设备更新期到达之前可用于再投资，从而直接影响企业的实际投资效益，因此，对折旧的研究应成为技术经济学研究的重要内容。

通常用折旧率计算折旧费的大小，折旧率是设备年折旧额占设备价值的百分比，合理制定设备的折旧率不仅是正确计算成本的根据，而且是促进设备技术发展、技术进步，有利于设备更新的政策问题，如果折旧率过低，则将人为地扩大利润，夸大积累，会使设备得不到及时更新；反之则会人为地增加成本，影响资金的正常积累，妨碍扩大再生产。总之，折旧率选择失当，将影响企业的竞争实力与发展。

由此可见，合理的折旧制度，正确的折旧率，对提高项目的收益，加速资金周转，增强企业自我改造和发展的能力，促进技术进步等方面都有着重要的意义。此外，从宏观上看，正确合理的折旧有利于保证国家税收，促进经济发展。

二、折旧的计算

折旧计算要考虑三个因素：(1) 固定资产原发生的全部成本 P；(2) 固定资产的可使用年限 n；(3) 固定资产可使用年限终了时的净残余价值 L_n。

折旧的计算方法很多，现介绍如下三种：直线折旧法、快速折旧法和年金折旧法。

(一) 直线折旧法

这种方法是在设备可使用年限内，平均分摊设备应计提折旧的价值。如果用 f 代表折旧率，D 代表年折旧额，则有：

$$D = (P - l_n)/n$$

$$f = 1/n$$

直线折旧法计算简便，但折旧速度慢。如果在设备使用期内负荷、开动时间与利用强度等基本相同，设备得到的经济利益均衡，使用直线折旧是可以的。

【例 4-7】 某设备原值为 11000 元，估计可使用年限为 5 年，预计 5 年末设备净残值为 1000 元。试求：(1) 年折旧额；(2) 年折旧率；(3) 月折旧率。

【解】 (1) 年折旧额 D：

$$D = (P - L_n)/n = (11000 - 1000)/5 = 2000 \text{（元）}$$

(2) 年折旧率 f：

$$f = 1/n \times 100\% = 1/5 \times 100\% = 20\%$$

(3) 月折旧率 f'：

$$f' = f/12 = 20\% \div 12 = 1.67\%$$

各年折旧、折旧基金（即折旧累计）、折旧余额 L_t（未扣除净残值）则如表 4-6 所示。

直线法折旧的 D 与 L_t（单位：元） 表 4-6

年份	年折旧	折旧基金	折旧金额（未扣除净残值）	年份	年折旧	折旧基金	折旧金额（未扣除净残值）
0	—	—	11000	4	2000	8000	3000
1	2000	2000	9000	5	2000	10000	1000
2	2000	4000	7000	合计	10000	—	—
3	2000	6000	5000				

(二) 快速折旧法

常用的快速折旧法有三种，即年数总和法、余额递减法（定率法）和双倍余额递减法。

1. 年数总和法

年数总和法以折旧总额乘以一个递减的折旧系数 f_t 来确定第 t 年的折旧额。这个折旧率以固定资产可使用年数 n 的自然数之和为分母，并以 n 递减 1 作为各年折旧率的分子，即

$$f_t = \frac{n - t + 1}{1 + 2 + \cdots + n} = \frac{2(n - t + 1)}{n(n + 1)}$$

第 t 年的折旧额 D_t 为：

$$D_t = f_t(P - L_t)$$

【例4-8】 设备原值为11000元，估计使用年限为5年，预计残值为1000元。试选择年数总和法计算设备各年折旧额 D_t 和折旧余额 L_t。

【解】 计算过程与结果如表4-7所示。

年数总和法各年折旧与折旧余额（单位：元）　　　　表4-7

有效寿命年数	$f_t \times (P - L_n) = D_t$	ΣD_t	$L_t = P - \Sigma D_t$
1	5/15×10000 = 3333.33	3333.33	7666.67
2	4/15×10000 = 2666.67	6000	5000
3	3/15×10000 = 2000	8000	3000
4	2/15×10000 = 1333.33	9333.33	1666.67
5	1/15×10000 = 666.67	10000	1000

由表可见，每年提取折旧按等差级数递减，至第5年期满折旧提足剩下净残值。与直线法相比，当设备使用期为可使用年限的60%，即3年时，其折旧余额大为减少。

2．余额递减法（又称定率法）

该方法系以固定的折旧率 f 乘以折旧余额得到各年的折旧额。

因为　$D_1 = Pf$　　　　　　　　　　　$L_1 = P - D_1 = P(1-f)$

$D_2 = (P - D_1)f = P(1-f)f$　　　　$L_2 = P - D_1 - D_2 = P(1-f)^2$

　　⋮　　　　　　　　　　　　　　　　　　⋮

$D_n = P(1-f)^{n-1} \cdot f$　　　　　　$L_n = P(1-f)^n$

所以有　　　　　　　$f = 1 - (L_n/P)^{1/n}$

$$D_t = P(1-f)^{t-1} \cdot f$$

$$L_t = P(1-f)^t$$

【例4-9】 设备原值为11000元，估计使用年限为5年，预计残值为1000元。试选择余额递减法计算设备的 D_t 和 L_t。

【解】 计算过程如下：以第3年为例

$$f = 1 - (1000/11000)^{1/5} = 38.1\%$$

$$D_3 = 11000(1 - 0.381)^2 \times 0.381 = 1605.83 \text{元}$$

$$L_3 = 11000(1 - 0.381)^3 = 2608.94 \text{元}$$

各年的 D_t 和 L_t 计算过程如表4-8所示。

余额递减法各年的 D_t 和 L_t　　　　表4-8

有效使用年数	$D_t = P(1-f)^{t-1} \cdot f$	$L_t = P(1-f)^t$	有效使用年数	$D_t = P(1-f)^{t-1} \cdot f$	$L_t = P(1-f)^t$
1	4191	6809	4	994.01	1614.94
2	2594.23	4214.77	5	615.29	999.65
3	1605.83	2608.94	合计	10000.36	—

(注：表中 $\Sigma D_t = 10000.36$ 元和 $L_5 = 999.65$ 元系近似计算导致的误差，故可令 $D_5 = 614.93$ 元，则有 $\Sigma D_t = 10000$ 元，$L_5 = 1000$ 元)。

3. 双倍余额递减法

双倍余额递减法的折旧率取直线折旧法折旧率的2倍，即

$$f = 2/n$$

$$D_t = P(1-f)^{t-1} \cdot f$$

$$L_t = P(1-f)^t$$

【例4-10】 设备原值为11000元，预计可用年限为5年，设备净残值为1000元。试选择双倍余额递减法计算各年 D_t 和 L_t。

【解】 $f = 2/n \times 100\% = 2/5 \times 100\% = 40\%$

各年 D_t 和 L_t 计算过程及结果如表4-9所示。

双倍余额递减法的 D_t 和 L_t 表4-9

有效使用年数	原值（L_t）	D_t	ΣD_t	说　明
0	11000	—	—	(1) $D_t = L_{t-1} \cdot f$ (2) 最后一期折旧 $= P - L_n - \sum_{t=1}^{n-1} D_t$ 即 $11000 - 1000 - 9574.4 = 425.6$
1	6600	4400	4400	
2	3960	2640	7040	
3	2376	1584	8624	
4	1425.6	950.4	9574.4	
5	1000	425.6	10000	

(请注意：这种算法中最后一年折旧 D_n 的处理方法)。

由于双倍余额递减法和余额递减法的折旧特征与年数总和法相似，固定资产前半期折旧额都高于直线折旧法，故统称为快速折旧法。

(三) 年金折旧法

这是考虑固定资产净值的利息费用的一种计提折旧的方法。按此法提取的年折旧由两部分构成，即固定资产利息和实际折旧。其计算公式为：

$$D = P \times i + \frac{(P - L_n) \times i}{(1+i)^n - 1}$$

【例4-11】 设备原值为11000元，预计可用年限为5年，残值为1000元，如果 $i = 10\%$，试用年金折旧法计算各年折旧、固定资产净值利息、年末固定资产净值。

【解】 计算过程如下，详见表4-10。

$$D = P \times i + \frac{(P - L_n) \times i}{(1+i)^n - 1}$$

$$D = 11000 \times 0.1 + \frac{(11000 - 1000) \times 0.1}{(1+0.1)^5 - 1} = 2737.97 \text{（元）}$$

年金折旧计算表（单位：元）　　　　　　　　表 4-10

年份 (t)	D	净值利息 $R = L_{t-1} \cdot i$	实提折旧 $(D-R)$	累计折旧 $\Sigma(D-R)$	$L_t = L_{t-1} - (D-R)$
	—	—	—	—	11000
1	2737.97	1100	1637.97	1637.97	9362.03
2	2737.97	936.2	1801.77	3439.74	7560.26
3	2737.97	756.03	1981.94	5421.68	5578.32
4	2737.97	557.8	2180.17	7601.85	3398.15
5	2737.97	339.8	2398.15	10000	1000
合　计	13689.95	3689.83	10000		

三、折旧方法的选择

在一般情况下，以上几种折旧方法各有其所适用的条件。

1. 直线折旧法

（1）资产效益的降低是时间流逝的函数，而不是使用状况的函数；

（2）利息因素可忽略不计；

（3）在资产使用年限中，修理、维修费用、操作效率均基本不变。

2. 快速折旧法

（1）修理和维修费是递增的；

（2）收入和操作效率是递减的；

（3）承认固定资产在使用中所实现的利息因素；

（4）后期收入难以预计。

3. 年金折旧法

（1）每年的现金流量或固定资产净收入固定不变；

（2）在固定资产使用年限中，修理和维修费用不变或递减；

（3）收入和操作效率是递增的。

由于固定资产到了后期，需要修理的次数通常增多，发生事故的风险增大，因而使用时间减少，收入随之减少；另一方面，由于操作效率通常将降低，导致产品产量减少，质量下降，也会使收入减少；此外，效率降低还会造成燃料、人工成本的升高，乃至原材料使用上的浪费；加上修理和维修费不断增加，以及设备陈旧、竞争乏力，均会使资产的净收入在后期少于前期。因而在多数情况下，选择快速折旧法是合理的。

思 考 题 与 习 题

1. 试述设备更新的意义。

2. 什么是折旧？

3. 设备的原始价值 $K_0 = 12000$ 元，目前需要修理，其费用 $R = 4000$ 元，已知该设备目前再生产价值 $K_1 = 8000$ 元，问设备的综合磨损程度 α 是多少？设备综合磨损后的残余价值 K 是多少？

4. 某设备原始价值为 8000 元，可用 5 年，其他数据如表 4-11 所示。试求（1）不考虑资金时间价值时设备的经济寿命；（2）若考虑资金的时间价值（$i = 10\%$）时，其经济寿命变化如何？

设备数据表　　　　　　　　　　　表 4-11

设备使用年限	1	2	3	4	5
运行成本初始值	600	600	600	600	600
运行成本低劣化值		200	400	600	800
年末残值	5500	4500	3500	2500	1000

第五章 工程经济预测技术

第一节 经济预测的基本理论和基本概念

一、经济预测的概念与原则

(一) 经济预测的概念

预测是对不确定事件或未知事件的估计或表述。预测技术是运用科学的判断方法或计量方法,对某种事物未来可能演变的情况,事先做出推测的一种技术。

预测技术应用于不同领域,则分别成为不同领域的预测技术。在经济领域的应用,形成经济预测。经济预测,是在有关的宏观或微观经济学理论指导下,以经济发展的历史和现状为出发点,以调查研究和统计资料为依据,以科学的定性分析判断和严谨的定量计算为手段,对预测对象有关的经济活动的发展演变规律进行分析和揭示,从而对预测对象的未来发展演变程度预先做出科学的推测。

(二) 经济预测的基本原则

1. 连续性原则

经济变量的变化从总体上来说,遵循着一定的经济规律,不同的发展阶段,既有各自的特点,又有相互间的联系和共同点。整个发展过程,既有随机突变(脉冲型)阶段,又有相对平稳(光滑型)阶段。每一周期的发展趋势与前一周期的发展密切相关。因此,未来的状况必然在一定程度上和过去及现在的状况有相似之处。根据这一原则,就有可能在分析已有信息资料的基础上,按其变化规律,运用一定的方法,预测未来的情况。

2. 大样本原则

在进行经济预测时,应选取较大的样本容量,这是确保预测精度的一个重要先决条件。在经济预测过程中,样本容量的大小又取决于资料的完整性。对于时间序列资料,则年代越长越完整;对于横截面资料,则希望覆盖面越宽越好。通常样本数大于30个可视为大样本。

3. 模拟原则

经济变量的发展变化有其内在的规律性,这种规律性通常可以运用一定的手段加以模拟,即用所谓的"模型"来间接描述及间接研究其变化趋势。

4. 测不准原则

决定系统环境的因素非常庞杂,其中甚至有许多随机性因素。同时,由于资料的有限性和统计本身的误差,使得对于经济变量的预测不可能达到百分之百的准确。一般地,预测时间的跨度越大,其精度将越低。据此,在选择预测方法时,必须充分估计其对时间跨度的适用性。预测完成后,必须进行必要的检验,以确定预测值的精度,同时进行适度追踪,不断反馈被预测经济行为的实际发展状态和状况,以此为依据,修正预测模型和以后的预测值。

二、经济预测的基本理论

经济预测学虽然是一门新兴的学科，但是在世界范围的企业界、科研机构以及咨询部门等几方面的共同努力下，得到了迅速的发展。近十几年来，根据实际应用，进行经验总结，运用统计方法和各种数学手段，发展、创造了数以百计的预测方式。这些方法依据的基本原理，归纳起来主要有：

1. 统计性原理

根据预测对象过去和现在的统计资料，分析研究其发展变化的规律，推测未来的发展趋势和可能出现的结果。以这一原理为基础建立的模型均为时间序列预测方法。

2. 因果性原理

在经济变量之间，常常存在着某些变量是引起另一些变量变化的原因，另一些变量则是这些变量变化的结果。根据两组变量之间存在内在的因果关系，建立的数学模型叫因果预测模型。以因果性原理建立的数学模型，有回归预测模型、经济计量模型等。

3. 择优性原理

根据预测对象的发展趋势，可能出现的结果不止一个，而是有许多个各种各样的可能结果，可从中选出比较满意的作为预测结果。运用这一原理的预测方法如专家调查法。

4. 近似性原理

常常遇到许多对象，由于对它们的过去和现在的状态了解不多，也就无法掌握其发展的规律性。这时可以依据相近事物的发展变化情况和状态，来估计预测研究对象的未来趋势。许多经验预测方法均属运用近似性原理的方法。

5. 相关性原理

往往由于对预测对象的发展规律并未掌握，然而却掌握了影响预测对象的主要因素发展的规律，以此来推断研究对象的发展规律和变化趋势，如回归预测、相关因素法等均属此类。

6. 系统性原理

对某对象进行预测时，必须对企业内部和外部影响因素进行全面、系统的分析和研究而建立的预测模型。例如投入产出模型、多元回归模型均属于以系统性原理为基础建立的预测模型。

7. 类推性模型

如果两种事物被发现至少有一点相同的特征时，我们就可以得出它们存在着类似性的结论。据此可预言它们在其他方面存在类似性的可能性。类推是这样一种推断：如果两种事物在某一方面或多方面有共同之处，则它们可能在其他方面也有共同之处。类推性原理的价值在于发现一种明显的类似性，分析它的最广泛的意见，如透过局部推断其整体等。

预测的基本原理，是对预测科学理论的归纳与总结。随着预测技术的不断发展和在实践中的应用，还会有新的更有价值的原理被确认。运用预测的基本原理可以建立许多实用、有效的预测方法；而预测方法的确立，往往同时依据的不只是一个原理，而是多个原理的综合运用。

三、经济预测的分类

经济预测的分类，从不同的角度考虑，大体有以下三种分类：

（一）定性预测与定量预测

按照预测方法和结果的表述不同,经济预测可分为定性预测和定量预测。定性预测和定量预测的概念将在经济预测的方法中阐释。

(二) 短期、中期和长期预测

按照预测未来时间的长短,可分为短期预测、中期预测与长期预测。又因为预测应用的领域不同,或预测对象不同,短期、中期、长期的时间区分也有所不同。

在经济预测中,短期预测的时间期限一般是1~2年以内,甚至包括几星期;中期的期限一般是指2~5年;长期的期限一般是指5年以上。

(三) 微观预测、部门与地区预测及宏观预测

按照经济预测的范围,经济预测可分为微观预测、部门与地区预测及宏观预测。

微观经济预测是指一个企业或公司范围内所做的各种经济指标的预测。它以一个企业范围内发生的经济活动为研究对象,预测各种经济事物的发展变化趋势。部门与地区经济预测,是以一个部门或地区的经济活动为研究对象,预测其经济发展方向和前景。宏观经济预测是对一个国家整个国民经济活动的总量进行分析和预测。比如,国民生产总值(GNP)及其增长率、国民收入(NI)及其增长率、积累率、投资总量等。

四、经济预测的方法

经济预测方法可分为定性预测方法、定量预测方法及定性和定量预测相结合的方法。

(一) 定性预测

定性预测又称非数量预测。它是凭经验分析、判断和主观推理,根据事物过去和现在的运动状态,对事物未来的变化规律和发展趋势进行预测和推断,并对事物的未来状态做出描述与评价。定性预测主要是以研究预测对象的发展规律为出发点,以分析影响研究对象变化的因素为主要内容,运用一定的程序(如调查、座谈、分析和综合)进行逻辑判断与推理,提出预测分析意见作为未来预测的主要依据。

定性预测方法是经济预测的主要组成部分,它不仅在不掌握研究对象的统计资料,无法以定量的形式进行分析的情况下应用,而且在定量预测中,对各种特征、相互关系、有关参数的确定等也必须进行定性分析。因此,定性预测并不能被定量预测所取代。其应用范围相当广泛,无论国内还是国外,在工程经济预测中,定性预测方法均得到了广泛应用。

(二) 定量预测

定量预测又称数量预测方法。它是根据大量准确完备而系统的数据资料及研究对象的特点,结合实际经验和客观条件,选择或建立定量数学模型,通过分析、计算判断出预测对象在未来可能出现的状态和结果。

定量预测方法通过对大量数据资料运用数学方法进行科学的加工处理,从而揭示出有关变量之间的规律性与联系,以其作为预测的依据。很多变量仅仅是事物过去和现在的状态特征的反映,分析研究其发展变化规律,必须对影响事物变化的诸多因素予以充分认识。然而,这些因素往往是复杂的,有时甚至是不可预见的,致使利用定量预测方法时,某些因素往往无法定量描述。因此,选择和建立模型时也不可能考虑所有的因素。这样,预测的结果与实际必然存在一定的误差。因此,定量预测的结果往往需要定性修正。

一般地,可应用于经济预测的定量预测方法包括:时间序列分析、回归预测分析、曲线预测分析、弹性系数法和灰色预测模型等。

（三）定性和定量预测相结合的方法

这种方法主要结合了定性与定量方法的优点，使两种方法相互补充。由于每一种预测方法都存在一定的适用条件和范围，其应用也存在局限性，因此没有一种方法是万能的。综合运用多种方法可以考虑各种可能存在的因素，并发现各种因素（或变量）相互影响的规律性，从而对各种不同预测结果进行比较分析，消除其中的不确定性因素。运用这种方法，经过综合分析与评价，有利于提高预测结果的可靠性与准确性。

目前常用的定性与定量相结合的预测方法是情景分析方法。它具有多方案性、系统性、动态性和高智能性的特点。

五、经济预测的步骤

经济预测是一项庞大的系统工程。归纳起来有如下几个主要步骤（如图 5-1）：

（一）确定预测目标和影响预测目标的各因素及其主次关系

预测目标是预测的主题，对主要经济变量的预测首先必须确定预测目标是短期、中期还是长期。其次，根据预测的目标确定影响它的各种因素。最后，拟定出预测大纲，包括收集资料大纲与计划。

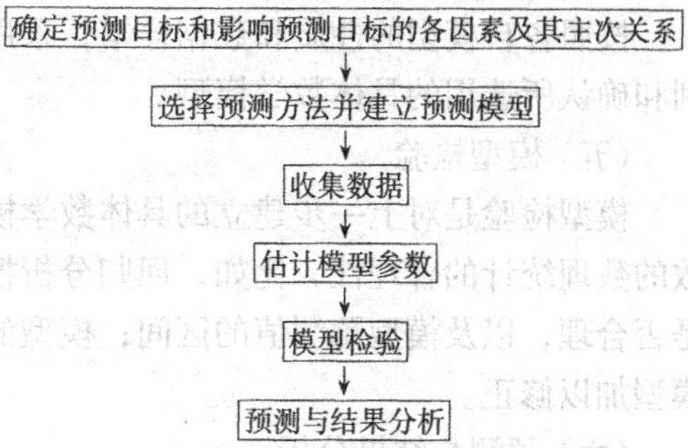

图 5-1 经济预测的基本步骤

（二）选择预测方法并建立预测模型

所谓模型，就是由一类现象或问题，抽象出其共同的、重要的、本质的属性，把各自的、次要的、非本质的属性抛弃而建立起来的一种分析结构。它是实际问题的近似描述。用数学语言来说，就是对所研究的问题做一定的假设。

根据经济理论和数学的方法以及所选的预测方法，分别建立预测数学模型，以便真实表达有关经济变量之间的数量关系。必要时可对数据样本进行处理，以符合模型本身的要求。

建立经济预测模型是整个预测工作的重点。选择预测方法的原则是：

(1) 准确度原则。即期望预测误差尽可能小，预测越准确越好。

(2) 经济原则。即期望花费少，预测成本低。

(3) 时间原则。即期望预测不要占用很多时间，越快越好。

与实际问题相比，模型已理论化、简单化，故研究起来较为方便。由于模型概括了一类事物的共同的本质属性。它对这类事物均可适用。因此模型具有较高的理论价值。

（三）收集数据

经济预测结果的精度，在很大程度上取决于所收集资料数据的完整性与准确性。数据反映了经济发展的历史状况。预测既然从研究历史出发，它就离不开数据，定量预测更是如此。

经济预测的基础资料涉及的数据类型有如下两种：

1. 时间序列数据

它是指从同一经济单元中在不同的时间取得的数据。在一般情况下，取得相邻两个数据的时间间隔应是相等的。这样的数据可以是瞬时的，也可以是在某一段时间内累积的或平均的。时间序列数据可以被认为是同一经济变量在不同时期所取的值。该类资料适用于大多数预测模型，其总的样本个数越多，跨越的时间越长，预测效果则越好。

2. 横截面数据

在时间序列数据不完整或由于预测模型本身的需要时，预测者可能对预测目标某一典型期间的有关指标和数据感兴趣，这些数据称为横截面数据。它可以由抽样调查得到。它是在同一时间由不同的经济单元中取得的数据。这里的同一时间，可以指同一瞬时，也可以指同一时间间隔，所取得的数据也可以是瞬时的、累积的或平均的。

（四）估计模型参数

按照各自模型的性质和数据样本，采用数学方法，对模型中的参数进行估计，最终识别和确认所选用的具体数学模型。

（五）模型检验

模型检验是对上一步建立的具体数学模型进行合理性检验。合理性检验包括：模型参数的数理统计的合理性，比如，回归分析模型中回归系数的统计意义是否合理，相关系数是否合理，以及模型预测值的区间；模型的修正，当检验后发现模型不合理时，有必要对模型加以修正。

（六）预测与结果分析

运用合理的模型使用有关数据对未来进行的预测，并对预测结果运用经济活动及其有关经济理论进一步做出经济合理性分析。此外，必要时还应对不同方法模型同时预测所得的结果加以分析对比，做出可信度的判断。

经济预测的结果是否能比较准确的描述未来的趋势，需进行检验。最根本的检验方式是实际数据与预测值的吻合程度检验，这属事后检验，需用统计检验手段，测出预测值偏离实际值的程度。同时，对预测结果评价时，还应注意以下三个问题：

（1）附加因素在模型中的地位及对预测结果的影响程度。这些因素有的表现为随机因素，有的则为专家意见，有效控制这些因素使之与模型中的显含变量较好的结合，有助于提高预测精度。

（2）一般来说，经济行为变化呈光滑、缓慢趋势的，其预测结果较为准确，而对于波动大、不连续的趋势，预测精度较低。

（3）随着预测时间跨度的增大，预测的误差也随之增大。因此，短期预测的结果置信度较高，中、长期预测则较困难。

只有注意到这些条件，才能在对预测结果的评价中，制定客观的标准，对结果进行正确估计，为决策提供合理的依据。

考虑各种可能存在的因素，并发现各种因素（或变量）相互影响的规律性，从而对各种不同预测结果进行比较分析，消除其中的不确定性因素。运用这种方法，经过综合分析与评价，有利于提高预测结果的可靠性与准确性。

六、预测误差

（一）预测误差的概念

设某一经济变量的真值为 x，而预测值为 $\hat{x}$，称真值与预测值之差

$$e = x - \hat{x} \tag{5-1}$$

为预测误差。若 $e>0$，表明预测值较真值为低；若 $e<0$，表明预测值比真值高；若 $e=0$，表明预测值恰好等于真值。$|e|$ 称为绝对误差。预测误差的绝对值越小越好。同一项目可能采取几种不同的预测方法，对于这些方法的评价及选择，显然应以预测误差的概念为基础。然而，在实际预测时，由于预测变量的真值 x 还不知道，故准确的预测误差尚不能求出。况且，即使能够求出，就评估预测方法而言，由于随机干扰的存在，也不能只以一次预测结果为定论。因此，我们应该而且必须在平均意义上来考察预测误差的大小。如果视真值 x 为一随机变量，对于某一特定预测方法来说，预测值 $\hat{x}$ 是观察值的函数，也是一随机变量，从而 e 也是随机变量。从不同的角度出发，可以引进不同的平均误差概念。

（二）误差类型

1. 均方误差

称 $E(e^2)$ 为预测的均方误差，其中"E"表示数学期望。$\sqrt{E(e^2)}$ 称为均方标准误差。

对于同一预测项目，比较各种预测方法的好坏，可以依据均方误差的大小进行判别，即，使均方误差大的预测方法没有使均方误差小的预测方法好。

上面定义的均方误差是从理论上考虑的。只有对预测变量作足够的假设，均方误差才可求出，这往往是不易做到的。为了能够用比较简单的方法对均方误差进行估计，我们用同样的方法计算观测期（或已取得观察数据的经济单元）的预测值，不妨称这些预测值为追溯预测值。然后利用公式（5-1）计算各观察期（或已取得观察数据的经济单元）的预测误差，把它们作为预测误差的样本，来估计均方误差 $E(e^2)$ 的值。具体说来，设已有 n 个观察数据 $x_1, x_2, \cdots, x_n$，相应的预测值分别为 $\hat{x}_1, \hat{x}_2, \cdots, \hat{x}_n$，将

$$MSE = \frac{1}{n} \sum_{i=1}^{n} e_i^2 \tag{5-2}$$

作为估计量，称之为样本均方误差。在不发生混淆的条件下，也把样本均方误差简称为均方误差。类似地还有样本均方标准误差，或简称为均方标准误差。

2. 平均绝对百分误差

上面说过，对于同一项目，可以用均方误差的大小衡量两种不同预测方法的好坏，但对于不同的预测项目，由于真值 x 不同，故只比较均方误差的大小不能说明问题。这时，宜用 $E\left(\dfrac{|e|}{x}\right)$ 作为比较标准，称之为预测的平均绝对百分误差。用追溯预测的办法估计它，其估计量

$$MAPE = \frac{1}{n} \sum_{i=1}^{n} \frac{|e|}{x_i} \tag{5-3}$$

称它为样本平均绝对百分误差，简称为平均绝对百分误差。

一般地，预测的好坏就是用 $MAPE$ 来衡量的，$MAPE$ 的预测标准见表 5-1。

3. 误差方差

称 $D(e)$ 为预测误差方差，其中"D"表示方差。用追溯预测的办法估计它，估计量

$$S^2 = \frac{1}{n}\sum_{i=1}^{n}(e_i - \overline{e})^2 \tag{5-4}$$

MAPE 的预测标准　　　　　　　　　　　　　　　　　　　　　表 5-1

MAPE 的范围	称预测为	MAPE 的范围	称预测为
MAPE ≤ 10%	高精度预测	20% < MAPE ≤ 50%	可行预测
10% < MAPE ≤ 20%	良好预测	MAPE > 50%	错误预测

称之为样本误差方差,在不发生混淆的情况下,"样本"二字同样可省略。式(5-4)中的 $\overline{e}$ 表示各追溯预测误差的平均值,即 $\overline{e} = \frac{1}{n}\sum_{i=1}^{n}e_i$ 。

一般地,若 $E(e) = 0$,预测被称为是无偏的。对于无偏预测,可认为 $\overline{e} \approx 0$。如果一种预测是有偏的,MSE 可能很大,而 S^2 却很小,这时,预测的准确度很低,但精度却很高。这时,只要把预测方法稍加调整(用 $\hat{x} + \overline{e}$ 代替 $\hat{x}$ 作为预测值),MSE 就立刻变得很小,从而预测的准确度大为提高了。可见,误差方差的大小,表明了预测精度的高低,换句话说,表明预测是否可以用原预测值加或减一个常数的办法来调整。

4. 反映平均预测误差的其他指标

除了上面讲到的以外,反映平均预测误差大小的尚有其他几个概念,见表 5-2。

反映平均预测误差大小的几个概念　　　　　　　　　　　　　　表 5-2

名称	符号	理论定义	样本定义	说明
平均误差	ME	$E(e)$	$\overline{e} = \frac{1}{n}\sum_{i=1}^{n}e_i$	对于无偏预测,等于或接近于 0
平均绝对误差	MAE	$E(|e|)$	$\frac{1}{n}\sum_{i=1}^{n}|e_i|$	直接反映预测误差的平均值,作用相当于 MSE
平均百分误差	MPE	$E\left(\frac{e}{x}\right)$	$\frac{1}{n}\sum_{i=1}^{n}\frac{e_i}{x_i}$	对于无偏预测,接近于 0
平均绝对百分误差	MAPE	$E\left(\frac{|e|}{x}\right)$	$\frac{1}{n}\sum_{i=1}^{n}\frac{|e_i|}{x_i}$	反映预测的平均相对误差,比较不同预测项目时使用;评价预测方法好坏的标准
均方误差	MSE	$E(e^2)$	$\frac{1}{n}\sum_{i=1}^{n}e_i^2$	比较同一预测项目的不同预测方法的好坏时使用
平均绝对偏差	MAD	$E[|e - E(e)|]$	$\frac{1}{n}\sum_{i=1}^{n}|e_i - \overline{e}|$	作用相当于 S^2
误差方差	S^2	$D(e)$	$\frac{1}{n}\sum_{i=1}^{n}(e_i - \overline{e})^2$	表明预测方法是否可简单调整

第二节 定性预测方法

一、专家意见收集法

专家意见收集法又称德尔斐（Delphi）法，是一种应用较广的定性预测方法。德尔斐法是由美国兰德公司的数学家奥拉夫·赫尔墨（Olaf Heler）和他的同事首先提出并应用的。

德尔斐法与通常采取会议方式来收集意见的方法不同。这一方法虽然也靠专家来分析问题和进行预测，但这些专家并不聚集在一起讨论问题。会议的优点是有助于信息交流、思想交流和相互启发，但由于社会和心理的因素，却有碍专家做出独立的判断。例如，可能有些有名望的专家不喜欢听取不同意见，或者有些专家不愿发表与别人不同的意见等等。实施德尔斐法有一套特定的步骤，这些步骤在保证信息交流、思想交流和相互启发的同时，较好的避开了会议方式讨论问题的缺点，从而使专家意见收集法成为一种应用较为普遍的预测方法。

（一）专家意见收集法一般遵循的步骤

1. 选定专家小组

专家人数根据所研究问题的具体情况而定。所选定的专家应是乐于参加预测工作的，是该研究领域或其他有关分支领域中的内行，并且在各有关领域的分布应当合理，这样才能包括整个问题的各个方面并能处理涉及不同领域的问题。另外，在预测过程中，不公布这些专家的姓名，他们是彼此分开的，它们之间的联系和交流都通过预测协调者来进行。

2. 第一次征询

把函询调查表发给专家小组的各位成员，请他们就所预测和研究的具体问题做出明确回答和提出自己的见解。收到专家的回答之后，立即汇总和整理征求意见结果。

3. 第二次征询

这时通告第一次征询的结果，把有关信息反馈给专家小组成员，第二次征求专家意见。具体问题由预测协调者按情况确定。比如，可以要求各专家进一步就某些分歧较大的问题发表意见，也可以要求专家就某些问题发表更深入、更广泛的意见或加以补充说明等等。收到专家的回答之后，再次进行汇总和整理。

4. 继续征求专家意见

一般情况下，经过两次征询后，所预测的问题趋于明朗，可以进行总结。若仍有需要，可反复征询专家意见，直到满意为止。但应指出的是，如没有特殊要求，三次以上的征询效果是不好的。

（二）专家意见收集法的优缺点

1. 强调信息沟通反馈，有益于开拓思路

专家意见收集法虽然期望取得较为一致的结论，但它并不强求取得惟一的答案。在实施这一方法的过程中，连续征求意见并进行信息反馈的目的，并非要迫使专家们去采取折衷的方法，而是通过追加信息的输入使意见有更可靠的依据。专家意见收集法对回答问题的人不施加任何影响，因而有益于独立思考、开拓思路。同时，专家意见收集法容许有分歧意见，但这些意见应尽可能言之有理。

2. 探索式的解决问题

虽然专家意见收集法大体遵循若干共同步骤，但从它获取结果的方式看，又具有探索式地解决问题，逐步取得预测结果的特点。它并非试图一次得到预测的结果，而是在反复几次后逐步的、探索式的求得意见的大致统一。这样能较好的避免主观性和片面性，提高预测结果的可靠程度。

3. 应用广泛，预测结果形式多样

专家意见收集法能适用于许多领域的定性预测，在具体应用中也有若干派生形式。就预测结果来看，可以是定性的表述，也可以是定量的表述。如对某一经济事件的发展趋势和特点提出看法，对某一经济变量的取值进行评估等，必要时还可以用统计方法对估计结果作分析和处理。

4. 不足之处

对专家意见收集法的批评往往集中在该法的可靠性方面，即认为它很难评价专家意见的准确程度，无法考虑意外的事件等。此外，专家意见收集法比大多数定量预测方法更为耗费时间和经费，这在一定程度上妨碍了它的更广泛的应用。

二、主观概率法

主观概率法目前在定性预测中应用较多。它是运用专家的主观信息和概率分布的原理，对某些变量进行预测的方法。

关于概率的概念有两大学派，即客观学派和主观学派。客观学派认为，在多次重复试验（包括观察）时，某一事件出现的相对次数接近概率，但有一个重要前提，即要在同样条件下重复进行多次试验，此时才能应用这种概念。可是，这个前提是理想化的，大量试验通常不能满足此前提。因而，严格的说，这种概率解释是不现实的。

主观学派认为，概率就是对一次"试验"中会得出某种结果的判断的衡量。例如，明天下雨的可能性是 30%；某足球队在后天的比赛中获胜可能性是 80%。显然，这种对事件发生概率的判断具有主观性。因为不同的人可能做出完全不同的判断，从而得出不同的数值。

主观概率也必须满足概率论的基本公理，即

$$0 \leqslant P(E_i) \leqslant 1$$

$$\sum_i P(E_i) = 1$$

式中 E_i ($1 = 1, 2, \cdots$)——某一事件；

$P(E_i)$——事件 E_i 的概率。

主观概率是由萨维奇（L. J. Savage）等人提出的。尽管客观概率仍占重要地位，且大部分统计理论也是建立在客观概率的基础上的，但是主观概率正在得到广泛的承认。因为这种概率解释的主要优点是：可以建立一种很自然的合理方法去研究尚未发生的事件。

三、先行指标预测法

（一）什么是先行指标预测法

先行指标预测法又称前导指标预测法，它是根据某些经济变量的变动来预测另一些经济变量变化趋势的方法。先行指标预测法的基本思想是：某些经济变量和另外一些经济变量之间有着直接的关系，这些经济变量的变化将直接影响另一些变量的变化。因此，可以设想通过某些经济变量的变化趋势来预测另一些经济变量的变化趋势。

先行指标预测法的适用范围和主要特点如下：

1. 用于定期的短期经济预测

从许多国家的经济预测实践看，先行指标预测法主要用于处理短期问题。只要确定了适合的先行指标，就可以对经济活动的发展趋势进行定期预测。比如，美国全国经济研究局和商务部经济分析局就采用了线性综合指数对美国经济进行定期的短期预测。

2. 主要依靠对历史数据进行经验分析和类比

先行指标预测法不是靠数学模型来处理数据和预测，而是依靠对历史数据进行经验分析和实证性研究并在此基础上进行预测。所谓实证性研究就是验明先行指标与被预测对象在变化趋势上存在一致性而仅有时间先后的区别。

3. 只能预测变化趋势和转折点，不能预测变化幅度

先行指标预测法主要是依靠过去的经验进行类比，它并不预测经济变量变化的具体数值，故只能预测变化趋势和转折点。

（二）先行指标、同期指标和迟行指标

由于在经济活动中一些经济变量（或指标）的变化将导致另一些经济变量的变化，而后者的变化则有可能导致其他一些经济变量的变化。因此某些经济变量是另一些经济变量的先行指标，而后者又可能是其他一些经济变量的先行指标等等。基于上述原因，在经济预测实践中，有的经济学家把经济指标分为以下三类：

1. 先行指标

在经济预测中常用的先行指标有：经济政策、人口发展状况、国民生产总值、生产率、国民收入等。

2. 同期指标

同期指标又称一致指标。在经济预测中常用的同期指标有：国民生产总值、工农业总产值、国民收入、产品产量、利润等。

3. 迟行指标

迟行指标又称滞后指标。在经济预测中常用的迟行指标有：基建费用、商品零售量、库存销售比等。

（三）先行指标预测的基本步骤

具体运用先行指标作预测，要遵循以下步骤：

1. 根据预测对象选定先行指标

根据预测对象选定先行指标是利用先行指标作预测的关键。该先行指标可以是某一经济变量，也可以是由若干经济变量组成的综合指数。为了避免依赖单一的序列，减少意外情况的影响，综合考虑主要变量的影响从而提供较好的预测，往往采用综合性先行指标。

先行指标的具体确定还应做到以下两点：

首先，根据经济理论和经济关系找出与预测对象有最直接关系的经济变量。例如，国民收入和人均国民收入都是商品零售量的先行指标。又如，原材料价格可以作为制成品价格的先行指标来预测其变化趋势。

其次，由于各国的经济关系和特点不同，运用这一方法应结合本国情况，正确选择先行指标。

2. 用先行指标作预测，进行实证性考察。

这就是绘制被预测对象与先行指标的时序图，然后考察二者上升和下降的变化趋势是否一致。如果两个序列的变化趋势基本一致，就可以把用作预测的先行指标确定下来。如果先行指标是综合性的，就应分别对单个先行指标进行计算和处理（如简单平均或加权平均，或确定若干判断标准），以得出一综合性指标。

3. 利用先行指标预测

利用先行指标作预测的最直观的方式就是绘制有关的时间序列图。还可以根据先行指标所确定的判断标准来预测。绘出序列图后就可以根据预测对象与先行指标变动趋势一致的原则，对其变化趋势做出预测。

（四）应用先行指标预测法应注意的问题

1. 先行指标的调整

先行指标确定上的困难和不准确，往往会造成预测的误差。在许多情况下，经济变量之间的关系会发生变化。即使是经过实证性考察而用于定期经济预测的先行指标，也并不总是永远适合的，而应根据经济环境的变化进行调整。

2. 正确确定先行期

在先行期的问题中，先行指标预测的另一重要条件是正确确定先行期。先行期不正确，预测时会错过实际的转折点而发出错误的信号。然而在现实经济生活中，先行期往往并不固定，会从一个范围变化到另一个范围。解决的办法是取平均先行时期作为该先行指标的先行期或避免采用单一的先行期变化较大的先行指标。

第三节 定量预测方法

一、一元线性加权回归

在经济关系的研究中，经常会遇到这样的情况：一个变量的取值受一个或几个其他变量的影响。这时，我们常用一个方程近似地描述它们之间的关系。描述因变量与自变量之间关系的方程，通常是先取定其类型，这时其中还含有未知参数。选取类型，常常是根据相应的经济理论进行的，有时也可根据历史数据表现出来的规律性。然后利用历史数据估计方程中的未知参数。在回归分析中，估计参数是用一种特定的方法——最小二乘法。这种方法能够保证均方差最小。

利用回归方法进行预测还有两个优点，一个是可以利用历史数据对所选择的模型进行检验，另一个是可以根据给出的置信度求出相应的置信区间。

（一）加权最小二乘法

考虑因变量 y 对自变量 x_1，x_2，$\cdots x_k$ 回归的情形：

$$y_i = \beta_0 + \beta_1 x_{i1} + \beta_2 x_{i2} + \cdots + \beta_k x_{ik} + u_i$$

在某些场合，考虑到对于不同的 i，各组数据（x_{i1}，x_{i2}，$\cdots x_{ik}$）中所包含的信息量不同（例如，如果各 u_i 的方差不相等，则认为方差小的 u_i 所对应的数据中所包含的信息量大；在时间序列数据中，我们常认为近期数据所包含的信息量大），在使用最小二乘法时，不是把各残差平方直接相加，而是求其加权和。

设指定第 i 期数据的权重为 ω_i^2（$i=1, 2, \cdots, n$）。确定各系数的原则是：

$$\sum_{i=1}^{n}\omega_i^2[y_i-(\beta_0+\beta_1x_{i1}+\beta_2x_{i2}+\cdots+\beta_kx_{ik})]^2 = \min$$

与普通最小二乘法相似，可以求得各系统估计值，仍以矩阵的形式叙述其结果。

设
$$\overline{x}_j = \frac{\sum_{i=1}^{n}\omega_i^2 x_{ij}}{\sum_{i=1}^{n}\omega_i^2} \qquad \overline{y} = \frac{\sum_{i=1}^{n}\omega_i^2 y_i}{\sum_{i=1}^{n}\omega_i^2} \tag{5-5}$$

$$X = \begin{bmatrix} \omega_1(x_{11}-\overline{x}_1) & \omega_1(x_{12}-\overline{x}_2) & \cdots & \omega_1(x_{1k}-\overline{x}_k) \\ \omega_2(x_{21}-\overline{x}_1) & \omega_2(x_{22}-\overline{x}_2) & \cdots & \omega_2(x_{2k}-\overline{x}_k) \\ \vdots & \vdots & \ddots & \vdots \\ \omega_n(x_{n1}-\overline{x}_1) & \omega_{n1}(x_{n2}-\overline{x}_2) & \cdots & \omega_n(x_{1k}-\overline{x}_k) \end{bmatrix}, Y = \begin{bmatrix} \omega_1(y_1-\overline{y}) \\ \omega_2(y_2-\overline{y}) \\ \vdots \\ \omega_n(y_n-\overline{y}) \end{bmatrix}$$

$$L = X'X = (L_{ij})_{k\times k} \qquad B = \begin{bmatrix} \beta_1 \\ \beta_2 \\ \vdots \\ \beta_k \end{bmatrix}$$

则正则方程组为：
$$LB = X'Y$$

故
$$B = L^{-1}X'Y \tag{5-6}$$

则正则方程组的系数矩阵 L 的各元素及右边常数项（$X'Y$ 的各元素）可按下列公式计算：

$$L_{ij} = \sum_{i=1}^{n}\omega_m^2(x_{mi}-\overline{x}_i)(x_{mj}-\overline{x}_j)$$

$$= \sum_{m=1}^{n}\omega_m^2 x_{mi}x_{mj} - \frac{\sum_{i=1}^{n}\omega_m^2 x_{mi}\cdot\sum_{i=1}^{n}\omega_m^2 x_{mj}}{\sum_{m=1}^{n}\omega_m^2} \tag{5-7}$$

$$L_{iy} = \sum_{m=1}^{n}\omega_m^2(x_{mi}-\overline{x}_i)(y_m-\overline{y})$$

$$= \sum_{m=1}^{n}\omega_m^2 x_{mi}y_m - \frac{\sum_{m=1}^{n}\omega_m^2 x_{mi}\cdot\sum_{m=1}^{n}\omega_m^2 y_m}{\sum_{m=1}^{n}\omega_m^2} \tag{5-8}$$

模型中常数项的估计值为：
$$\beta_0 = \overline{y} - \beta_1\overline{x}_1 - \beta_2\overline{x}_2 - \cdots - \beta_k\overline{x}_x \tag{5-9}$$

（二）折扣最小二乘法

上面讨论的是加权最小二乘法的一般理论。在利用时间序列数据进行回归预测时，由于重视近期数据的原因，常采用由当前期向前对各期数据按指数递减规律赋权的方法。具体地说，任取一个常数 r，$0 < r < 1$，第 n 期，第 $n-1$ 期，$\cdots$，第 1 期的权重分别规定为 1，α，$\cdots \alpha^{n-1}$。r 称为折扣系数。

这时，只要将上面各公式中的 ω_t^2 换成 r^{n-t}，便得到折扣最小二乘法的系数估计公式。

$$\overline{x}_j = \frac{\sum_{t=1}^{n} r^{n-t} x_{tj}}{\sum_{t=1}^{n} r^{n-t}} \qquad \overline{y} = \frac{\sum_{t=1}^{n} r^{n-t} y_t}{\sum_{t=1}^{n} r^{n-t}} \qquad (5\text{-}10)$$

$$X = \begin{bmatrix} \sqrt{r^{n-1}}(x_{11}-\overline{x}_1) & \sqrt{r^{n-1}}(x_{12}-\overline{x}_2) & \cdots & \sqrt{r^{n-1}}(x_{1k}-\overline{x}_k) \\ \sqrt{r^{n-2}}(x_{21}-\overline{x}_1) & \sqrt{r^{n-2}}(x_{22}-\overline{x}_2) & \cdots & \sqrt{r^{n-2}}(x_{2k}-\overline{x}_k) \\ \vdots & \vdots & & \vdots \\ \sqrt{r}(x_{n-1\,1}-\overline{x}_1) & \sqrt{r}(x_{n-1\,2}-\overline{x}_2) & \cdots & \sqrt{r}(x_{n-1\,k}-\overline{x}_k) \\ (x_{n1}-\overline{x}_1) & (x_{n2}-\overline{x}_2) & \cdots & (x_{nk}-\overline{x}_k) \end{bmatrix}$$

$$Y = \begin{bmatrix} \omega_1(y_1-\overline{y}) \\ \omega_2(y_2-\overline{y}) \\ \vdots \\ \omega_n(y_n-\overline{y}) \end{bmatrix}$$

$$L = X'X = (L_{ij})_{k \times k} \qquad B = \begin{bmatrix} \beta_1 \\ \beta_2 \\ \vdots \\ \beta_k \end{bmatrix}$$

则正则方程组为：
$$LB = X'Y$$
故
$$B = L^{-1} X'Y \qquad (5\text{-}11)$$

L 及 $X'Y$ 的各元素的计算公式：

$$L_{ij} = \sum_{t=1}^{n} r^{n-t}(x_{ti}-\overline{x}_i)(x_{tj}-\overline{x}_j)$$

$$= \sum_{t=1}^{n} r^{n-t} x_{ti} x_{tj} - \frac{\sum_{t=1}^{n} r^{n-t} x_{ti} \cdot \sum_{t=1}^{n} r^{n-t} x_{tj}}{\sum_{t=1}^{n} r^{n-t}} \qquad (5\text{-}12)$$

$$L_{iy} = \sum_{t=1}^{n} r^{n-t}(x_{ti} - \overline{x_i})(y_t - \overline{y})$$

$$= \sum_{t=1}^{n} r^{n-t} x_{ti} y_t - \frac{\sum_{t=1}^{n} r^{n-t} x_{ti} \cdot \sum_{t=1}^{n} r^{n-t} y_t}{\sum_{t=1}^{n} r^{n-t}} \quad (5-13)$$

模型中常数项的估计值为

$$\beta_0 = \overline{y} - \beta_1 \overline{x}_1 - \beta_2 \overline{x}_2 - \cdots - \beta_k \overline{x}_k \quad (5-14)$$

【例 5-1】 已知某政府 2003 年财政总收入为 1501.9 万元，前面几年财政收支情况见表 5-3，试预测 2003 年财政总支出。

某政府部门财政收支情况（单位：万元） 表 5-3

年 份	总收入 x	总支出 y	年 份	总收入 x	总支出 y
1994	815.6	820.9	1999	1085.2	1212.7
1995	776.6	806.2	2000	1089.6	1115.0
1996	874.5	843.5	2001	1124.0	1153.3
1997	1121.1	1111.0	2002	1249.0	1292.5
1998	1103.3	1273.9			

【解】 本题中可认为 y 与 x 有线性关系，我们首先建立回归方程。这里 $n = 9$，

$$\Sigma x = 9238.9$$

$$\Sigma y = 9629$$

$$\Sigma x^2 = 9695461.47$$

$$\Sigma xy = 10125865.42$$

$$\Sigma y^2 = 10606993.14$$

于是，

$$l_{xx} = 9695461.47 - \frac{9238.9^2}{9} = 211320.0022$$

$$l_{yy} = 10606993.14 - \frac{9629^2}{9} = 305033.0289$$

$$l_{xy} = 10125865.42 - \frac{9238.9 \times 9629}{9} = 241268.9645$$

这样，

$$\beta = \frac{241268.9645}{211320.0022} = 1.1417$$

$$\alpha = \frac{1}{9}(9629 - 1.1417 \times 9238.9) = -102.1408$$

因此回归方程为

$$\hat{y} = -102.1408 + 1.1417x$$

下面用相关系数法检验此模型。

$$r = \frac{241268.9645}{\sqrt{211320.0022 \times 305033.0289}} = 0.9503$$

$r_{0.05}(7, 2) = 0.666$，线性关系显著。

把 $x_{10} = 1501.9$ 代入回归方程，得到 2003 年财政支出的预测值：

$$\hat{y} = -102.1408 + 1.1417 \times 1501.9 = 1612.6 \text{ 万元}$$

给出置信度 0.95，可以计算出 y_0 的置信区间为 (1385.68, 1839.55)。该政府机构 2003 年实际支出为 1546.4 万元，确在此范围内。

【例 5-2】 利用例 5-1 的资料，取折扣系数为 0.9，财政支出 y 对财政收入 x 回归。

【解】

$$\sum_{t=1}^{9} 0.9^{9-t} = 0.9^8 + 0.9^7 + \cdots + 0.9 + 1 = 6.1258$$

$$\sum_{t=1}^{9} 0.9^{9-t} x_t = 0.9^8 \times 815.6 + 0.9^7 \times 776.6 + \cdots + 0.9 \times 1124.0 + 1249.0 = 6507.4399$$

$$\sum_{t=1}^{9} 0.9^{9-t} y_t = 0.9^8 \times 820.9 + 0.9^7 \times 806.2 + \cdots + 0.9 \times 1153.3 + 1292.5 = 6796.7625$$

$$\sum_{t=1}^{9} 0.9^{9-t} x_t^2 = 0.9^8 \times 815.6^2 + 0.9^7 \times 776.6^2 + \cdots + 0.9 \times 1124.0^2 + 1249.0^2 = 7039257.767$$

$$\sum_{t=1}^{9} 0.9^{9-t} x_t y_t = 0.9^8 \times 815.6 \times 820.9 + 0.9^7 \times 776.6 \times 806.2$$
$$+ \cdots + 0.9 \times 1124.0 \times 1153.3 + 1249.0 \times 1292.5 = 7361768.573$$

于是，

$$L_{xx} = 70.9257.767 - \frac{6507.4399^2}{6.1258} = 126396.2233$$

$$L_{xy} = 7361768.573 - \frac{6507.4399 \times 6796.7625}{6.1258} = 141559.2631$$

故，

$$\beta = \frac{141559.2631}{126396.2233} = 1.1200$$

$$\alpha = \frac{1}{6.1258}(6796.7625 - 1.1200 \times 6507.4399) = -80.2081$$

回归方程：

$$\hat{y}_t = -80.2081 + 1.1200 x_t$$

利用此方程预测该政府部门 2003 年财政总支出为：

$$\hat{y}_t = -80.2081 + 1.1200 \times 1501.9 = 1601.9$$

比例 5-1 中用普通最小二乘法得到的结果 1612.6 万元更接近实际值 1546.4 万元。

二、趋势预测

时间序列可以认为由趋势、季节和随机三种成分构成。指数平滑法，就是把这三种成分分开来处理。它按时间的顺序，由前向后逐期的把这几种成份分离开来，为此，建立了由前面时期到后面时期的递推公式。在预测发展的历史上，最早出现的传统分解法也是把数据分成这几种成分。不过，它不是逐期进行的，而是对所有历史数据，首先把一种成分分离出来，然后再分离出另一种成分。预测时，它也是分别对各种成分进行的。

趋势，是时间序列最基本的成分。本部分所研究的趋势预测，在时间序列预测传统分解法中占重要的地位。而且，趋势预测也具有独立的意义。在很多情况下，时间序列不受季节的影响（一般地说，年度数据无季节性，不少商品的生产和销售的月份数据也无季节性），如果随机成分不作处理的话，对于这种时间序列只要预测趋势就够了。

趋势预测主要采用曲线配合的方法，然后进行时间外推。设给出时间序列数据 x_1, x_2, ..., x_n，我们把点 (t, x_t) （$t=1, 2, ... n$）画在平面直角坐标系中（散点图），观察 x_t 和 t 之间的关系，用一条适当的曲线 $x_t = f(t)$ 近似地描述这种关系。这条曲线，称为趋势曲线；时间 t，称为趋势变量。趋势曲线是研究历史数据得出来的，它反映了历史数据变化的规律，我们假定这种规律在未来时期也是成立的，从而只要把 $t=n+1$, $n+2$, ... 代入趋势方程，便可得到 x_{n+1}, x_{n+2}, ... 的趋势预测值了。

曲线拟合的一般步骤是：先根据经济变量的意义、散点图或别的分析，确定趋势曲线的类型，然后用历史数据估计其中所含的参数。

(一) 常用趋势曲线的类型

常用的趋势曲线有直线、二次曲线、指数曲线、龚毕兹曲线以及逻辑曲线等。其中指数曲线又分为如图的几种：

1. 简单指数曲线。

方程：$x_t = ab^t$ （a, $b > 0$, $b \neq 1$）

它的图形是一条指数函数曲线，$b > 1$ 时是上升的；$b < 1$ 时是下降的（图5-2）。它反映了 x_t 按指数规律变化，或者是说时间序列每过一个时期按一定的百分率增长或衰减。一般自然增长，国民经济发展指标的增长多属此类。

2. 修正指数曲线。

方程：$x_t = k + ab^t$ （$k > 0$, $a \neq 0$, $0 < b \neq 1$）

其图形如图 5-3 所示。有些新产品刚刚问世时，由于具有与以前同类产品不同的特点，加之广告宣传及时等原因，初期销售量可能增长很快，不像一般产品那样有缓慢增长

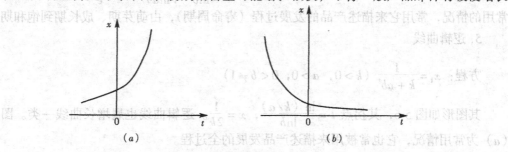

图 5-2 简单指数曲线 $x_t = ab^t$
(a) $b > 1$; (b) $b < 1$

的萌芽期（引进、开发）。这时，它的销售量曲线如图 5-3（a）。当商品社会拥有量接近饱和时，其销售情况可能呈现图 5-3（d）的样子。

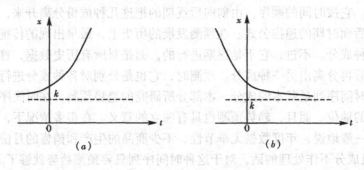

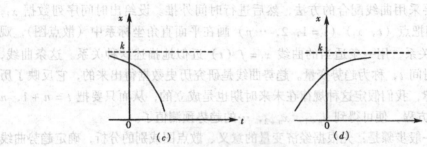

图 5-3 修正指数曲线 $x_t = k + ab^t$

(a) $a>0$, $b>1$; (b) $a>0$, $b<1$; (c) $a<0$, $b>1$; (d) $a<0$, $b<1$

3．双指数曲线。

方程：$x_t = ab^t c^{t^2}$ （$a>0$, $0<b\neq 1$, $0<c\neq 1$）

其图形如图 5-4。当 $c>1$ 时，t 足够大以后曲线上升；当 $c<1$ 时，t 足够大以后曲线下降。

双指数曲线也属增长曲线一类。如果在 t 比较大时经济指标增长较快，采用双指数曲线作为趋势曲线有时效果较好。

4．龚毕兹（Gompertz）曲线

方程：$x_t = ka^{b^t}$ （$k>0$, $0<a\neq 1$, $0<b\neq 1$）

其图形如图 5-5。当 $a<1$ 时，曲线有拐点 $t = \frac{1}{\ln b}\ln\left(\frac{-1}{\ln a}\right)$，$x = \frac{k}{e}$。图 5-5（a）是最常用的情况，常用它来描述产品的发展过程（寿命周期），由萌芽期、成长期到饱和期。

5．逻辑曲线

方程：$x_t = \frac{1}{k + ab^t}$ （$k>0$, $a>0$, $0<b\neq 1$）

其图形如图 5-6，其拐点 $t = \frac{\ln(k/a)}{\ln b}$，$x = \frac{1}{2k}$。逻辑曲线也属增长曲线一类。图 5-6（a）为常用情况，它也常被用来描述产品发展的全过程。

（二）参数估计法

趋势方程的类型选定之后，需要用历史数据估计其中所含参数。

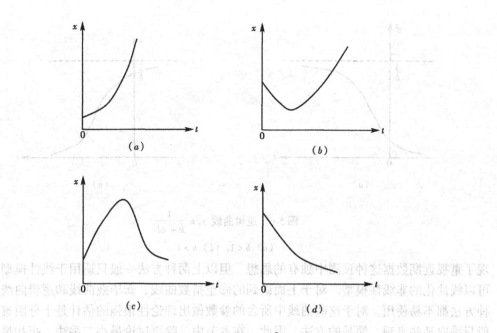

图 5-4 双指数曲线 $x_t = ab^t c^{t^2}$ ($t > 0$)
(a) $b > 1$, $c > 1$; (b) $b < 1$, $c > 1$; (c) $b > 1$, $c < 1$; (d) $b < 1$, $c < 1$

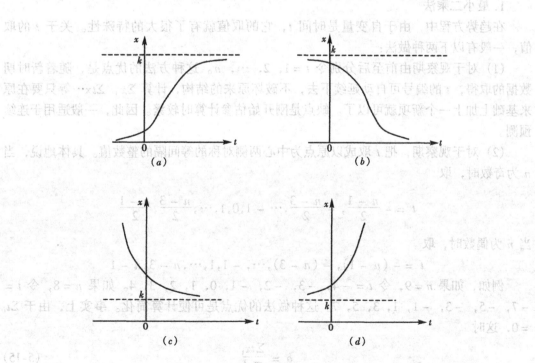

图 5-5 龚毕兹曲线 $x_t = ka^{b^t}$
(a) $a < 1$, $b < 1$; (b) $a < 1$, $b > 1$; (c) $a > 1$, $b < 1$; (d) $a > 1$, $b > 1$

估计参数有许多方法。最小二乘法是这些方法中理论最完善的，但是它对经济环境的要求太严格，以致在不少情况下不能适用，折扣最小二乘法也是一种比较好的方法，它体

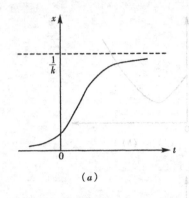 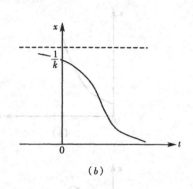

图 5-6 逻辑曲线 $x_t = \dfrac{1}{k+ab^t}$

(a) $b<1$；(b) $b>1$

现了重视近期数据这种预测中独有的思想。但以上两种方法一般只适用于线性模型或某些可以线性化的非线性模型。对于上面讲到的修正指数曲线、龚毕兹曲线和逻辑曲线，这两种方法都不易使用。对于这些曲线中所含的参数做出理论性很强的估计是十分困难的，一般只采取某些直观、简易的方法。因此，在本节中，除再讨论最小二乘法、折扣最小二乘法外，也介绍几种常用的这类方法。

1. 最小二乘法

在趋势方程中，由于自变量是时间 t，它的取值就有了很大的特殊性。关于 t 的取值，一般有以下两种做法：

(1) 对于观察期由前至后分别令 $t = 1, 2, \cdots, n$。这种方法的优点是，随着新时期数据的取得，t 的编号可自动延续下去，不破坏原来的结构，计算 Σx，$\Sigma tx\cdots$ 等只要在原来基础上加上一个新项就可以了。缺点是刚开始估参计算时较繁。因此，一般适用于连续预测。

(2) 对于观察期，把 t 取成以原点为中心两侧对称的等间隔的整数值。具体地说，当 n 为奇数时，取

$$t = -\frac{n-1}{2}, -\frac{n-3}{2}, \cdots -1, 0, 1, \cdots, \frac{n-3}{2}, \frac{n-1}{2}$$

当 n 为偶数时，取

$$t = -(n-1), -(n-3), \cdots, -1, 1, \cdots, n-3, n-1$$

例如，如果 $n=9$，令 $t = -4, -3, -2, -1, 0, 1, 2, 3, 4$。如果 $n=8$，令 $t = -7, -5, -3, -1, 1, 3, 5, 7$。这种做法的优点是可使计算简化。事实上，由于 $\Sigma t_i = 0$，这时

$$b = \frac{\Sigma tx_t}{\Sigma t^2} \tag{5-15}$$

$$a = \bar{x} \tag{5-16}$$

缺点是，如果连续预测，下次要重新编号，这样就给计算带来更大的麻烦。因此，这种编号方法一般只适用于一次预测。

用不同方法取 t 值（保持等距离）实质上就是对模型中的 t 作一个线性变换。我们可

以证明，t 的任何线性变换都不会影响预测结果。因此，上述 t 值的取法都是合理的。

2. 折扣最小二乘法

利用折扣最小二乘法估计参数与前面的没有什么区别，只不过由于 t 是惟一的自变量，公式 (5-6) (5-9) 成为：

$$b = \frac{l_{tx}}{l_{tt}} \tag{5-17}$$

$$a = \bar{x} - b\bar{t} \tag{5-18}$$

其中

$$R = \sum_{t=1}^{n} r^{n-t} \quad \bar{t} = \frac{1}{R}\sum_{t=1}^{n} r^{n-t}t \quad \bar{x} = \frac{1}{R}\sum_{t=1}^{n} r^{n-t}x_t$$

$$l_{tx} = \sum_{t=1}^{n} r^{n-t}(t-\bar{t})(x_t-\bar{x}) = \sum_{t=1}^{n} r^{n-t}tx_t - \frac{1}{R}\sum_{t=1}^{n} r^{n-t}t \cdot \sum_{t=1}^{n} r^{n-t}x_t$$

$$l_{tt} = \sum_{t=1}^{n} r^{n-t}(t-\bar{t})^2 = \sum_{t=1}^{n} r^{n-t}t^2 - \frac{1}{R}\left(\sum_{t=1}^{n} r^{n-t}t\right)^2$$

这些公式仅就观察期的 $t = 1, 2, \cdots, n$ 这种情况写出。当的取值方法与此不同时，公式应做相应修改。

3. 二次回归法

这是一种简易的估计方法，主要用来估计修正指数曲线

$$x_t = k + ab^t \tag{5-19}$$

中的参数 k、a 和 b。

将方程式 (5-19) 中 t 换成 $t-1$，再由式 (5-19) 中减去所得方程的 b 倍，得到

$$x_t = bx_{t-1} + k(1-b)$$

此方程视为 x_t 对 x_{t-1} 的自回归方程，使用最小二乘法，利用 x_t 的数据估计出其回归系数 b。将 b 的估计值代入式 (5-19) 中。于是，可以把式 (5-19) 视为 x_t 对 b^t 的线性回归方程，再使用最小二乘法，利用 x_t 和 b^t 的数据可以估计出 k 和 a 来。

用上述的方法。我们得到修正指数曲线式 (5-19) 的参数估计值：

$$b = \frac{n\sum_{t=2}^{n} x_t x_{t-1} - \frac{1}{n-1}\sum_{t=2}^{n} x_t \sum_{t=1}^{n-1} x_t}{\sum_{t=1}^{n-1} x_t^2 - \frac{1}{n-1}\left(\sum_{t=1}^{n-1} x_t\right)^2} \tag{5-20}$$

$$a = \frac{\sum_{t=1}^{n} x_t b^t - \frac{1}{n}\sum_{t=1}^{n} x_t \sum_{t=1}^{n} b^t}{\sum_{t=1}^{n} b^{2t} - \frac{1}{n}\left(\sum_{t=1}^{n} b^t\right)^2} \tag{5-21}$$

$$k = \frac{1}{n}\left[\sum_{t=1}^{n} x_t - a\sum_{t=1}^{n} b^t\right] \tag{5-22}$$

4. 求和法

求和法主要是用来估计修正指数曲线中的参数。

$$x_t = k + ab^t \tag{5-23}$$

设有 $n = 3m$ 个数据（m 为正整数）为方便起见，取时间编号为 $t = 0, 1, 2, \cdots, n-1$。把数据从前到后分为上、中、下三组，每组 m 个。三组数据分别求和：

$$S_1 = \sum_{t=0}^{m-1} x_t = \sum_{t=0}^{m-1}(k+ab^t) = mk + a \cdot \frac{b^m - 1}{b - 1} \tag{5-24}$$

$$S_2 = \sum_{t=m}^{2m-1} x_t = \sum_{t=m}^{2m-1}(k+ab^t) = mk + ab^m \cdot \frac{b^m - 1}{b - 1} \tag{5-25}$$

$$S_3 = \sum_{t=2m}^{n-1} x_t = \sum_{t=2m}^{3m-1}(k+ab^t) = mk + ab^{2m} \cdot \frac{b^m - 1}{b - 1} \tag{5-26}$$

于是

$$S_2 - S_1 = a \frac{(b^m - 1)^2}{b - 1} \tag{5-27}$$

$$S_3 - S_2 = ab^m \cdot \frac{(b^m - 1)^2}{b - 1} \tag{5-28}$$

二式相除得

$$\frac{S_3 - S_2}{S_2 - S_1} = b^m$$

由此便可估计出参数 b。将 b 的估计值代入式 (5-21)，便可得参数 a 的估计值。再将 a 和 b 的估计值都代入式 (5-22)，即可求出 k 的估计值。其结果为：

$$b = \left(\frac{S_3 - S_2}{S_2 - S_1}\right)^{\frac{1}{m}} \tag{5-29}$$

$$a = (S_2 - S_1) \frac{b - 1}{(b^m - 1)^2} \tag{5-30}$$

$$k = \frac{1}{m}\left(S_1 - a \cdot \frac{b^m - 1}{b - 1}\right) \tag{5-31}$$

式 (5-26) 若严格写出，应带有随机项，这些随机项应以 0 为平衡位置上下波动。求和法的基本点在于：一些数据相加可以认为随机项相互抵消。所以该方法认为公式 (5-24) ~ (5-26) 成立。在此基础上，推导出公式 (5-29) ~ (5-31) 来。

【例题 5-3】 某工程公司 1987 ~ 1997 年 11 年间，用于某一科研项目的经费开支如表 5-4 所示。

科研经费表　　　　　　　　　　　　　　　表 5-4

t	1	2	3	4	5	6	7	8	9	10	11
X_t	560	608	685	807	839	914	1100	1196	1499	1574	1513

试用龚毕兹曲线 $x_t = ka^{b^t}$ 拟合。

【解】 对上式两边取对数，得

$$\ln x_t = \ln k + b^t \ln a$$

令 $x_t^* = \ln x_t$，并记 $k^* = \ln k$，$a^* = \ln a$，则有

$$x_t^* = k^* + a^* b^t$$

这是修正指数曲线。将 x_t 的数据取对数转化为 x_t^* 的数据，使用与上面同样的方法，估计出参数 k^*，a^*，b^*，得

$$x_t^* = 8.44344 - 2.34187 \times 0.93176^t$$

由此估计出

$$k = e^{8.44344} = 4644.5$$
$$a = e^{-2.34187} = 0.0961477$$

这样，趋势方程为：

$$x_t = 4644.5 \times 0.0961477^{0.93176^t}$$

1998年预测值为 $\hat{x}_{12} = 1703.8$ 万元。

曲线拟合情况如图5-7所示。$MSE = 5019$，$MAPE = 4.77\%$。

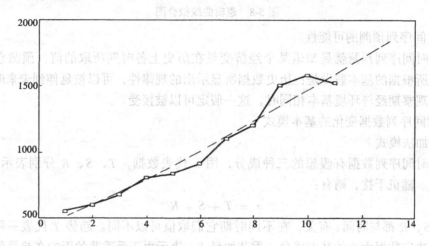

图5-7 龚毕兹曲线拟合图

对于此例，如果用逻辑曲线 $x_t = \dfrac{1}{k + ab^t}$

拟合，须将该方程变为：$\dfrac{1}{x_t} = k + ab^t$

再令 $x_t^* = \dfrac{1}{x_t}$，则有：$x^* = k + ab^t$

将 x_t 的数据取倒数转化为 x_t^* 的数据，再用修正指数曲线参数估计的二次回归法估参，得：

$$x_t^* = 0.000193 + 0.00187 \times 0.8734^t$$

即趋势方程为：

$$x_t = \dfrac{1}{0.000193 + 0.00187 \times 0.8734^t}$$

1997年预测值为 $\hat{x}_{12} = 1780$ 万元。

曲线拟合情况如图5-8所示。$MSE = 4889$，$MAPE = 4.17\%$。

三、时间序列预测

(一) 时间序列的基本模式

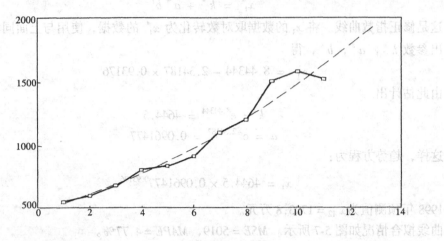

图 5-8 逻辑曲线拟合图

1. 时间序列预测的可能性

所谓时间序列预测就是知道某个经济变量在历史上各时期所取的值，预测它的未来值。预测所根据的基本假设是：历史数据所显示出的规律性，可以被延伸到未来时期。在预测期与观察期经济环境基本相同时，这一假定可以被接受。

2. 时间序列数据变化的基本模式

（1）加法模式

构成时间序列数据有假想的三种成分，用 x 代表数据，T、S、R 分别表示趋势值、季节加量、随机干扰，则有：

$$x = T + S + R \tag{5-32}$$

T、S、R 都与时间 t 有关，在不同时期它们取值可以不同。趋势 T 代表一种长期趋势，它是决定数据大小的基本成分。季节加量 S，表示由于受季节的影响在趋势值的基础上所增加的量。这里所说的季节，可以是季度，也可以是月份、周、日等。S 以一定的周期循环取值。随机干扰 R，代表除了趋势、季节外数据所受到的其他因素影响的总和。

构成时间序列数据的除以上三种成分外，还有一种成分——循环。所谓循环，是一种变化非常缓慢，需经很长时间才能显现出来的循环迹象。它虽类似周期波动，但每两个邻峰（或邻谷）之间的时间长度是不固定的。

（2）乘法模式

这里仍认为构成时间序列数据有三种成分：趋势、季节和随机干扰，但数据不是由它们相加，而是由它们相乘得来。这时，公式（5-32）变成：

$$x = TSR \tag{5-33}$$

其中 T 仍为趋势值，S 为季节指数（或称季节调整因子），R 为随机干扰。在乘法模式中，$S > 1$ 表示受季节影响之后的数值大于趋势值，$S < 1$ 表示受季节影响之后的数值小于趋势值，$S = 1$ 表示无季节影响。R 在 1 附近波动。

上面所研究的是时间序列数据的一般构成。有的数据趋势值可能是一个常数（这时亦称无趋势），有的数据季节加量可能都等于 0 或季节指数都等于 1（这时称无季节影响）。对于任何实际观察数据，随机干扰总是存在的。

若数据受季节影响,则季节加量或季节指数按一定的周期取值。一个周期中所含数据的个数叫做季节长度,一般用 L 表示。

一般地说,若数据的季节波动和随机波动随着数据趋势的增长(或衰减)而加剧(或减弱),应采用乘法模式;若季节波动和随机波动的幅度不随趋势的增衰而变化,应采用加法模式。

3. 几种主要时序模型

设时间序列在第 t 的观察值为 x_t($t=1, 2, \cdots,$)。在平滑法预测中所用到的时间序列模型主要有以下几个:

(1) 常数模型

这时,时间序列表现为既无趋势也无季节影响。各期观察值之所以不同,惟一的原因就是随机干扰的存在,即

$$x_t = T + R_t \quad \text{(加法模式)} \tag{5-34}$$

或

$$x_t = TR_t \quad \text{(乘法模式)} \tag{5-35}$$

这里,T 是不随时间改变的常数。

(2) 线性模型

这时,时间序列的趋势值是时间 t 的一次函数,无季节影响,即

$$x_t = (a + bt) + R_t \quad \text{(加法模式)} \tag{5-36}$$

或

$$x_t = (a + bt)R_t \quad \text{(乘法模式)} \tag{5-37}$$

这样,a、b 都是常数,且 $b \neq 0$。

(3) 比例模型

这时,时间序列的趋势值与时间 t 的指数函数成正比,不受季节影响,即

$$x_t = ab^t + R_t \quad \text{(加法模式)} \tag{5-38}$$

或

$$x_t = ab^t R_t \quad \text{(乘法模式)} \tag{5-39}$$

这里,a、b 都是正的常数,$b \neq 1$。

(4) 季节模型

这时,时间序列无趋势,但受季节影响,即

$$x_t = T + S_{\bar{t}} + R_t \quad \text{(加法模式)} \tag{5-40}$$

或

$$x_t = TS_{\bar{t}} R_t \quad \text{(乘法模式)} \tag{5-41}$$

这里 T 是不依赖时间 t 的常数,$S_{\bar{t}}$ 表示第 t 期所处季节的季节加量或季节指数。所有的 $S_{\bar{t}}$ 只能取 L 个不同值(L 为季节长度)。

(5) 线性季节模型

这时,时间序列趋势值是时间 t 的一次函数,受季节影响,即

$$x_t = (a + bt) + S_{\bar{t}} + R_t \quad \text{(加法模式)} \tag{5-42}$$

或

$$x_t = (a + bt)S_{\tilde{t}} + R_t \quad \text{(乘法模式)} \tag{5-43}$$

(6) 比例季节模型

这时，时间序列的趋势值与时间 t 的指数函数成正比，受季节影响，即

$$x_t = ab^t + S_{\tilde{t}} + R_t \quad \text{(加法模式)} \tag{5-44}$$

或

$$x_t = ab^t S_{\tilde{t}} R_t \quad \text{(乘法模式)} \tag{5-45}$$

这里，a、b 都是正的常数，$b \neq 1$，$S_{\tilde{t}}$ 仍表示第 t 期所处季节的季节加量或季节指数。

(二) 线性模型的指数平滑法（布朗二次平滑指数法）

1. 线性模型指数平滑法的模型

本部分所要研究的是线性模型式 (5-36) 或式 (5-37)。为了方便起见，我们把它们换个形式写出：

$$x_{t+\tau} = T_t + b t + R_{t+\tau} \quad \text{(加法模式)} \tag{5-46}$$

$$x_{t+\tau} = (T_t + bt) R_{t+\tau} \quad \text{(乘法模式)} \tag{5-47}$$

这里，t 表示当前期（或者说，它表示预测时可利用的数据的个数）；T_t 表示第 t 期（当前期）的趋势值，因为对于有趋势的时间序列，各期的趋势值不相同，所以这里 T 有一个下标 t。

2. 在有线性趋势情况下，简单指数平滑法的滞后效应

简单指数平滑法的显式表达式如下：

$$T_t = \alpha x_t + \alpha(1-\alpha)x_{t-1} + \alpha(1-\alpha)^2 x_{t-2} + \cdots \quad 0 < \alpha < 1 \tag{5-48}$$

其中，α，$\alpha(1-\alpha)$，$\alpha(1-\alpha)^2$，$\cdots$ 是在 $t \to +\infty$ 时 x_t，x_{t-1}，x_{t-2}，$\cdots$ 各期的权重，它们自当期 (x_t) 向前呈指数规律下降。目的是重视近期数据。

显然在式 (5-48) 计算 T_t 时利用了数据 x_t，x_{t-1}，x_{t-2}，$\cdots$。x_t 是当前期数据，过去没有用过，我们说它的役龄是 0；x_{t-1} 是前一期的数据，在计算 T_{t-1} 时曾用过 1 次，在这里我们说它的役龄是 1。一般地，x_{t-i} 是前 i 期的数据，在计算 T_{t-i}，T_{t-i+1}，$\cdots$，T_{t-1} 时各用过 1 次，我们说它的役龄是 i。这样，简单指数平滑法所使用地数据的平均役龄为：

$$\nu = \alpha \cdot 0 + \alpha(1-\alpha) \cdot 1 + \alpha(1-\alpha)^2 \cdot 2 + \cdots = \frac{1-\alpha}{\alpha} \tag{5-49}$$

在时间序列没有趋势的情况下，以任何一期的数据估计 T_t 都不会产生系统偏差（$E(x_i) = T$）。但在时间序列有趋势时情况就不一样了。如有线性趋势，趋势增量为 b，以第 i 期数据 x_i 估计 T_t 时，由于 x_i 比 T_t 落后 $t-i$ 期，故这时把 T_t 低估了 $(t-i)b$，即产生了 $t-i$ 期的滞后效应。这样一来，在有线性趋势时，用简单指数平滑法计算 T_t 就也产生了滞后效应，滞后的期数等于它所使用数据的平均役龄 ν，因此，低估了 νb。

3. 布朗二次指数平滑法的基本公式与预测方程

布朗 (R. G. Brown) 是这样处理简单指数平滑法的滞后效应的，他利用公式

$$S_t = \alpha x_t + (1-\alpha) S_{t-1} \tag{5-50}$$

计算出的 S_t 比 T_t 低了 νb；这里，由于 T_t 已不是第 t 期趋势值的合理估计量了，所以把它换个符号，用 S_t 表示。

如果得到的时间序列 S_1, $S_2 \cdots$ 用同一平滑常数再平滑一次得出 $S_1^{(2)}$, $S_2^{(2)}$, $\cdots S_t^{(2)}$ 又低了 vb（图5-9）。这样，有

$$\begin{aligned} T_t &= S_t + vb \\ &= S_t + (S_t - S_t^{(2)}) \\ &= 2S_t - S_t^{(2)} \end{aligned}$$

及

$$S_t - S_t^{(2)} = \frac{1-\alpha}{\alpha} b_t$$

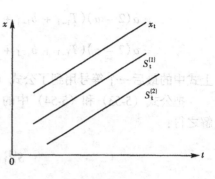

图5-9 $S_t^{(1)}$, $S_t^{(2)}$ 的滞后效应示意图

即

$$b_t = \frac{\alpha}{1-\alpha}(S_t - S_t^{(2)})$$

总括上述，布朗的二次指数平滑法的基本公式：

$$S_t^{(1)} = \alpha x_t + (1-\alpha) S_{t-1}^{(1)} \tag{5-51}$$

$$S_t^{(2)} = \alpha S_t^{(1)} + (1-\alpha) S_{t-1}^{(2)} \tag{5-52}$$

$$T_t = 2S_t^{(1)} - S_t^{(2)} \tag{5-53}$$

$$b_t = \frac{\alpha}{1-\alpha}(S_t^{(1)} - S_t^{(2)}) \tag{5-54}$$

预测方程：

$$\hat{x}_{t+\tau} = T_t + b_t \tau \quad (\tau = 1, 2, \cdots) \tag{5-55}$$

布朗的二次指数平滑法是单参数方法，其优点是不必考虑两个平滑常数的互相搭配。这样，用实验法选择平滑常数时就方便多了。

应用公式（5-51）和公式（5-52）进行计算时，需指定两个初值 $S_1^{(1)}$、$S_1^{(2)}$。如无其他信息，可取 $S_1^{(1)} = S_1^{(2)} = x_1$。

二次指数平滑法有无限多期预测能力。

（三）误差校正式

仍用 e_t 表示一步预测误差：

$$e_t = x_t - \hat{x}_t = x_t - (T_{t-1} + b_{t-1})$$

故

$$x_t = T_{t-1} + b_{t-1} + e_t$$

将此式代入式（5-51）

$$S_t^{(1)} = \alpha(T_{t-1} + b_{t-1} + e_t) + (1-\alpha) S_{t-1}^{(1)} \tag{5-56}$$

将此式再代入式（5-52）

$$S_t^{(2)} = \alpha^2(T_{t-1} + b_{t-1} + e_t) + \alpha(1-\alpha) S_{t-1}^{(1)} + (1-\alpha) S_{t-1}^{(1)} \tag{5-57}$$

将式（5-56）和（5-57）都代入公式（5-53），

$$T_t = \alpha(2-\alpha)(T_{t-1} + b_{t-1} + e_t) + (1-\alpha')(2-\alpha) S_{t-1}^{(1)} - (1-\alpha) S_{t-1}^{(2)}$$

$$= \alpha(2-\alpha)(T_{t-1}+b_{t-1}+e_t)+(1-\alpha)(2S_{t-1}^{(1)}-S_{t-1}^{(2)})-\alpha(1-\alpha)S_{t-1}^{(1)}$$

$$= \alpha(2-\alpha)(T_{t-1}+b_{t-1}+e_t)+(1-\alpha)T_{t-1}-\alpha(1-\alpha)S_{t-1}^{(1)} \quad (5-58)$$

上式中的最后一个等号用到了公式（5-53）（把其中的 t 换为 $t-1$）。

把公式（5-53）和（5-54）中的 t 换成 $t-1$ 后，视它们为关于 $S_{t-1}^{(1)}$、$S_{t-1}^{(2)}$ 的方程组，解之得：

$$S_{t-1}^{(1)} = T_{t-1} - \frac{1-\alpha}{\alpha}b_{t-1} \quad (5-59)$$

$$S_{t-1}^{(2)} = T_{t-1} - \frac{2(1-\alpha)}{\alpha}b_{t-1} \quad (5-60)$$

将式（5-59）代入公式（5-58），化简后得到：

$$T_t = T_{t-1} + b_{t-1} + \alpha(2-\alpha)e_t \quad (5-61)$$

将公式（5-50）与（5-57）代入公式（5-49），再将式（5-59）和（5-60）代入消去 $S_{t-1}^{(1)}$ 和 $S_{t-1}^{(2)}$，并化简，得到

$$b_t = b_{t-1} + \alpha^2 e_t \quad (5-62)$$

公式（5-61）和（5-62）就是二次指数平滑法的误差校正式。

四、灰色预测

灰色系统，是部分信息已知，部分信息未知的系统。灰色系统理论认为，凡是有些参数已知，有些参数未知的系统都是灰色系统。如社会系统、经济系统、生态系统等都是灰色系统。灰色系统理论能更准确地描述社会经济系统的状态和行为。研究基于灰色系统理论的灰色预测模型，则对社会经济系统预测具有重要意义。

灰色预测分为五类：

1. 数列预测。

对系统行为特征指标观测值所形成的序列的灰色预测称数列预测。如国民生产总值预测等。

2. 灾变预测。

对超出某一界限的异常值出现时间的预测称灾变预测。

3. 季节灾变预测。

对系统行为特征指标异常值出现在一年中某一特定时期的灰色预测称为季节灾变预测，实际上是一种特定时期的灾变预测。

4. 拓扑预测。

是对一段时间内系统行为特征指标数据波形的预测。拓扑预测与数列预测的区别是，前者预测的是变化波形的近似值，并不是波形本身，而后者是预测波形本身。

5. 系统综合预测。

是对系统行为特征指标建立一组相互关联的灰色预测模型，在预测系统整体变化的同时，预测系统各个环节变化的方法，属于对系统的综合研究，因此称为系统综合预测。

（一）GM（1，1）模型

灰色预测模型称为 GM 模型，G 为 Grey 的第一个字母，M 为 Model 的第一个字母。

GM（1，1）表示一阶的，一个变量的微分方程型预测模型。GM（1，1）是一阶单序列的线性动态模型，主要用于时间序列预测。

GM（1，1）建模

设有数列 $x^{(0)}$ 共有 n 个观察值

$$x^{(0)}(1), x^{(0)}(2), \cdots x^{(0)}(n)$$

对 $x^{(0)}$ 作累加生成，得到新的数列 $x^{(1)}$，其元素

$$x^{(1)}(i) = \sum_{m=1}^{i} x^{(0)}(m) \quad (i = 1,2,\cdots,n) \tag{5-63}$$

有

$$x^{(1)}(1) = x^{(0)}(1)$$
$$x^{(1)}(2) = x^{(0)}(1) + x^{(0)}(2)$$
$$= x^{(1)}(1) + x^{(0)}(2)$$
$$x^{(1)}(3) = x^{(0)}(1) + x^{(0)}(2) + x^{(0)}(3)$$
$$= x^{(1)}(2) + x^{(0)}(3)$$
$$\cdots\cdots$$
$$x^{(1)}(n) = x^{(1)}(n-1) + x^{(0)}(n)$$

对数列 $x^{(1)}$，可建立预测模型的白化形式方程，

$$\frac{dx^{(1)}}{dt} + ax^{(1)} = u \tag{5-64}$$

式中 a，u——为待估计参数，分别称为发展灰数和内生控制灰数。

设 $\hat{a}$ 为待估计参数向量

则

$$\hat{a} = \begin{bmatrix} a \\ u \end{bmatrix}$$

按最小二乘法求解，

有

$$\hat{a} = (B^T B)^{-1} B^T y_n \tag{5-65}$$

式中

$$B = \begin{bmatrix} -\frac{1}{2}(x^{(1)}(1) + x^{(1)}(2)) & 1 \\ -\frac{1}{2}(x^{(1)}(2) + x^{(1)}(3)) & 1 \\ \cdots\cdots \\ -\frac{1}{2}(x^{(1)}(n-1) + x^{(1)}(n)) & 1 \end{bmatrix} \tag{5-66}$$

$$y_n = [x^{(0)}(2), x^{(0)}(3), \cdots, x^{(0)}(n)]^T \tag{5-67}$$

将式（5-65）求得的 $\hat{a}$ 代入式（5-64），并解微分方程，有 GM（1，1）预测模型为：

$$\hat{x}^{(1)}(i+1) = \left(x^{(0)}(1) - \frac{u}{a}\right)e^{-ai} + \frac{u}{a} \tag{5-68}$$

（二）模型检验

灰色预测模型检验有残差检验、关联度检验和后验差检验。

1. 残差检验

残差检验分二种，一是绝对误差，二是相对误差。检验步骤如下：

第一步计算 $\hat{x}^{(1)}(i)$。

第二步对 $\hat{x}^{(1)}$ 累减还原计算 $\hat{x}^{(0)}(i)$。即原始数列模型计算值。计算公式为：

$$\left\{\begin{array}{l}\hat{x}^{(0)}(i) = \hat{x}^{(1)}(i) - \hat{x}^{(1)}(i-1) \\ \hat{x}^{(0)}(1) = \hat{x}^{(1)}(1)\end{array}\right\} \quad (i = 1,2,\cdots,n) \tag{5-69}$$

第三步计算绝对误差和相对误差。

绝对误差：$\varepsilon^{(0)} = x^{(0)}(i) - \hat{x}^{(0)}(i) \quad (i = 1,2,\cdots,n)$

相对误差：$\Omega^{(0)}(i) = [\varepsilon^{(0)}(i)/x^{(0)}(i)] \times 100\% \quad (i = 1,2,\cdots,n)$ (5-70)

2. 关联度检验

关联度检验方法如下：

第一步计算原始数列 $x^{(0)}$ 的模型计算值 $\hat{x}^{(0)}$。

第二步计算 $x^{(0)}$ 与 $\hat{x}^{(0)}$ 的绝对误差 Δ。

$$\Delta(i) = |\hat{x}^{(0)}(i) - x^{(0)}(i)| \quad (i = 1,2,3,\cdots,n) \tag{5-71}$$

第三步计算最小差与最大差：

$$\text{最小差为}：\min\{\Delta(i)\}$$

$$\text{最大差为}：\max\{\Delta(i)\}$$

第四步计算关联系数 $\xi(i)$：

$$\xi(i) = \frac{\min\{\Delta(i)\} + \rho\max\{\Delta(i)\}}{\Delta(i) + \rho\max\{\Delta(i)\}} \quad (i = 1,2,\cdots,n) \tag{5-72}$$

第五步计算关联度 ξ：

$$\xi = \frac{1}{n-1}\sum_{i=1}^{n}\xi(i) \tag{5-73}$$

式中　ξ——数列 $x^{(0)}$ 对 $\hat{x}^{(0)}$ 的关联度；

　　　n——样本个数。

3. 后验差检验

后验差检验过程如下：

(1) 计算原始数列的均值 $\bar{x}^{(0)}$

$$\bar{x}^{(0)} = \frac{1}{n}\sum_{i=1}^{n}x^{(0)}(i) \tag{5-74}$$

(2) 计算原始数列 $x^{(0)}$ 的均方差 S_0

$$S_0 = \sqrt{\frac{s_0^2}{n-1}} \tag{5-75}$$

$$s_0^2 = \sum_{i=1}^{n}[x^{(0)}(i) - \bar{x}^{(0)}]^2 \tag{5-76}$$

(3) 计算残差的 $\varepsilon^{(0)}$ 均值 $\bar{\varepsilon}^{(0)}$

$$\bar{\varepsilon}^{(0)} = \frac{1}{n}\sum_{i=1}^{n}\varepsilon^{(0)}(i) \tag{5-77}$$

(4) 求残差 ε 的均方差 S_1

$$S_1 = \sqrt{\frac{s_1^2}{n-1}} \tag{5-78}$$

式中：

$$s_1^2 = \sum_{i=1}^{n} [\varepsilon^{(0)}(i) - \overline{\varepsilon^{(0)}}]^2 \tag{5-79}$$

(5) 计算方差比 c

$$c = \frac{S_1}{S_0} \tag{5-80}$$

(6) 计算小误差概率 p

$$p = \{|\varepsilon^{(0)}(i) - \overline{\varepsilon^{(0)}}| < 0.6745 \cdot S_0\} \tag{5-81}$$

(7) 检验

根据经验，一般精度等级的划分如表 5-5。

预测精度等级划分表 表 5-5

预测精度等级划分			预测精度等级划分		
$p > 0.95$	$c < 0.35$	好	$p > 0.70$	$c < 0.65$	勉强合格
$p > 0.80$	$c < 0.50$	合格	$p \leq 0.70$	$c \geq 0.65$	不合格

通过以上检验，如果相关误差、关联度 ε、小误差概率 p 和方差比 c 都在允许范围之内时，则可用所建模型进行预测，否则应进行残差修正。

（三）预测

GM（1，1）模型经以上检验合格后可用于预测，其预测公式为：

$$\hat{x}^{(0)}(i) = \hat{x}^{(1)}(i) - \hat{x}^{(1)}(i-1) \tag{5-82}$$

式中　　$\hat{x}^{(0)}(i)$——时期预测值；

$\hat{x}^{(1)}(i)$，$\hat{x}^{(1)}(i-1)$——生成数列预测值。

对于数列预测，严格说预测过程不止是只建立一个预测模型，得到一组预测值。而是要建立多个预测模型，得到多组预测值，然后进行分析，从中确定出一个合适的预测模型，以确定一组合适的预测值。

对于一组数列，要建立多个预测模型，是通过对原始数列进行不同的取舍，形成新的数列，即对数列中的数据用不同的组合方式和取舍方式派生出新的数列，对原始数列和派生出来的新数列都建立预测模型，这样就对一个数列建立了多个预测模型。

例如有下述原始数列：

$$x^{(0)} = \{x^{(0)}(1), x^{(0)}(2), x^{(0)}(3), \cdots, x^{(0)}(8)\}$$

对其中的数据可作如下取舍：

$$x_1^{(0)} = \{x^{(0)}(1), x^{(0)}(2), x^{(0)}(3), x^{(0)}(4), x^{(0)}(5)\}$$
$$x_2^{(0)} = \{x^{(0)}(2), x^{(0)}(3), x^{(0)}(4), x^{(0)}(5), x^{(0)}(6)\}$$
$$x_3^{(0)} = \{x^{(0)}(3), x^{(0)}(4), x^{(0)}(5), x^{(0)}(6), x^{(0)}(7)\}$$
$$x_4^{(0)} = \{x^{(0)}(4), x^{(0)}(5), x^{(0)}(6), x^{(0)}(7), x^{(0)}(8)\}$$

这样就形成了四个新数列：$x_1^{(0)}$，$x_2^{(0)}$，$x_3^{(0)}$，$x_4^{(0)}$再加上原始数列，就可建立五个 GM（1，1）模型。

（四）GM（1，1）残差模型

如果按原始数列建立的 GM（1，1）模型检验不合格，则可以用 GM（1，1）残差模型进行修正。同时，也可以用 GM（1，1）残差模型来提高原 GM（1，1）模型的精度。

如有原始数列 $x^{(0)}$，并已建立 GM（1，1）模型

$$\hat{x}^{(1)}(i+1) = \left(x^{(0)}(1) - \frac{u}{a}\right)e^{-at} + \frac{u}{a}$$

由该 GM（1，1）模型可得生成数列 $x^{(1)}$ 的模拟值 $\hat{x}^{(1)}$

$$\hat{x}^{(1)} = \{\hat{x}^{(1)}(1), \hat{x}^{(1)}(2), \cdots, \hat{x}^{(1)}(n)\}$$

记生成数列与其模拟值之差为 ε，则有

$$\varepsilon^{(0)}(j) = x^{(1)}(j) - \hat{x}^{(1)}(j) \tag{5-83}$$

式中　j——开始进行残差修正的原始数列 $x(0)$ 的数据序号；

$\varepsilon^{(0)}(j)$——第 j 个生成数据与其模拟值的偏差。

如果取 $j = t, t+1, \cdots n$ 则残差数列为：

$$\varepsilon^{(0)} = \{\varepsilon^{(0)}(t), \varepsilon^{(0)}(t+1), \cdots, \varepsilon^{(0)}(n)\}$$

为了表示方便，取 $1' = t$、$2' = t+1$、$\cdots$、$n' = t+n$

其生成数列 $\varepsilon^{(1)}$ 为：

$$\varepsilon^{(1)} = \{\varepsilon^{(1)}(1'), \varepsilon^{(1)}(2'), \cdots, \varepsilon^{(1)}(n')\}$$

其中

$$\varepsilon^{(1)}(j) = \varepsilon^{(1)}(j-1) + \varepsilon^{(0)}(j) \quad j = 2', 3', \cdots, n' \tag{5-84}$$

$$\varepsilon(2') = \varepsilon(1') \tag{5-85}$$

对 $\varepsilon^{(1)}$ 建立 GM（1，1）模型有：

$$\hat{\varepsilon}^{(1)}(j+1) = \left(\varepsilon^{(0)}(1') - \frac{u'}{a'}\right)e^{-a'j} + \frac{u'}{a'} \tag{5-86}$$

对式（5-86）求导数得

$$\hat{\varepsilon}^{(0)}(j+1) = (-a')\left(\varepsilon^{(0)}(1') - \frac{u'}{a'}\right)e^{-a'j} \tag{5-87}$$

将式（5-29）与原始数列 $x^{(0)}$ GM（1，1）模型相加，则得 $x^{(0)}$ 的残差修正 GM（1，1）模型

$$\hat{x}^{(1)}(i+1) = \left(x^{(0)}(1) - \frac{u}{a}\right)e^{-ai} + \frac{u}{a}$$

$$+ \delta(i-t)(-a')\left(\varepsilon^{(0)}(1') - \frac{u'}{a'}\right)e^{-a'i} \tag{5-88}$$

式中　$\delta(i-t)$ 为修正参数。

且

$$\delta(i-t) = \begin{cases} 1 & i \geq t \\ 0 & i < t \end{cases}$$

五、模糊预测

影响模糊预测准确性的因素，除了预测变量的随机性以外，还有各种模糊性（模糊概念，模糊信息，人的经验、偏好和信念等）。模糊数学为处理这些模糊性提供了手段。

(一) 模糊数学中的一些基本概念

1. 模糊集合与隶属度

用 x 表示所研究的某类对象的集合,称之为论域。设 A 为 X 的任一子集。对任一 $x \in X$,要么 $x \in A$,要么 $x \notin A$,二者必居其一,且只居其一。A 的特征函数是:

$$\mu_A(x) = \begin{cases} 1 & \text{当 } x \in A \text{ 时} \\ 0 & \text{当 } x \notin A \text{ 时} \end{cases}$$

它只允许取两个值 1 和 0,分别表示 $x \in A$ 和 $x \notin A$。

但是,有很多事物本身就是模糊不清的,我们很难简单地只用"是"或"非"来说明。例如,"年轻"与"年老"、"坚强"与"软弱"、"好"与"坏"都是如此。如果把这些概念的外延看成是集合的话,那么,这样的集合就是模糊集合。

要表示一个模糊集合 A,必须对任一 $x \in X$,说明 x 属于 A 的程度,称之为 x 对 A 的隶属度,用 $\mu_A(x)$ 表示。它是定义在论域 X 上,取值于闭区间 $[0, 1]$ 的函数,故亦称为模糊集合 A 的隶属函数。$\mu_A(x) = 1$ 表示 x 肯定属于 A;$\mu_A(x) = 0$ 表示 x 肯定不属于 A;$\mu_A(x)$ 的值越接近于 1,x 属于 A 的程度就越高。因为模糊集合与其隶属函数一一对应,所以我们干脆就把模糊集合与其隶属函数等同起来。

对于有限论域 $X = \{x_1, x_2, \cdots, x_n\}$ 上的模糊集合 A,可以分别指定每一元素的隶属度。这时,我们可以把 A 表示为:

$$A = \frac{\mu_A(x_1)}{x_1} + \frac{\mu_A(x_2)}{x_2} + \cdots + \frac{\mu_A(x_n)}{x_n}$$

这里的"—"并非表示分数线或者除号,只是一种特殊的符号,表示它下面的那个元素的隶属度就是它上面的那个数值。

贴近度表明两个模糊集合之间的贴近程度。它的规定具有一定的任意性,例如,对于论域上的模糊集合 A 和模糊集合 B 可以定义其贴近度为:

$$\sigma(A, B) = \left[\bigvee_{x \in X} (\mu_A(x) \wedge \mu_B(x)) \right] \wedge \left[1 - \bigwedge_{x \in X} (\mu_A(x) \vee \mu_B(x)) \right] \quad (5\text{-}89)$$

其中 $\wedge$ 和 $\vee$ 分别表示取小和取大这两种运算,即对任何实数 a, b,

$$a \wedge b = \min(a, b)$$
$$a \vee b = \max(a, b)$$

2. 最大隶属原则和择近原则

一般地说,最大隶属原则可表述如下:设 $\{A_1, A_2, \cdots A_n\}$ 是标准模型库,其中每个 A_i 都是论域 X 上的模糊集合,对于任一 $x \in X$,如果

$$\mu_{A_{i_0}}(x) = \max_{1 \leq i \leq n} \mu_{A_i}(x)$$

则称 x 相对属于模型 A_{i_0}。

类似地,择近原则就是:仍设 $\{A_1, A_2, \cdots A_n\}$ 是标准模型库,对同一论域上的任一待识别的模糊集合 B,如果它与 A_{i_0} 最贴近,即

$$\sigma(B, A_{i_0}) = \min_{1 \leq i \leq n} \sigma(B, A_i)$$

则称 B 相对来说靠近 A_{i_0}。

3. 模糊数

例如,我们说一个数约等于 5 是什么意思?"约等于 5"是论域 R(全体实数的集合)

上的一个模糊集合，5 的隶属度为 1，越远离 5 其隶属度越小，$x \to \infty$ 时其隶属度应趋向于 0。隶属度的规定也具有一定的任意性。这样的模糊集合叫做模糊数。

通常使用的模糊数有两种：

三角模糊数 $t(a, \sigma)$，其隶属函数为：

$$t(a,\sigma)(x) = \begin{cases} 1 - \dfrac{|x-a|}{\sigma} & \text{当 } a-\sigma \leq x \leq a+\sigma \text{ 时} \\ 0 & \text{其他} \end{cases} \quad (5\text{-}90)$$

a 和 σ 为两个参数，$\sigma > 0$，a 是被模糊的数，σ 反映着模糊程度。

正态模糊数 $n(a, \sigma)$，其隶属函数为：

$$n(a,\sigma)(x) = e^{-\left(\frac{x-a}{\sigma}\right)^2} \quad (5\text{-}91)$$

参数 a 和 σ 有与上面类似的意义（$\sigma > 0$）。

对于三角模糊数，规定加法与数乘法运算如下：

$$t(a_1, \sigma_1) + t(a_2, \sigma_2) = t(a_1+a_2, \sigma_1+\sigma_2)$$
$$c \cdot t(a, \sigma) = t(ca, c\sigma) \quad (c \text{ 为常数})$$

正态模糊数加法与数乘法运算类似定义。

我们可以证明，在利用公式 (5-89) 定义的贴近度的意义下，两个三角模糊数 $t_1 = t(a_1, \sigma_1)$，$t_2 = t(a_2, \sigma_2)$ 的贴近度

$$\sigma(t_1, t_2) = \begin{cases} 1 - \dfrac{|a_1-a_2|}{\sigma_1+\sigma_2} & \text{当 } |a_1-a_2| < \sigma_1+\sigma_2 \text{ 时} \\ 0 & \text{其他} \end{cases} \quad (5\text{-}92)$$

二正态模糊数 $n_1 = n(a_1, \sigma_1)$，$n_2 = n(a_2, \sigma_2)$ 的贴近度

$$\sigma(n_1, n_2) = e^{\left(\frac{a_1-a_2}{\sigma_1+\sigma_2}\right)^2} \quad (5\text{-}93)$$

（二）模糊多项式趋势曲线拟合时间序列数据

设已取得 n 期数据 (t, x_t) $(t = 1, 2, \cdots, n)$，我们用 k 次多项式

$$\hat{x}_t = \beta_0 + \beta_1 t + \beta_2 t^2 + \cdots + \beta_k t^k$$

拟合它，但这里 β_i $(i = 0, 1, \cdots, n)$ 是模糊数，然后利用它对未来进行预测。其步骤如下：

1. 获取模糊数据

如果 x_t 是普通数，应将它们模糊化，方法可以灵活采用，例如，令

$$u_t = \begin{cases} \max\{x_{t-1}, x_t, x_{t+1}\} & \text{当 } t = 2, 3, \cdots, n-1 \text{ 时} \\ \max\{x_1, x_2\} & \text{当 } t = 1 \text{ 时} \\ \max\{x_{n-1}, x_n\} & \text{当 } t = n \text{ 时} \end{cases} \quad (5\text{-}94)$$

$$v_t = \begin{cases} \min\{x_{t-1}, x_t, x_{t+1}\} & \text{当 } t = 2, 3, \cdots, n-1 \text{ 时} \\ \min\{x_1, x_2\} & \text{当 } t = 1 \text{ 时} \\ \min\{x_{n-1}, x_n\} & \text{当 } t = n \text{ 时} \end{cases} \quad (5\text{-}95)$$

$$a_t = \frac{1}{2}(u_t + v_t) \qquad c_t = \frac{1}{2}(u_t - v_t) \quad (5\text{-}96)$$

将模糊化为三角模糊数 $t(a_t, c_t)$，即

$$x_t(x) = \begin{cases} 1 - \dfrac{|x - a_t|}{c_t} & \text{当 } v_t \leq x \leq u_t \text{ 时} \\ 0 & \text{其他} \end{cases} \quad (5\text{-}97)$$

这样做可抵消一些随机因素。

2. 估参

系数 $\hat{\beta}_j$ 也采用三角模糊数的形式：

$$\hat{\beta}_j = t(\beta_j, s_j),$$

即：

$$\hat{\beta}_j(x) = \begin{cases} 1 - \dfrac{|x - \beta_j|}{s_j} & \text{当 } \beta_j - s_j \leq x \leq \beta_j + s_j \text{ 时} \\ 0 & \text{其他} \end{cases} \quad (5\text{-}98)$$

这时，$\hat{x}_t$ 也是三角模糊数：

$$\hat{x}_t = \left(\sum_{j=0}^{k} \beta_j t^j, \sum_{j=0}^{k} s_j t^j \right)。$$

于是，我们的任务是估计参数 β_j 和 s_j $(j = 0, 1, 2, \cdots, k)$。

选取 β_j，s_j 的原则是：

在 x_j 与 $\hat{x}_t$ 的贴近度不小于一个给定值 $1 - \delta$ 的条件下，使系统的总模糊度

$$s = \sum_{j=0}^{k} \omega_j s_j$$

最小，其中 ω_j 为 s_j 的权重，可由预测者指定或用其他方法获取。

依公式 (5-92)，x_j 与 $\hat{x}_t$ 的贴近度为：

$$\sigma(x_t, \hat{x}_t) = 1 - \dfrac{\left| a_t - \sum_{j=0}^{k} \beta_j t^j \right|}{c_t + \sum_{j=0}^{k} s_j t^j}$$

于是，问题归结为线性规划问题

$$\min s$$
$$\sigma(x_t, \hat{x}_t) \geq 1 - \delta$$

即
$$\min \ s = \sum_{j=0}^{k} \omega_j s_j \quad (5\text{-}99)$$

$$\begin{cases} \sum_{j=0}^{k} t^j \beta_j - \delta \sum_{j=0}^{k} t^j s_j \leq a_t + \delta c_t \\ \sum_{j=0}^{k} t^j \beta_j + \delta \sum_{j=0}^{k} t^j s_j \geq a_t - \delta c_t \quad (t = 1, 2, \cdots, n) \\ s_j \geq 0 (j = 0, 1, \cdots, k) \end{cases} \quad (5\text{-}100)$$

可用单纯形法求其最优解。

3. 预测

将预测期的 t 值代入到已估计出系数的模糊多项式

$$\hat{x}_t = \hat{\beta}_0 + \hat{\beta}_1 t + \hat{\beta}_2 t^2 + \cdots + \hat{\beta}_k t^k$$

中，即得预测值 $\hat{x}_t$。$\hat{x}_t$ 也是一个三角模糊数。

思考题与习题

1. 什么是经济预测？
2. 经济预测要遵循哪些原则和原理？
3. 经济预测分为多少类？
4. 试说出经济预测的几种定性研究方法。
5. 试说出经济预测的几种定量研究方法。
6. 趋势预测的原理是什么？
7. 时间序列有哪几种模式？
8. 已知时间序列前 15 期的值如表 5-6 所示，配合以修正指数曲线。分别用二次回归法、求和法估参，并预测下一期的值。

表 5-6

42	55	63	71	78
80	85	89	90	92
84	95	96	97	98

9. 已知时间序列前 9 期的值如表 5-7 所示。

表 5-7

| 0.83 | 1.40 | 2.26 | 3.75 | 6.10 |
| 9.60 | 15.00 | 23.00 | 33.20 | |

配合以逻辑曲线，试用求和法估参，并预测下一期的值。

第六章 风险管理

第一节 风险管理概述

一、风险（Risk）

所谓风险，是指人们从事某项活动中，在一定时间内给人类带来的危害。这种危害不仅取决于事件发生的频率，而且与事件发生后造成的后果大小有关，所以通常把风险 R（risk）定义为风险事件发生的概率 P（Probability）和事件后果 C（Consequence）的乘积，即：

$$风险值 = 风险发生概率 \times 风险后果$$

$$R = \sum_{i=1}^{n} P_i \times C_i \tag{6-1}$$

式中 R——风险事件的风险值；

P_i——该风险事件可能出现各类风险事故的概率；

C_i——该风险事件可能出现各类风险事故的后果指数。

风险又可分为企业风险（或称个人风险）和社会风险两类。企业风险是指在一定的时间内由于发生了某一确定的事件而给企业带来的损失，社会风险是指发生了某一确定事件后给社会带来的损失。

应该注意的是危险，危险是风险存在的前提，危险可定义为"可产生潜在损失的特征或一组特征"。危险事件包括：人员伤亡、财产损失、对环境的破坏、对生产的影响等不愿意发生的事件。危险转变为现实的概率的大小及损失严重程度的综合称为风险。危险是无法改变的，而风险却在很大程度上可随人们的意志而改变。也就是说，按照人们的意志可以改变事故发生的概率，控制事故损失的程度。通常的做法是把风险限定在一定的水平上，然后研究影响风险的各种因素，通过优化找出最佳的投资方案。

二、风险管理（Risk Management）

风险管理是20世纪20年代前后从美、德等国发展起来的管理方法，是项目管理的一个组成部分。项目风险管理是在经济学、管理学、行为科学、运筹学、概率统计、计算机科学、系统论、控制论等学科和现代工程技术的基础上形成的边缘学科。综观几十年风险管理科学的发展历程，风险管理呈现出研究领域和研究范围不断扩大的趋势。目前理论研究的热点是在风险评价的方法上，风险评价的方法一般采用半定量化方法，且尚无成熟的方法。

发达国家在工程建设领域开展风险管理的研究和实践始于20世纪五六十年代，伴随着西方社会战后重建，投资大量增加，巨大的投资促使管理者加强对众多的项目不确定因素的管理。

风险管理受到欧美各国的普遍重视，其研究内容逐步向系统化、专业化方向发展。特别是 20 世纪 80 年代以后，研究内容开始涉及工程保险、地质及环境不确定风险、费用超支风险、工期延误中的责任、技术风险和设计风险等领域。不少国家和地区，在各种工程项目的建设中引用风险管理技术及工程保险计划措施并取得了显著成效。如香港地铁工程及海底隧道工程、福克兰群岛机场及军事设施、德国克伦大桥工程、科威特高速公路工程、博思普鲁斯大桥以及马来西亚水利发电工程和莱索高原水力发电工程等等。

20 世纪 80 年代中期，项目风险管理被介绍到中国，应用于大型工程项目的管理之中，如上海地铁项目、广州地铁项目以及三峡水利枢纽工程等。

第二节 风 险 分 析

一、风险分析及方法综述

风险分析是近 20 年发展起来的一门综合性边缘学科。风险分析技术最早起源于可靠性分析技术，现在已广泛应用于各门学科，如医学、保险学、政治、商业、工程、心理等。在西方，风险分析已形成一门独立的学科，有专门的组织机构（RIMS）、专业的期刊杂志以及相关网站。

1980 年，美国风险分析协会（The Society for Risk Analysis, SRA）成立，其后，有许多风险分析协会的分支机构相继成立，其中比较有代表性的有欧洲分会，1988 年欧洲分会在奥地利成立（The European Section of the Society for Risk Analysis），当时的成立大会主要吸引了社会科学家和政策分析家。目前在欧美发达国家开展的比较广泛。在发展中国家，直到 20 世纪 80 年代定量的风险分析几乎还不存在。

目前主要的风险分析方法有：

（一）智暴法（Brainstorming）

智暴法是通过专家间的相互交流，在头脑中进行智力碰撞，产生新的智力火花。它可以在一个小组内进行，也可以由单人完成。若采取小组开会讨论的方式，5 人左右参加为宜，开会时为避免参加人的思想压力，直接领导应回避。开会时所讨论的问题应比较简单，如可提出这样的问题：某项工程施工中，可能遇到哪些风险，风险的发生概率和危害程度如何。如果所讨论的问题涉及面较广，所包含的因素太多，应事先将问题进行分解，使问题明晰简单化之后，再采用此办法。这种办法是一种重要的专家调查法，工程风险判断的基础数据往往通过这种方式获取。

（二）德尔菲法（Delphi）

德尔菲法是美国兰德公司于 1964 年首先用于技术预测的，德尔菲是古希腊传说中的神谕之地，城中有座阿波罗神殿可以预测未来，因而借用其名。德尔菲法为克服专家会议易受心理因素影响的缺点，以匿名方式通过几轮函询征求专家意见，对每一轮专家意见用统计方法进行汇总后，将反馈材料发给每个专家，供他们分析判断，提出新的论证，如此多次反复，专家意见日趋一致。目前德尔菲法在国内外的风险分析研究中大量被使用。

（三）统计和概率分析方法（Statistics and Probability）

也称为解析方法，它借助于一些典型的概率分布函数，如三角分布、威布尔分布、正态分布、伽玛分布等，估计风险因素，并运用概率数理统计的知识，计算整个系统的风险程度。当考虑的风险因素较多时，用这种方法计算十分困难，需借助于计算机的帮助。

(四) 蒙特卡洛模拟技术 (Monte-carlo Simulation)

该法可看成是在计算机上模拟实际概率过程，是基于对事实或假定的大量数据的反复试验。已知各输入变量的概率分布，用一个随机数发生器来产生具有相同概率的数值，赋值给各个输入变量，计算出各输出变量。50～300次之后，输出的分布函数就基本收敛了。此法的精度和有效性取决于仿真计算模型的精度和各输入量概率分布估计的有效性，适用于变量较多情况下风险辨识和估计。此法可用来解决难以用解析方法求解的复杂问题，具有极大的优越性，已成为当今风险分析的主要工具之一。

(五) 外推法 (Extension)

外推法包括前推法、后推法和旁推法。前推法是由历史来推断未来可能发生的事件；后推法是在无历史资料的情况下，由可能发生的原因推断结果；旁推法是由别人的结果来推断。外推法的实质是利用某种函数分析描述预测对象的发展趋势，实际常用的函数模型有多项式模型、指数曲线、生长曲线和包络曲线等。

(六) 敏感性分析法 (Sensitive Analysis)

敏感性分析是一种用来考察某一变量的变化对其他变量所造成影响的决策模型技术，它不是对风险定量，而是找出哪些因素对风险敏感。通过敏感性分析，可以找出对项目结果最有影响的主要因素，缩减需考虑的主要变量。

(七) CIM 模型 (Controlled Interval and Memory Models 控制区间和记忆模型)

Chapman and Cooper (1983) 提出了 CIM 模型，解决了概率分布叠加问题，包括串联响应模型和并联响应模型，是进行串并联联结变量的概率分布叠加的有效方法。CIM 模型用直方图代替了变量的概率分布，用和代替了概率函数的积分，可以通过缩小叠加变量的概率区间来提高叠加结果的精度，可以方便地获取风险因素概率分布。该模型不仅可以解决变量间相互独立的问题，而且可以解决变量间具有相关性的问题。《三峡工程投资风险分析理论与方法研究》中运用了此种方法，将项目总成本划分为一级子成本、二级子成本、三级子成本直至基础项目成本，用专家调查法辨识出最低级成本项目风险的概率分布，然后各成本项目风险的概率依次叠加，求出总成本项目风险的概率分布。

(八) 层次分析法 (Analytic Hierarchy Process 简称 AHP)

层次分析法本质上是一种决策思维方式，它把复杂的问题分解为各组成因素，将这些因素按支配关系分组以形成有序的递阶层次结构，通过两两比较判断的方式确定每一层次中因素的相对重要性，然后在递阶层次结构内进行合成，得到决策因素相对于目标的重要性的总顺序。

(九) 模糊数学法 (Fuzzy Set)：

大多数的风险因素是不确定的、模糊的，用经典数学难以计算，而运用模糊数学的知识，可以用数学的语言去准确地描述风险因素对系统的影响程度，建立数学评价模型，得出其精确解。正是因为它的这一特点，这一方法目前在工程风险领域中大量被采用。

(十) 事件树法 (Event Tree Analysis 简称 ETA)

事件树分析是从分析事故的起因事件概率开始，按照系统构成要素的排列次序，每一事件都按成功和失败两种状态，逐步求出因失败而造成事故的发生概率。决策树是一种特殊的事件树。

(十一) 事故树法 (Fault Tree Analysis 简称 FTA)

又称故障树法，它是一种演绎地表示事故发生原因及其逻辑关系的有向逻辑树，由各种事件符号和连接它们的逻辑门组成。这种方法既能进行定性分析，也能进行定量分析。定性分析时，按事故树结构，列出布尔表达式，求出最小割集和最小径集，确定各基本事件的结构重要度大小。定量分析时，先根据调查资料，确定基本原因事件，进而求出各原因事件和顶上事件的发生概率。

（十二）灰色理论（Gray Theory）

灰色理论是华中工学院邓聚龙教授（1982）首先提出的，它将说明客观对象现在状态和过去状态的各种时间序列的数据，按某种方式组合到一起，形成白色数据，再将需要预测的时间序列的数据群当作灰色模块，然后，寻找这两种数据群间的内在联系和发展规律。

（十三）马尔可夫链分析（Markov）

马尔可夫链分析是利用某一系统的现在状态和状态的转移，预测该系统未来的状态的一种方法。它的特点是不需要连续不断的大量历史资料，只需要现在的动态资料就可以预测。

$$X_1 = X_0 P \cdots\cdots X_K = X_{K-1} P \tag{6-2}$$

式中 X_0 为初始状态；P 为动态转移概率；X_K 为系统第 K 步所处的状态。

（十四）人工神经网络方法（ANN）

神经网络作为一种模拟生物神经系统结构的人工智能技术，能够从数据样本中自动地通过学习和训练找出输入和输出之间的内在联系，揭示出数据样本中所蕴含的非线性关系。由于神经网络的这种非线性映射能力以及对任意函数的一致逼近性，近年来，这种方法也被引入风险分析领域。

二、风险辨识

（一）风险辨识的一般步骤

在进行风险辨识之前，首先应该明确进行分析的系统，进行系统界定；然后是将复杂的系统分解成比较简单的容易认识的事物，然后就可以根据收集的资料和分析人员的衡量，采用一定的方法对系统进行风险辨识，找出风险影响因素，具体步骤可描述如图 6-1。

1. 确定系统

明确所分析的系统，并且界定系统的功能和分析范围。

2. 调查收集资料

调查生产目的、工艺过程、操作条件和周围环境。收集设计说明书，本单位的生产经验，国内外事故情报及有关标准、规范、规程及各种基本数据库信息等资料。

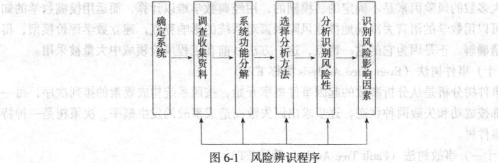

图 6-1 风险辨识程序

3. 系统功能分解

一个系统是由若干个功能不同的子系统组成的，如动力、设备、燃料供应、电力供应、控制仪表、信息网络等，其中还有各种连接结构，同样子系统也是由功能不同的子子系统或部件、元件组成，为了全面分析，按系统工程的原理，将系统进行功能分解，并给出功能框图，表示它们之间的输入、输出关系。功能框图如图6-2所示。

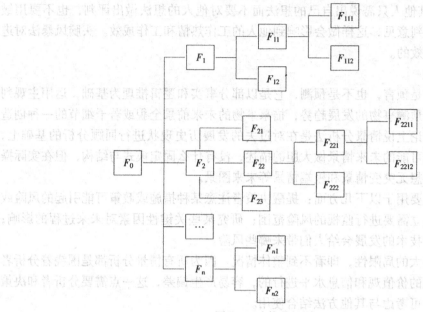

图6-2 功能分解图

4. 选择分析方法

适于风险辨识的方法很多，像失效模式、概率结构力学（PSM）、事故树、能量转换等，这些方法各有所长，分析者应根据自己对各种方法的熟悉程度和具体的分析对象选择适合的分析方法。

5. 分析识别风险性

确定风险类型、风险来源、初始伤害及其造成的风险性，对潜在的风险点要仔细判定。

6. 识别风险影响因素

在分析、识别风险性的基础上，找出具体的风险因素，即风险影响因素，区别主次，从而建立合理的风险评价指标体系。

（二）风险辨识的方法

1. 头脑风暴法

头脑风暴法又称智暴法，它是在解决问题时常用的一种方法，具体来说就是团队的全体成员自发地组织在一起，并尽可能多提出自己的主张和想法。进行头脑风暴法时能使参与者头脑活跃、思维敏捷，想出平时想不到的东西。利用头脑风暴法解决风险辨识问题，得到的风险因素会很全面。

头脑风暴法更注重想出因素的数量，而不是质量。这样做的目的是要参与者想出尽可能多的风险因素，鼓励成员有突破常规的想法。

头脑风暴法的做法是：当进行风险因素辨识时，由其中的一个人员做记录，其他的人开动大脑提出自己认为可能引起风险发生的一些因素。有些人会受到前面其他人的提法的启发，想出新的风险因素。记录人员会把大家提出来的风险因素记录下来。这一过程一直进行，直到大家都想不出新的风险因素为止。

应用头脑风暴法时要注意，任何参与者不要进行讨论和判断性评论。一个成员说出他（她）的想法后，其他人只需说出自己的想法而不要对他人的想法做出评判，也不要用皱眉等形式来表达评判意见，这样做会影响到他人的工作热情和工作成效。头脑风暴法对进行风险辨识是很有效的。

2. 情景分析法

情景本身既不是预言，也不是预测，它是以部分事实和逻辑推理为基础，运用主观判断、推测、猜想来预测事物的发展趋势，描摹事物的未来前景全貌或若干细节的一种创造性的研究方法。理论上说情景分析法是在对过去的发展历史现状进行回顾分析的基础上，通过主观推测，对可能的未来情景做大胆的描述，没有什么固定模式与结构，但在实际操作中，大多采用构想无突变情景和极端情景等未来图景。

情景分析法主要用于以下几方面：提醒决策者注意某种措施或政策可能引起的风险或危机性的后果；建立需要进行监视的风险范围；研究某些关键性因素对未来过程的影响；提醒人们注意某种技术的发展会给人们带来哪些风险。

这种方法有很大的局限性，即看不到整体情况。因为所有情景分析都是围绕着分析者当前的考虑、实现的价值观和信息水平进行的，容易产生偏差，这一点需要分析者和决策者有清醒的估计，可考虑与其他方法结合使用。

3. 专家调查法

专家调查法，又称德尔菲法（Delphi），它对风险因素的识别是以专家的知识、经验、知觉和判断力为基础的。采用该法进行风险识别的基本程序如下：

① 由进行风险分析的人员制定调查表，列出所能想到的风险因素，并预留一定的空格，由专家补充他（她）认为可能引起风险发生的但调查表中未列出的风险因素；

② 邀请多名专家，发给调查表，请专家在调查表上填写自己的意见；如，可划去表中不重要的风险因素，可添加表中没有的风险因素；

③ 收回调查表，并进行汇总、整理，将整理结果作为参考资料再发给各专家，供他们分析判断，提出新的意见；

④ 如此反复多次，专家的意见渐趋一致，使最终的风险辨识结果越来越合理。

三、风险估计

（一）三种风险估计方法的定义

风险估计应包含事件发生的概率和关于事件后果的估计两个方面。基于客观概率对风险进行估计就是客观估计；基于主观概率进行估计就是主观估计；部分采用客观概率、部分采用主观概率所进行的风险估计称之为合成估计。

在风险估计中虽然常用主观估计，本研究尽量设法增加客观估计的份量，尽量向客观估计过渡。实际进行的大量估计是介于二者之间的行为估计。由决策或专家对事件的概率做出一个主观估计，就是主观概率。主观概率是用较少信息量做出估计的一种方法。常用的定义是：根据对某事件是否发生的个人观点，用一个0到1之间的数来描述此事件发生的可能性，此数即称为主观概率。这种主观估计并不是不切实际的胡乱猜测，而是根据合理的判断、搜集到的信息及过去长期的经验进行的估计，将过去的经验与目前的信息相结合，通常就可得出合理的估计值。一旦概率估计出来，即使它的科学依据不足，其数值也可当作客观概率来使用。可以将主观概率看作是客观概率的近似值加以使用。并正在研究许多方法以增加主观估计的准确性和客观性。

通常，影响风险事件的因素较多，且具有不确定性。故关于事件发生概率的客观估计与主观估计实际上是两种极端情况，更为大量的是中间情况。这些中间情况的概率不是直接由大量试验或分析得来的，但也不是完全由某个人主观确定的，而是两者的"合成"，处于中间状态的概率，称为"合成概率"。

关于事件后果的估计同样有主观与客观之分。当其后果价值是可直接观测时称为客观后果估计。主观后果估计则是由某一特定风险承担者本人的个人价值观和情况所决定的，对同一结果，比较保守的人和比较激进的人估计会大不一样。在对后果主观估计与客观估计之间称为"合成后果估计"，即在考虑客观估计或主观估计的同时要对当事者本人的行为进行研究和观测，反过来对主观估计和客观估计做出修正。因为任何风险的估计都是由一定的人来做出的，所以研究后果估计就显得十分重要，需要具备行为科学和心理学方面的知识。

（二）三种风险估计的关系

图 6-3 中给出了发生概率及后果的估计方法与各种风险的关系。图中横轴表示事件发生概率的估计，纵轴表示其后果的估计，两者合成为风险。这样，客观概率与客观后果估计会成为客观风险。迄今为止，多数的风险分析研究工作都集中在客观风险上，因为这种风险最容易确定和测量。包含有合成概率和行为估计的风险称作行为风险，在这种风险估计中，包含有当事人的行为表现。所有其他包含有主观概率和主观后果估计的风险都是主观风险。

根据大量统计资料可知，客观风险的概率及后果估计均最小，而主观风险的概率及后果估计为最大，如图 6-3 所示。

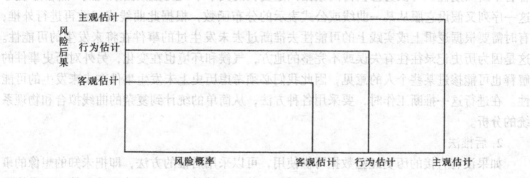

图 6-3　三种估计与三种风险关系

传统的风险估计都是用科学实验和测量的方法去计算客观概率，近年来，像在整个决策科学当中一样，越来越多的人开始注意并研究当事人的表现和作用，因而关于合成概率的研究得到迅速发展，而对行为后果估计的研究也在行为科学中占据着重要的位置。但在实际的社会决策中却常依赖于主观概率估计，当事人的感情和意志常优先于客观的科学知识,这种情况在国内外都是屡见不鲜的。科学的客观估计更符合事实,它应当成为政府和领导决策的依据,这就要求决策者要重视和依赖客观估计。

(三) 直觉判断

主观估计的历史可能与人类社会的历史一样长,社会上流传的算命、看风水、看手相等都算作主观估计,这些估计都是以"上天"或"神仙"的名义出现的。随着科学的发展,这种估计方法越来越没有市场了,有些则作为迷信是违法的。

直觉判断是主观估计的一种方式,常表现为某些个人对风险发生的概率及其后果做出迅速的判断。有时连估计者本人都很难解释为什么他会做出这一判断或为什么这一判断是正确的。Wstcott描述直觉判断是"根据比通常为得出某一结论所需要的显式信息要少的信息量做出结论的过程"。对于那些不能进行多次试验的事件,如重大的工程项目所具有的各种风险等,直觉判断常常是一种可行的办法。我们不能一概排斥。当一个人进行判断时,他实际上是在运用他长期积累的各方面的经验,但这些丰富的信息还不能明确地或显式地表达出来,而是一种隐式信息。但这并不妨碍他的判断可能是正确的。当然,直觉判断出偏差的可能性也是很大的。近些年来科学家们正在从各个方面探讨减少这些偏差的程序和方法。

(四) 外推法

外推法(Extrapolation)是合成估计的一种方法,在风险估计中是十分有效的方法。外推法可分为前推、后推和旁推。

1. 前推法

前推就是根据历史的经验和数据推断出未来事件发生的概率及其后果。这是经常使用的方法。例如要建立一个输油泵站,需要考虑大雨成灾的风险。为此,可以根据这一地区水灾事件的历史记录进行前推。如果历史记录呈现明显的周期性,那么外推可认为是简单的历史重现,也可以是将历史数据系列投射到未来风险的估计;有时不能预见水灾发生的确定时间,只能根据历史数据估计出重现期的概率;有时由于历史数据往往是有限的,或者看不出周期性,可认为已获得的数据只是更长的关于水灾历史数据系列的一部分;关于这一序列又假设它服从某一曲线或公式表示的分布函数,根据此曲线或函数再进行外推;有时需要根据逻辑上或实践上的可能性去推断过去未发生过的事件在将来发生的可能性。这是因为历史记录往往有失误或不完整的地方,气候和环境也在变化,另外对历史事件的解释也可能掺进某些个人的意见,因此我们必须考虑历史上未发生事件在未来发生的可能性。在进行这一推断工作时,要采用各种方法,从简单的统计到复杂的曲线拟合和物理系统的分析。

2. 后推法

如果没有直接的历史经验数据可供使用,可以采用后推的方法,即把未知的想像的事件及后果与某一已知的事件及其后果联系起来,这也就是把未来风险事件归算到有数据可查的造成这一风险事件的一些起始事件上。在时间序列上也就是由前向后推算。如对于水灾这一例子,如果没有关于水灾的直接历史数据可查,可将水灾的概率与一些水文数据如年降水量等联系起来考虑。考虑到某一地区已有的或设计的排水条件,根据降水量的数据,我们可估算出足以引起一定大小水灾的"假想的大雨",再根据此假想大雨的概率,即可对水灾风险做出估计。

3. 旁推法

旁推法就是利用不同的但情况类似的其他地区或情况的数据对本地区或情况进行外推，例如可以收集一些类似地区的水灾数据以增加本地区的数据，或者使用类似地区一次大雨的情况来估计本地区的水灾风险等。应当说，旁推法我国早已在采用，在进行风险较大的实验时，我们常采用的"试点"、"由点到面"的方法，也是旁推法的一种。用从某一地区或单位取得的数据，去预测其他地区或单位的表现，这也是一种风险估计的方法。

第三节 风 险 评 价

在风险分析的基础上，需要根据相应的风险标准，判断该系统的风险是否可被接受，是否需要采取进一步的安全措施，这就是风险评价过程中要完成的工作，在此过程中首先要有一个风险标准即参照系。在大型工程项目的风险评价中，我们一般采用"最低合理可行（As Low As Reasonable Practicable，ALARP）"的原则。

一、ALARP 原则含义

ALARP（As Low As Reasonable Practicable，最低合理可行）原则的意义是：任何工程系统都是存在风险的，不可能通过预防措施来彻底消除风险；而且，当系统的风险水平越低时，要进一步降低就越困难，为此，所花费的成本往往呈指数曲线上升。也可以这样说，安全风险改进措施投资的边际效益递减，趋于零，最终为负值。因此，必须在工程系统的风险水平和成本之间做出一个折衷。为此，实际工作人员常把"ALARP 原则"称为"二拉平原则"，ALARP 原则可用图 6-4 来表示。

风险评价的"ALARP 原则"包括：

（1）对工程系统进行定量风险评估，如果所评估出的风险指标在不可容忍线之上，则落入不可容忍区。此时，除特殊情况外，该风险是无论如何不能被接受的。

（2）如果所评估出的风险指标在可忽略线之下，则落入可忽略区。此时，该风险是可以被接受的，无需再采取安全改进措施。

（3）如果所评估出的风险指标在可忽略线和不可容忍线之间，则落入"可容忍区"，此时的风险水平

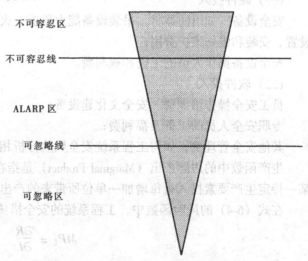

图 6-4 风险评价的"最低合理可行"原则

符合 ALARP 原则。此时，需要进行安全措施投资成本——风险分析（Cost—Risk Analysis），如果分析结果能够证明：进一步增加安全措施投资，对工程系统的风险水平降低贡献不大，则风险是"可容忍的"，即可以允许该风险的存在，以节省一定的成本。例如，美国核管理委员会出（NRC）法规中 RG1.115 的《轻水型核动力堆放射性废物处理的成本——效用分析》一书中指出："申请建造轻水型核动力堆的当事人必须在其代价——利益

分析报告中表明其放射性废物处理系统已设计完善到这种程度,即如需进一步减少该反应堆厂址周围50英里半径内居民的群体(集体)剂量,则该处理系统的成本将提高到每年减少每人一雷姆花费1000美元以上,或每人一甲状腺雷姆需花费1000美元以上(或表明只有在特殊情况下才能以低于此种代价实现这一目标)。"

二、ALARP 原则的经济本质

同工程系统的生产活动一样,采取安全措施、降低工程系统风险的活动也是经济行为,同样服从一些共同的经济规律。在经济学中,主要用生产函数理论来描述和解释工程系统的生产活动;下面将建立与生产函数类似的风险函数,用来描述和解释工程安全生产,并在此基础上根据边际产出变化规律来分析 ALARP 原则的经济本质。

经济学中的生产函数(Production Function)是指生产过程中生产要素投入和产出之间的数量关系的数学表达式,其一般形式为:

$$x = f(I_0) = f(A_1, A_2, \cdots A_n) \tag{6-3}$$

式中,x 为产出的产品数量,I_0($A_1, A_2, \cdots A_n$)为投入的各种生产要素的数量和其他影响产出数量的因素。

类似地,可以建立风险函数的概念,风险函数是工程安全工作中投入(安全措施投资)和产出(工程系统的风险水平)之间数量关系表达式,可写为:

$$R = f(I) \tag{6-4}$$

其中产出 R 为工程系统的风险水平,可用上一节介绍的相对风险数 R 来度量。投入 I 指工程系统的安全措施投资,包括:

(一)硬件投入

安全设备(如消防器材、吊装设备能力要求、火灾检测系统、电力、仪器等)的合理设置、安装和维修维护费用;

安全设备操作人员的工资和福利费。

(二)软件投入

员工安全操作培训费、安全文化建设费;

专职安全人员的工资及福利费;

其他安全管理费,如与工程系统安全风险分析相关的科研经费等。

生产函数中的边际产出(Marginal Product)是指在其他生产要素投入量不变的情况下,某一特定生产要素投入量每增加一单位所带来的产出增加量。

在式(6-4)的风险函数中,工程系统的安全措施投资 I 的边际产出为:

$$MP_1 = \frac{\partial R}{\partial I} \tag{6-5}$$

在经济学的生产函数理论中,一般认为生产要素的边际产出服从先递增、后递减的规律,而式(6-5)的风险函数也服从此规律,工程系统的安全措施投资 I 的边际产出函数图形如图 6-5(a)所示,在 OA 段,边际产出递增;超过 A 点后,边际产出递减。

关于生产要素的边际产出变化规律,在经济学理论中一般是用规模收益规律来解释的。下面将依据规模收益规律对式(6-5)的风险函数的边际产出变化规律进行解释:

初期,工程系统的安全措施投资 I 的边际产出递增的原因是安全措施投资的规模收益递增。规模收益递增的原因有:

(1) 技术与管理的整体性和不可分性 (Indivisibility)。即成套的集成安全控制系统肯定要比零敲碎打的安全设施的效率高。

(2) 由于纯的几何维量关系造成。例如对于安全措施中的钢丝绳的强度和更换率，如果将其更换率增加两倍，则其效果肯定是要好于开始。

后来，工程系统的安全措施投资 I 的边际产出递减的原因是安全措施投资的规模收益递减。规模收益递减的原因有：

(1) 随着安全系统规模的扩大，其复杂性迅速增长，变得难以控制和管理，反而导致效率降低。

(2) 时间、空间和其他资源的有限性。例如，浮吊不可能无限制增加起吊能力。

根据边际产出的变化规律，可以导出风险生产函数的图形，如图 6-5 (b) 所示。在图 6-5 (b) 中：

(1) 如果对工程系统不采取任何安全措施，则系统将处于最高风险水平及最低边际产出。

(2) 在 OA 段，工程系统的安全措施投资 I 的边际产出是递增的。显然，在达到 A 点之前，不应停止对工程系统的安全措施的投资。故将 A 点所对应的风险水平 $R_{上限}$ 设为风险上限，即风险水平高 $R_{上限}$ 将是不能被接受的。

(3) 在 AB 段，工程系统的安全措施投资 I 的边际产出是递减的。只要增加安全措施的投资，系统的风险将进一步降低，但作用越来越有限。此时，应进行安全措施投资的成本——风险分析，如果分析结果证明：进一步增加安全措施投资，所降低的风险与所需要的成本相比显得得不偿失，则该风险水平是"可容忍的"。

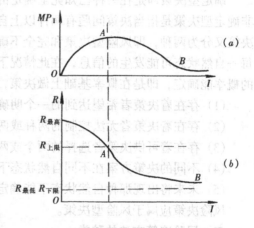

图 6-5 风险函数图 (b) 及其边际产出函数图形 (a)

(4) 在工程系统当前技术状态下，工程系统的风险水平最低为 $R_{最低}$，即无论采取何种安全措施，工程系统的风险水平都不可能再低于 $R_{最低}$。只有对工程系统进行技术升级，才有可能进一步降低工程系统的风险水平。

第四节 风 险 决 策

一、风险决策概述

(一) 决策的含义

一般所谓的决策指人们进行选择或判断的一种思维活动。具体说来，指人们在系统分析的基础上，制定出各种可供选择的方案，决策者采用合理的决策方法选择一个或几个满意（最优）的方案的过程。决策论的创始人赛蒙（Simon）说过，"管理就是决策"，另一种人认为"决策就是做决定"，这两种截然不同的理论，却从不同角度深刻地揭示了决策的基本内容和意义。

风险决策就是针对生产活动中需要解决的特定风险问题，根据风险评价的原则和标准，运用现代科学技术知识和风险管理方面的理论与方法，提出各种风险解决方案，经过分析论证与评价，从中选择最优（满意）方案并予以实施的过程。

"管理就是决策"，所以风险管理主要就是解决风险决策的问题，在风险管理中，面对许多明显或潜在的风险因素，要求风险管理人员必须能统观全局，科学决策，不失时机地做出可行和有效的决策，以期实现风险效益的最优化。

（二）决策的种类

根据决策系统的约束性与随机性原理（即其与自然状态的确定与否）可分为确定型和非确定型决策。如图6-6。

$$决策\begin{cases}确定型决策\\非确定型决策\begin{cases}风险型决策\\完全不确定型决策\end{cases}\end{cases}$$

图6-6 决策的分类

确定型决策即是在一种已知完全确定的自然状态下，选择满足目标要求的最优方案。非确定型决策是指当决策问题有两种以上自然状态，哪种可能发生是不确定的。非确定型决策又分为两种，即风险型决策和完全不确定型决策。完全不确定型决策指没有任何有关每一自然状态可能发生的信息，在此情况下的决策；而风险型决策是指决策问题自然状态的概率能确定，即是在概率基础上做决策，风险型决策问题一般具备如下五个条件：

（1）存在着决策者希望达到的一个明确目标；

（2）存在着决策者无法控制的两种或两种以上的自然状态；

（3）存在着可供决策者选择的两个或两个以上的决策方案；

（4）不同的决策方案在不同自然状态下的损益值可以计算出来；

（5）未来将出现那种自然状态不能确定，但其出现的概率可以估算出来。

风险决策应属于风险型决策。

二、风险决策方法的种类

风险被辨识、估计和分析评价后，就可以考虑对各种风险的处理方法，风险的防范手段有多种多样，主要有以下几种：

（一）风险回避

风险回避即断绝风险的来源。这是彻底规避风险的一种做法。例如风险分析显示房地产市场方面存在严重风险，若采取回避风险的对策，就会做出缓建（待市场变化后再予以考虑）或放弃项目的决策。这样，固然避免了可能遭受损失的风险，同时也放弃了投资获利的可能。因此风险回避对策的采用一般都是很慎重的，只有在对风险的存在与发生，对风险损失的严重性有把握的情况下才有积极意义。所以，风险回避一般适用于以下两种情况：一是某种风险可能造成相当大的损失，且发生的频率较高，属前述的"很大"一类；二是应用其他的风险对策所需的费用超过其产生的效益。

（二）风险控制

这是一种预防与减少风险损失的对策，就辨识出的关键风险因素逐一提出技术上可行、经济上合理的预防措施，以尽可能低的风险成本来降低风险发生的可能性，并将风险损失控制在最小程度。可针对决策、设计和实施阶段提出不同的风险控制措施，以防患于未然。

（三）风险转移

这是试图将项目投资者可能面临的风险转移给他人承担，以避免风险损失的一种方法。转移风险有两种方式：一是将风险源转移出去；二是只把部分或全部风险损失转移出去。就投资项目而言，第一种风险转移方式是风险回避的一种特殊形式。例如将已做完前期工作的项目转给他人投资或将其中风险大的部分转给他人承包建设或经营。第二种风险转移方式又可细分为保险转移方式和非保险转移方式两种。保险转移是采取向保险公司投保的方式，将项目风险损失转嫁给保险公司承担。但是，如何投保才能使保险公司承担的风险大而自己付出的费用最低，是业主应注重研究的事情。

非保险转移方式是项目前期工作涉及较多的风险对策，如采用新技术可能面临较大的风险，可在技术合同谈判中加上保证性条款，如达不到设计能力或设计消耗指标时的赔偿条款等，以将风险损失全部或部分转移给技术转让方。

（四）风险自担

风险自担就是将风险损失留给项目投资者自己承担。这适用于两种情况，一种情况是已知有风险，但由于可能获利而需要冒险时，必须保留和承担这种风险。例如资源勘探和资源开发项目风险很大，但利欲驱使，总有人愿意去干。当然，这要以相当的实力为前提。另一种情况是已知有风险，但若采取某种风险措施，其费用支出会大于自担风险的损失时，常常主动自担风险。这通常适用于风险损失小、发生频率高的风险。

（五）风险分散

这是一种将风险分散给多方承担的风险处理方法。例如银行为了减少自己的风险，只贷给投资项目所需资金的一部分，让其他银行和投资者共担风险。在资本筹集中采用多方出资的方式，也是风险分散的一种方法。

（六）风险合并

就是把分散的风险集中起来以增强风险承担能力。这种风险处理方法，特别适用于高风险行业。例如资源开发和高新技术项目属公认的高风险行业，除以上风险对策外，可采取由政府、行业部门、企业等共同建立风险基金，以将一个企业难以承受的风险合并起来共同承担。

（七）风险修正

是指项目决策时依据用风险报酬率修正过的项目评价指标，权衡了风险和效益两个方面，使决策更为科学合理。例如有A、B两个项目（方案），A方案效益高于B方案，但A方案风险大于B方案。在用风险报酬率修正（效益指标值减去风险报酬率）过以后，A方案的效益就低于B方案了。

需要说明的是，以上所述的风险对策不是互斥的，实践中常常组合使用。比如在采取措施降低风险的同时，并不排斥其他的风险对策，例如向保险公司投保。可行性研究中应结合项目的实际情况，研究并选用相应的风险对策。

项目投资风险分析及防范研究对提高项目的投资效益及投资决策的可靠性具有重要的理论意义和实际意义。

三、风险决策的基本程序

决策本身是一个过程，要做出科学合理的决策，应遵循必要的程序和步骤。在总结一般决策过程的基础上，我们提出的风险决策基本程序如图6-7。

图6-7 风险决策基本程序

（一）确定目标

决策目标就是所需要解决的问题，正确地确定目标是决策分析的关键，风险决策的目标一般寓于生产过程之中，所以风险决策的主要目标就是在生产过程中控制和降低风险，使风险处于可接受水平。

（二）区分目标

控制和降低风险是一个总的目标，对一个具体行业或具体单位来讲，风险控制问题是多方面的。决策目标在尽可能地列出之后，应该把所有目标区分为必须和期望目标。也就是说哪些目标必须达到，哪些目标希望达到，必须区分清楚。

（三）制定对策方案

在目标确定之后进行的技术性论证，其目的是寻求对实施手段与途径的战术性的决策。在这过程中，决策人员应用现代科学理论与技术对达到目标的手段进行调查研究，预测分析，进行详细的技术设计，拟出可供选择的方案。

（四）衡量评价对策方案

各种对策方案制定出以后，就可以根据目标进行衡量。首先根据总目标和指标将那些不能完成必须目标的方案舍弃掉，将那些能够完成必须目标的方案保留下来。再用期望目标去衡量，考虑到每个方案达到每个期望目标值权重，期望值权重大者，其排序相应优先。

（五）备选决策提案

能够达到必须目标，并且对完成期望目标取得较大权重数的一系列对策方案，称为备选决策提案。备选决策提案需要经过技术评价和潜在问题分析，做进一步的慎重研究。由决策者进行选择。

（六）技术评价与潜在问题分析

技术评价一般要考虑备选决策提案对自然和社会环境的各种影响所导致的风险问题，应侧重在风险评估，对系统中固有的或潜在的风险及其严重程度进行分析和评价。因此，对备选决策方案，决策者要向自己提出"假如采用这个方案，将要产生什么样的结果"，"假如采用这个方案，可能导致哪些不良后果和错误"等问题。从一连串的提问中，发现各种可行方案的不良后果，把它们一一列出，并进行比较，以决策取舍。一旦选定决策方案，就决策过程而言，分析问题决策过程已完结，但是要把解决问题的决策付诸实施，可以说还没有完成。

（七）实施与反馈

决策是为了实施，为了使决策方案在实施中取得满意的效果，执行时要制定规划和进程计划，健全机构，组织力量，落实负责部门与人员，及时检查与反馈实施情况，使决策方案在实施中趋于完善并达到期望的效果。

四、风险决策流程图

由于风险决策的重点方案是风险控制，所以我们就事前决策主要考虑风险事件的预防，事后决策考虑风险损失的降低。要用的模型库包括模糊评审法决策和 AHP，具体流程图如图 6-8 所示。

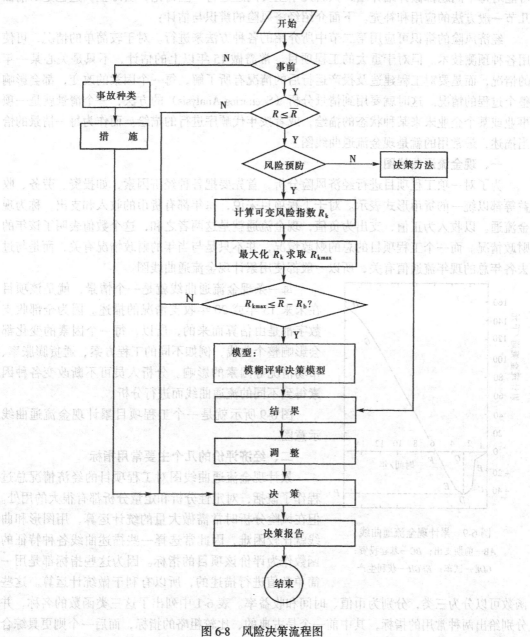

图 6-8　风险决策流程图

图中各参数含义如下：

R——相对风险指数； $\overline{R}$——允许（可接受）风险指数；

R_k——可变相对风险指数； R_b——不可变相对风险指数。

第五节 经济风险分析

经济风险的内容很多，包括投资风险、市场风险、物价风险、利率风险等等。本节不可能对每个问题都做详细介绍，只就几个主要问题进行一些讨论，实际上，这也是对前面几节一般方法的应用和补充。下面介绍经济风险的辨识与估计：

经济风险的辨识可应用第二节中所介绍的各种方法来进行。对于较简单的情况，可使用各种预测技术。但对于重大的工程项目，常需做15年以上的估计，不只是关心某一年的情况，而是要对工程建造及投产运行后的情况有所了解，每一个因素的改变，都会影响整个过程的情况。这时就要用到情景分析（Scenarios Analysis）的方法，一个情景就是一项事业或某个企业未来某种状态的描绘，或者按年代顺序进行的描绘。而作为每一情景的恰当描述，最常用的就是现金流通曲线图。

一、现金流通曲线图

为了对一项工程项目进行经济风险分析，首先要把各种经济因素，如投资、劳务、收益等都以统一的货币形式表示。对于工程项目来说，每年都有货币的收入和支出，称为现金流通。以收入为正值，支出为负值，现金流通就是这两者之和，这个数值表明了该年的财政情况。而一个工程项目的总的财政情况，并不只是与当年的财政情况有关，而是与过去各年总的现年流通值有关，所以一般都使用累计现金流通曲线图。

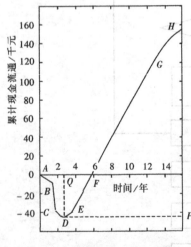

图6-9 累计现金流通曲线
AB—前期支出；BC—基建投资；
CDE—试车；EFGH—获利生产

每一条现金流通曲线就是一个情景，就是该项目在未来15年或20年收支情况的描述。因为全部收支数字都是由估算而来的，所以，每一个因素的变化都会影响整个曲线，例如不同的工程方案、通货膨胀率、市场情况等因素的影响。分析人员可不断改变各种因素得到不同的流通曲线而进行分析。

图6-9所示就是一个工程项目累计现金流通曲线示意图。

二、经济评价的几个主要常用指标

累计现金流通曲线图对工程项目的经济情况总过程作了概括，对定性分析和定量分析都有很大的用处。但在风险分析时常需做大量的统计运算，用图形和曲线就比较困难，因此常选择一些描述曲线各种特征的函数作为评价该项目的指标。因为这些指标都是用一简单数值进行描述的，所以有利于做统计运算。这些函数可以分为三类，分别为币值、时间和收益率。表6-1中列出了这三类函数的名称，并分别给出两种常用的指标，其中前一个是古典的、比较粗略的指标，而后一个则更具综合性，也更实用。现金类和收益率类指标的数值越大，有利程度也越高；相反，时间类指标的数值越小越有利。

经济评价指标　　　　　　　　　　表 6-1

指标类别	计算单位	指标名称
现　金	元、美元、英镑等	现金位值 现值
时　间	年	返本期 等效最大投资周期（EMIP）
收益率	%	投资收益率（ROI） 折现现金流通收益率（DCFR）

在进行风险分析或经济评价时，需计算这些指标的数值，下面解释这些指标的意义及其计算方法，有些在前面章节已经出现的指标，如现值、返本期（投资回收期）、投资收益率等，在这里就不再赘述了。

（一）现金位值

现金位值（Cash Position）是指一个工程项目在某一个时刻的累计现金流通的数值，这些数值可从图 6-9 上直接读出。较常用的是指其服务寿命终了时的累计现金流通数值，此时可称为最终现金位值。图 6-9 所示的工程项目在 15 年之后的净现金位值是 160,000 元。用这个指标可以知道工程项目寿命终了时所能取得的累计现金总额。但是这个指标不能反映投资额和利润率。

现金位值、返本期以及投资收益率等几个指标，只说明了现金流通曲线某一点的特性，没有反映整个曲线的形状。下面介绍的几个指标比较具有综合性，因此也得到了广泛的应用。

（二）等效最大投资期

等效最大投资期（Equivalent Maximum Investment Period，简写为 EMIP）的定义，就是累计现金流通曲线在达到收支平衡点之前所包围的负面积，除以最大累计支出（亦即曲线上最低点的数值），即由此所得的商。由图 6-9 可得：

$$EMIP = \frac{\text{面积 } ABCDEFQA}{QD} = 2.7 \text{ 年} \qquad (6-6)$$

EMIP 同返本期一样，也是一个短期的指标，即只反映收支平衡点之前的情况。但它比返本期说明的问题更多一些，因为它反映了包围的面积和最大累计支出两个因素。它实际上是以最大累计支出的一边的一个具有同样面积的矩形来代表原来的曲线，这也是等效最大周期一词的来由。用它来区分那些返本期相同的工程项目之间的差异。由于 EMIP 忽视了收支平衡点以后现金流通的情况，只在长期预测十分不可靠的时候，或在评价时认为近期现金流通情况十分重要时（例如，在初期进行方案筛选时），才主要采用了这个指标。一个十分可取的 EMIP 值说明，现金流通曲线在收支平衡点时的斜度最大，换言之，这个工程项目很快可开始赢利，是有利可图的。

（三）折现现金流通收益率

从图 6-10 可以看出，如果折现利率从 0（曲线 1）增加到 10%（曲线 2），则净现值从 160,000 元下降到 54,000 元，折现利率增加到 29% 时（曲线 3），净现值下降为零，这 29% 就是该工程项目的 DCFR 值。如果折现利率比这一 DCFR 值还要高，该工程项目的净现值将为负值。

一般来说，可以普遍采用的折现率是实际贷款（或存款）的利率，这就是资金在一般情况下的增长速度。因此，以工程项目的 DCFR 值与一般采用的折现率（即实际贷款利率）相比较，就是以投资的资金在这一工程项目中的增长速度与资金在一般情况下的增长速度相比较，也就是投资于这一工程项目的好处与不投资（例如可将资金存入银行获取利息）或不贷款的好处做比较。DCFR 超过实际贷款利率越多，投资于这一工程项目的好处就越大。

由上述可见，DCFR 上对于工程项目整个过程的总和评价，在进行风险分析时也特别重要，风险越大的工程项目，必须具有较大的潜在的获利性，也就是说，风险越大，预期的 DCFR 也应当越大。例如一般认为：

(1) 现在工厂的技术改造或生产改进，风险是较小的，在评价时其 DCFR 为 15% 左右即可认为可取（当前利率一般为 10% 左右）。

(2) 包括新工艺或新技术的新建工程项目，石油天然气的开发等，其风险比较大，在评价时要求其 DCFR 达到 25% 以上。

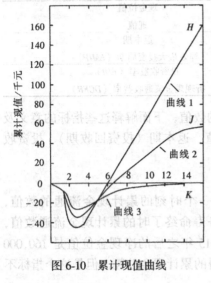

图 6-10　累计现值曲线

(3) 要开辟新产品新市场的工程项目，可能发生产品滞销现象，或对于风险投资，风险更大，其预期的 DCFR 应能达到 50% 或更多，方为可取。

求一个项目的 DCFR 值，可用试差计算法来求解，即先选一个 D 值，然后求出相应的净现值 NPV。如果 NPV 为正值，那就是 D 值太小；应当增大，直至 NPV 为负值，此时 D 值已太大。利用插值方法，求出其中间使 NPV = 0 的 D 值。一般计算几次使满足一定的精度即可。

三、应用蒙特卡洛方法进行风险估计

前面对于一个工程项目的经济风险辨识进行了讨论。利用现金流通曲线可进行情景分析。对于一个重大的工程项目来讲，由于可供选择的方案多（有时可多达数百种），首先要根据初步计算结果进行筛选。有些定性的风险分析（如技术风险、资源风险）应在可行性研究的初期做出，为方案的初步筛选提供依据。对于方案的精选和论证，则要进行认真的定量的风险分析工作。蒙特卡洛方法是进行经济风险估计的常用的方法，这里结合某一重大工程项目的风险分析为实例，说明应用蒙特卡洛方法进行风险分析的步骤。

经济风险分析的方框图如图 6-11 所示。这里对工程项目有影响的外界参数是：原料上涨率、产品价格上涨率、通货膨胀率、利率、总投资和工期不准。对这些参数应估计出它们的概率分布。该工程项目的寿命期为 23 年，建设 3 年，运行 20 年。这里所用的工程经济模型，实际上就是现金流通曲线图，由它计算出 DCFR、NPV、ROI、返本期和 NPVR 等五个指标。根据输入参数按一定概率分布的随机变化，便可以算出对应于每一个方案的各种指标的概率分布和风险度。

系统中的决策变量被离散化为不同的方案，如不同的投资数，不同的建设地点，不同的产品种类等等，可由分析人员按一定的计算程序加以改变或由决策人员按人—机对话方式进

行输入。决策者根据各指标的概率分布和风险度进行最后评价，从而决定出推荐方案。

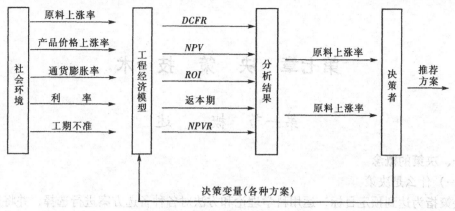

图 6-11 经济风险分析方框

经济风险分析是风险分析的重要应用方面，从重大工程项目的可行性研究到个体户做某种经营，都需认真地考虑风险问题。当然，对个体户的小项目来讲，不一定进行很多计算，但对市场风险、技术风险等都需认真进行估算。经济风险包括的方面很广，很多问题都可用前面几节的一般方法加以解决。利用现金流通曲线进行情景分析和利用蒙特卡洛方法进行风险估计是行之有效的经济风险分析方法，对于大型工程项目的可行性研究尤为重要。

总的来说，经济风险分析的理论和方法还不很成熟，为了进一步推广，还需做很多工作，包括足够的数据采集、估计方法和计算方法的研究等。

思 考 题 与 习 题

1. 什么是风险？
2. 风险值的通常计算公式是什么？
3. 目前主要的风险分析方法有哪些？
4. 风险决策的基本程序是什么？
5. 现金流通曲线图的定义及在经济风险分析中的作用？

第七章 决 策 技 术

第一节 概 述

一、决策的概念

（一）什么是决策

决策指为达到预定目标，运用科学理论和方法对各种备选方案进行选择，并将选中方案加以实施的分析判断过程，它存在于人类活动的各个方面。

诺贝尔经济学奖获得者西蒙（H.A.Simon）曾说："管理就是决策。"因此，管理是一个过程。

（二）决策的内涵

目前，国内外对决策虽尚无统一的定义，但基本概念大同小异。决策的基本内涵可概括为以下四点：

(1) 决策总是为了达到一个预定的目标，没有目标也就无从决策；

(2) 决策总是要付诸实施的，不准备实施的决策是多余的；

(3) 决策总是在一定的条件下寻求目标优化，不追求优化的决策是没有意义的；

(4) 决策总是在若干可行方案中进行选择，一个方案就无从选择。

（三）决策的分类

(1) 按决策的重要性和影响性分类，有战略决策和策略决策。战略决策是影响管理总体发展的全局性决策，其特点是立足全局，着眼未来，具有宏观性。策略决策是指在日常管理工作中，对局部问题进行的决策，它比战略决策要具体，是实现战略决策的手段。

(2) 按决策性质分类，有确定型决策、不确定型决策和风险型决策。确定型决策指影响决策问题的主要因素是可以确定的，并且决策问题与影响因素之间具有确定性的关系，根据目标可以做出肯定选择的决策。不确定型决策是指每一可行方案可能出现几种不同的后果，究竟属于何种后果是未知的，决策的结果基本上靠主观上的判断。风险型决策是指虽然每一可行方案仍可能出现几种不同的后果，但每一种后果出现的概率是已知的或是可确定的，这类决策可以通过一定的决策技术进行。由于后果是随机的，所以决策本身存在风险。

(3) 按决策的重复程度分类，有常规型决策和非常规型决策。常规决策是指经常重复出现的例行决策，是可以按照常规方式进行的有章可循的决策。非常规决策是指首次出现或偶然发生的非重复决策，是不能按常规方法进行的无章可循的决策。

(4) 按决策目标多少分类，有单目标决策和多目标决策。决策目标是决策所希望达到的结果，是衡量各个行动方案优劣的依据。单目标决策是指决策中只有一个决策目标。多目标决策是指决策中有两个及两个以上的决策目标。

二、决策的基本步骤

1. 确定决策目标

在一般的决策问题中,目标往往不止一个,因此,对目标的确定要有一个科学的方法,目标与决策是相互依赖的关系。

2. 分析自然状态

根据历史资料分析可能出现的自然状态,并计算出各种自然状态出现的概率。

3. 提出备选方案

要集思广益,在充分论证技术、经济、政策可行的基础上,提出各种备选方案。

4. 评价方案

评价方案即是运用一定的科学方法,根据决策目标和决策者的价值标准对各个备选的可行方案进行分析比较。

5. 确定方案

对各个备选方案进行分析比较后,从中选出最优或满意方案。

6. 方案实施

在决策的最后阶段,要制定周密的实施计划,确保决策的施行。

第二节 不确定型决策

一、悲观法

悲观法是一种保守的决策方法。使用这种方法进行决策的人总是在客观情况上作最坏的打算,在此基础上朝最好的方向努力。

用悲观法进行决策的步骤是:

(1) 对每一个方案找出最坏可能的收益值,即最小收益值,作为评价方案的依据。

(2) 比较各方案的最小收益值。

(3) 选择最小收益值较大的方案作为决策结果,即取最大的最小收益值。

更形象地讲,这种方法就是小中取大法。

【例 7-1】 现有 3 个行动方案 d_1、d_2、d_3,3 个自然状态 θ_1、θ_2、θ_3,自然状态发生概率不知道,决策收益表如表 7-1 所示。使用悲观法决策过程如下:

决策收益表　　　　　　　　　　表 7-1

收益＼方案　状态	d_1	d_2	d_3
θ_1	50	30	10
θ_2	20	25	10
θ_3	-20	-10	10
评价值 $f(d_j)$	-20	-10	10

对于方案 d_1,在三种不同状态下的最小收益值为 -20,记为 $f(d_1) = -20$。用同样的方法,得 $f(d_2) = -10, f(d_3) = 10$。

比较三个方案的评价值 $f(d_j)$,最大的是 $f(d_3) = 10$,因此决策结果为选取方案 d_3。

二、乐观法

乐观法是一种激进的决策方法。使用这种方法进行决策的人总是对客观情况持乐观态度,对损失反应不灵敏。

用乐观法进行决策的步骤是:

(1) 对每一个方案找出最好可能的收益值,即最大收益值,作为评价方案的依据。

(2) 比较各方案的最大收益值。

(3) 选择最大收益值较大的方案作为决策结果,即取最大的最大收益值。

形象地讲,这种方法就是大中取大法。

【例7-2】 用乐观法解决例7-1中的决策问题。

对于方案 d_1,在三种不同状态下的最大收益值为50,记为 $f(d_1) = 50$。用同样的方法得,$f(d_2) = 30, f(d_3) = 10$。

比较三个方案的评价值 $f(d_j)$,最大的是 $f(d_1) = 50$,因此决策结果为选取方案 d_1。

三、乐观系数法

乐观系数法是一种折衷的决策方法。既不像乐观法对客观情况估计的那么乐观,也不像悲观法那么保守。采取的方法是确定一个乐观系数 α,$0 < \alpha < 1$。α 的取值取决于决策者对客观情况估计的态度,α 越大,态度越乐观。

用乐观系数法进行决策的基本步骤是:

(1) 确定乐观系数 α。

(2) 对每一个方案找出最好可能的收益值,即最大收益值,记为 $f_b(d_j)$;再找出每一个方案最坏可能的收益值,即最小收益值,记为 $f_s(d_j)$。定义一个方案的评价值 $f(d_j)$,$f(d_j)$ 的确定如下所示:

$$f(d_j) = \alpha \cdot f_b(d_j) + (1 - \alpha) \cdot f_s(d_j)$$

(3) 比较各方案的评价值 $f(d_j)$,选择评价值较大的方案作为决策结果。

【例7-3】 用乐观系数法解决例7-1中的决策问题。

各方案的最小收益值分别为:

$$f_s(d_1) = -20, f_s(d_2) = -10, f_s(d_3) = 10$$

各方案的最大收益值分别为:

$$f_b(d_1) = 50, f_b(d_2) = 30, f_b(d_3) = 10$$

选择乐观系数 $\alpha = 0.4$,计算各方案的评价值:

$$f(d_1) = 0.4 \times 50 + 0.6 \times (-20) = 8$$
$$f(d_2) = 0.4 \times 30 + 0.6 \times (-10) = 6$$
$$f(d_3) = 0.4 \times 10 + 0.6 \times 10 = 10$$

比较三个方案的评价值 $f(d_j)$,最大的是 $f(d_3) = 10$,因此决策结果为选取方案 d_3。

四、最小后悔值法

最小后悔值法,顾名思义,就是使方案实施后对方案决策的后悔程度达到最低。当某种自然状态确定出现时,决策者一定会选取这种状态下收益值最大的方案。但由于决策时不知道究竟会出现哪种状态,所以选择的方案的收益值不一定是方案实施时出现状态下的最大收益值,这样事后就会感到后悔。后悔的程度定义为后悔值,后悔值用方案实施时出现状态下的最大收益值减去所选择方案的收益值来表示。这样,在每一种状态下,每一个方案都可以计算出一个后悔值。最小后悔值法就是以后悔值作为评价依据进行决策的一种方法。

用最小后悔值法进行决策的基本步骤是：

（1）计算每一个方案的后悔值。在每一种状态 θ_i 下，不同的方案 d_j（$j = 1, 2, \cdots, n$）对应一个不同的收益值 u_{ij}。先找出每一种状态下（θ_i）的最大收益值，记为 $\max\limits_j u_{ij}$。则方案 d_j 的后悔值（r_{ij}）为：

$$r_{ij} = \max\limits_j u_{ij} - u_{ij}$$

（2）找出每一个方案在各种状态下的最大后悔值，记为 $f(d_j)$，作为评价方案的依据。

（3）比较各个方案的评价值 $f(d_j)$，选择评价值最小的方案为最优方案。

【例 7-4】 用最小后悔值法解决例 7-1 中的决策问题。

【解】 先计算各方案在每一种状态下的后悔值，计算结果如表 7-2 所示。

各方案后悔值表　　　　　　　　　　表 7-2

状态 \ 方案 d_j	后悔值 r_{ij}		
	d_1	d_2	d_3
θ_1	0	20	40
θ_2	5	0	15
θ_3	30	20	0

下面以 r_{12} 计算为例，说明表 7-2 中各结果的计算过程。

在表 7-1 中，自然状态 θ_1 出现时，最大收益值为：

$$\max\limits_j u_{1j} = 50$$

方案 d_2 的后悔值为：

$$r_{12} = \max\limits_j u_{1j} - u_{12} = 50 - 30 = 20$$

其他方案的后悔值用同样的方法计算得出。各方案的最大后悔值分别为：

$$f(d_1) = 30, f(d_2) = 20, f(d_3) = 40$$

比较 $f(d_j)$，$f(d_2)$ 为最小。所以，决策结果为选择方案 d_2。

五、等可能性方法

等可能性方法是一种对未知的各状态出现概率进行估计的一种决策方法，其基本思想是：各种自然状态出现的概率是未知的，又不能认为某一种自然状态比其他状态出现的可能性大，所以认为各种自然状态出现的概率一样，以此来估计自然状态出现的概率。假定有 n 个自然状态，则每一个自然状态出现的概率为 $p(\theta_i) = \dfrac{1}{n}, i = 1, 2, \cdots, n$。这样，一个完全不确定型决策问题就转化成了一个风险型决策问题。

第三节　多目标决策

用于多目标决策的方法有层次分析法（AHP）、数据包络分析法、熵权系数法等，本节只介绍层次分析法（其他方法详见参考文献 [24]）。

一、层次分析法的基本原理

层次分析法是一类很实用的多目标决策方法。这种方法的基本思想是，首先根据多目标决策问题的性质和总的目标，把问题本身按层次进行分解，构成一个由下而上的递阶层次结构。最高层为解决问题的总目标,称为目标层,若干中间层为实现总目标所涉及的中间措施、准则,称为准则层,最底层为解决问题所选用的各种方案,称为方案层。相邻上下层元素之间存在着特定的逻辑关系,将上层次的每一个元素与同它有着逻辑关系的下层元素用直线连接起来,就构成了递阶层次结构模型(图 7-1)。

对一个决策问题,分成有序的层次结构以后,对每一个上层元素,考虑与其有逻辑关系的下层元素,并在它们之间进行两两比较的判断,判断的结果以定量数字给出并表示,称为"判断矩阵"。从判断矩阵的最大特征根及其特征向量,确定每一层次中各元素的相对重要性排序的权值。通过对各层次的综合进而给出对目标层而言的,方案的总排序权重。

构造判断矩阵,并利用判断矩阵给出单排序的权值是层次分析方法的主要工作,下面用一个简单的例子说明用特征向量来表达排序权重的依据。在考虑某个企业发展战略的基础上,定性地确定了该企业的 n 个目标 O_1, O_2,

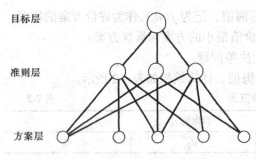

图 7-1 递阶层次结构模型

……, O_n,若表示它们的相对重要性的权重为 W_1, W_2, ……, W_n,且 $\sum_i W_i = 1$,由此可求得表示两两比较关系的判断矩阵为:

$$A = \begin{bmatrix} W_1/W_1 & W_1/W_2 & \cdots & W_1/W_n \\ W_2/W_1 & W_2/W_2 & \cdots & W_2/W_n \\ \vdots & \vdots & & \vdots \\ W_n/W_1 & W_n/W_2 & \cdots & W_n/W_n \end{bmatrix} = [a_{ij}]_{n \times n}$$

$$a_{ii} = 1, a_{ij} = \frac{1}{a_{ji}} = a_{ik}/a_{jk}, i, j, k = 1, 2, \cdots, n$$

有
$$AW = (a_{ij})(W_1, W_2, \cdots, W_n)^T = nW$$

由此可知,n 是 A 的一个特征根,W 是 A 的与特征根 n 相对应的特征向量。

二、层次分析法的基本步骤

层次分析法大体包括五个基本步骤。

(一) 建立层次结构模型

在深入分析所考虑的决策问题之后,将问题所包含的诸因素划分为三个层次:

最高层:表示要解决问题的目的,即决策问题所要达到的目标;

中间层:实现目标所采取的某种措施、政策和准则;

最低层:参与选择的各种备选方案。

(二) 构造判断矩阵

判断矩阵表示层次结构模型中,针对上一层次某元素来说,本层次有关元素之间相对重要性的比较。假定 A 层中元素 A_k 与下一层 B_1, B_2, $\cdots B_n$ 有联系,构造的判断矩阵如下形式:

A_k	B_1	$B_2 \cdots\cdots B_n$
B_1	b_{11}	$b_{12} \cdots\cdots b_{1n}$
B_2	b_{21}	$b_{22} \cdots\cdots b_{2n}$
$\vdots$	$\vdots$	$\vdots$
B_n	b_{n1}	$b_{n2} \cdots\cdots b_{nn}$

其中 b_{ij} 表示对于 A_k 而言，B_i 对 B_j 相对重要性的数值表现，通常 b_{ij} 可取 1，2，3，…，9，以及它们的倒数，其含义为：

1 表示 B_i 与 B_j 具有同样重要性；
3 表示 B_i 比 B_j 稍微重要；
5 表示 B_i 比 B_j 明显重要；
7 表示 B_i 比 B_j 很重要；
9 表示 B_i 比 B_j 极端重要；
2，4，6，8 为上述两相邻判断的中值。

可以看出，判断矩阵中元素有：

$$b_{ii} = 1, b_{ij} = \frac{1}{b_{ji}} \ (i,j = 1,2,\cdots n)。$$

且只需给出 $n(n-1)/2$ 个判断数。当判断矩阵中元素有：

$$b_{ij} = \frac{b_{ik}}{b_{jk}} \ (i,j,k = 1,2,\cdots,n)$$

称判断具有一致性。保持判断的一致性，在层次分析法应用中是很重要的。

（三）层次单排序

层次单排序是指根据判断矩阵计算对于上一层某元素而言，本层次与之有联系的元素相对重要性次序的权值。层次单排序要计算判断矩阵 B 的特征根和特征向量。即计算满足 $BW = \lambda_{\max} W$ 的特征向量 W（取正规化特征向量），其分量 W_i 为相应元素排序的权值。

为检验判断矩阵的一致性，需要计算它的一致性指标 $CI = (\lambda_{\max} - n)/(n-1)$，称为判断矩阵的一致性指标。为判断判断矩阵是否具有满意的一致性，还需利用判断矩阵的平均随机一致性指标 RI。对于 1～10 阶判断矩阵，RI 值为：

阶数	1	2	3	4	5	6	7	8	9	10
RI	0.00	0.00	0.58	0.90	1.12	1.24	1.32	1.41	1.45	1.49

当 $CR = \dfrac{CI}{RI} < 0.10$ 时，即认为判断矩阵具有满意的一致性，否则需要调整判断矩阵，使之具有满意的一致性。

（四）层次总排序

利用同一层次中所有层次单排序的结果，就可以计算针对上一层次而言，本层次所有元素相对重要性的权值，即层次总排序。层次总排序从上到下逐层顺序进行。

如果上一层所有元素 A_1，A_2，…，A_m 的总排序已经完成，得到的权值分别为 a_1，a_2，……，a_m，且与 A_i 相应的本层次元素 B_1，B_2，…，B_n 的单排序结果为 $b_1^i, b_2^i, \cdots\cdots$，

$b_n^i(i=1,2,\cdots\cdots,m)$，且若 B_j 与 A_i 无联系时，$b_j^i=0$，则层次总排序可按表 7-3 进行，显然有 $\sum_{j=1}^{n}\sum_{i=1}^{m}a_ib_j^i=1$。

层次总排序　　　　　　　表 7-3

层次 A 层次 B	A_1 a_1	A_2 a_2	……	A_m a_m	B 层次总排序
B_1	b_1^1	b_1^2	……	b_1^m	$\sum_{i=1}^{m}a_ib_1^i$
B_2	b_2^1	b_2^2	……	b_2^m	$\sum_{i=1}^{m}a_ib_2^i$
⋮	⋮	⋮	⋮	⋮	⋮
B_n	b_n^1	b_n^2	……	b_n^m	$\sum_{i=1}^{m}a_ib_n^i$

（五）层次总排序一致性检验

为评价层次总排序计算结果的一致性，也需计算与层次单排序相类似的检验量，即

CI——层次总排序一致性指标；

RI——层次总排序随机一致性指标。

其计算公式为：

$$CI = \sum_{i=1}^{m}a_iCI_i$$

CI_i 为与 A_i 相对应的 B 层次中判断矩阵的一致性指标。

$$RI = \sum_{i=1}^{m}a_iRI_i$$

RI_i 为与 A_i 相对应的 B 层次中判断矩阵的随机一致性指标。

并取

$$CR = \frac{CI}{RI}$$

当 $CR \leqslant 0.10$，认为层次总排序的结果具有满意的一致性。

三、层次分析法模型的简易解法实例[1]

对于企业决策而言，未必均需计算机求解，若能用简便方法求出最成的近似值或排出优劣顺序，显然是很有价值的。下面介绍一种用普通科学计算器解 AHP 模型近似解的方法。

【例 7-5】 图 7-2 所示 AHP 模型的判断矩阵数值如表 7-4 所示，试用科学计算器求出权重、总权重，进行一致性检验，选出最优方案或给出从优到劣的排序。

判断矩阵数值　　　　　　　表 7-4

	a	b	c	d		a	b	c	d
a	1	3	5	7	c	1/5	1/5	1	3
b	1/3	1	5	7	d	1/7	1/7	1/3	1

---

[1] 引自赵国杰. 技术经济学. 天津：天津大学出版社，1996

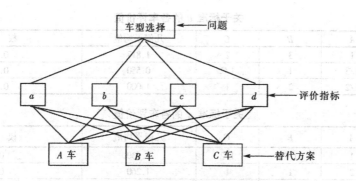

图7-2 选择车型的层次图判断矩阵数值

【解】（1）计算权重。首先对判断矩阵各行数值求几何平均值，然后计算几何平均值的总和，最后计算各几何平均值相对于其总和的百分比。这个百分比即为权重。计算过程示于表7-5。

判断矩阵数值　　　　　　　　　　　　　表7-5

	a	b	c	d	几何平均值		权重
a	1	3	5	7	$\sqrt[4]{1\times 3\times 5\times 7}$	= 3.20	3.20/5.93 = 0.54
b	1/3	1	5	7	$\sqrt[4]{1/3\times 1\times 5\times 7}$	= 1.85	1.85/5.93 = 0.312
c	1/5	1/5	1	3	$\sqrt[4]{1/5\times 1/5\times 1\times 3}$	= 0.59	0.59/5.93 = 0.099
d	1/7	1/7	1/3	1	$\sqrt[4]{1/7\times 1/7\times 1/3\times 1}$	= 0.29	0.29/5.93 = 0.049
Σ						5.93	1.00

（2）计算总权重。我们的目的是从 A、B、C 中选出最好的车，为此，需用上示权重对 A、B、C 进行比较，计算方法同上。例如首先按 a 标准评价比较 A、B、C，则有表7-6；按 b、c、d 标准评价比较 A、B、C，则分别有表7-7、表7-8、表7-9。然后将表7-6～表7-9计算出的权重汇集成表7-10，得各车各评价标准的得点（权重）。

最后将表7-10数字与表7-5中的权重相乘，计算见表7-11，即可求出综合权重，然后每行数字相加即可求出总权重。显然，以 B 车为最优，且排序为 B、A、C；因为 A、B、C 三车的总权重（总得点）分别为0.39、0.43和0.19。

关于标准 a 的各车评价值　　　　　　表7-6

a	A	B	C	几何平均值	权重
A	1	2	3	$\sqrt[3]{1\times 2\times 3}=1.817$	1.817/3.367 = 0.54
B	1/2	1	2	$\sqrt[3]{1/2\times 1\times 2}=1.000$	0.297
C	1/3	1/2	1	$\sqrt[3]{1/3\times 1/2\times 1}=0.55$	0.163

关于标准 b 的各车评价值　　　　　　表7-7

b	A	B	C	几何平均值	权重
A	1	1/5	1/2	0.464	0.106
B	5	1	7	3.271	0.744
C	2	1/7	1	0.659	0.15

145

关于标准 c 的各车评价值　　　　　　　　表 7-8

c	A	B	C	几何平均值	权重
A	1	3	2	1.817	0.540
B	1/3	1	1/2	0.550	0.163
C	1/2	2	1	1.000	0.297

关于标准 d 的各车评价值　　　　　　　　表 7-9

d	A	B	C	几何平均值	权重
A	1	1/2	1/2	0.630	0.2
B	2	1	1	1.260	0.4
C	2	1	1	1.260	0.4

权 重 汇 集 表　　　　　　　　表 7-10

	a (0.54)	b (0.31)	c (0.10)	d (0.05)
A	0.540	0.106	0.540	0.2
B	0.297	0.744	0.163	0.4
C	0.163	0.150	0.297	0.4

计 算 总 权 重　　　　　　　　表 7-11

	a	b	c	d	
A	0.54×0.540=0.292	0.31×0.106=0.033	0.10×0.540=0.054	0.2×0.05=0.01	0.292+0.033+0.054+0.01 =0.389
B	0.54×0.297=0.160	0.744×0.31=0.231	0.163×0.10=0.016	0.4×0.05=0.02	0.427
C	0.163×0.54=0.088	0.110×0.31=0.047	0.297×0.10=0.030	0.4×0.05=0.02	0.185

(3) 检验一致性（CI）。各评价标准判断矩阵的一致性检验方法如表 7-12 所示。

一致性检验方法　　　　　　　　表 7-12

评价标准权重	a 0.54	b 0.31	c 0.10	d 0.05
a	1	3	5	7
b	1/3	1	5	7
c	1/5	1/5	1	3
d	1/7	1/7	1/3	1

各判断值 × 权重得表 7-13。

　　　　　　　　　　　　　　　　　　　表 7-13

(1)	(2)	(3)	(4)	Σ	Σ/权重
0.540	0.93	0.5	0.35	2.32	2.32/0.54=4.296
0.180	0.31	0.5	0.35	1.34	1.34/0.31=4.323
0.108	0.062	0.1	0.15	0.42	0.42/0.1=4.200
0.077	0.044	0.033	0.05	0.204	0.204/0.05=4.080
					Σ=16.899

$$CI = \frac{平均值 - 评价标准数}{评价标准数 - 1} = \frac{16.899/4 - 4}{4 - 1} = 0.075 < 0.1$$

仿此，可计算出各车关于各评价标准的判断矩阵的一致性如下：

$$CI(a) = \frac{3.009 - 3}{3 - 1} = 0.0045 < 0.1$$

$$CI(b) = \frac{3.117 - 3}{3 - 1} = 0.059 < 0.1$$

$$CI(c) = \frac{3.009 - 3}{3 - 1} = 0.0045 < 0.1$$

$$CI(d) = \frac{3 - 3}{3 - 1} = 0 < 0.1$$

均通过一致性检验。

思 考 题 与 习 题

1. 什么是决策？
2. 决策的基本步骤有哪些？
3. 不确定型决策有哪几种方法？
4. 层次分析法的基本思想是什么？
5. 某房地产开发公司拟开发建设一批商品房，对其市场销售量前景只能根据经验估计为很好（Y_1）、较好（Y_2）、一般（Y_3）、较差（Y_4）等 4 种情况，而对每种情况出现的概率无法预测。现提出 4 个可能的建设方案，并分别估算其在不同前景下的收益值（获利为正值，亏损为负值），列入表 7-14。分别使用悲观法、乐观法、最小后悔值法进行决策。

某公司建房方案对应市场销售的收益值　　　　　表 7-14

建设方案	不同市场销售前景下的收益值 V_{ij}（万元）				$\min V_{ij}$	$\max V_{ij}$
	Y_1	Y_2	Y_3	Y_4		
X_1	350	220	50	0	0	350
X_2	600	400	150	−150	−150	600
X_3	800	350	100	−100	−100	800
X_4	400	250	90	50	50	400

第八章 投资项目的财务分析

第一节 投资项目的可行性研究

一、可行性研究的概念

可行性研究是一门管理技术，它运用多种学科的知识，寻求使投资项目达到最好经济效果的综合研究方法。通常是指在投资决策之前，对拟建的投资项目通过调查研究，计算分析项目相关因素，全面、系统论证该项目上马的必要性、可能性、有效性和合理性，对各备选方案作出可行或不可行的评价。

二、可行性研究的作用

一个投资项目一般要经历投资前期、投资建设时期及生产时期三个时期，全过程可大致用图8-1表示。

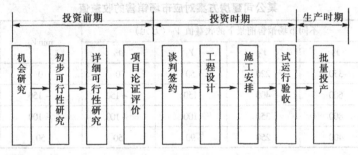

图8-1 投资项目进展过程

投资前期是决定项目效果的关键时期，可行性研究在项目投资前期阶段的作用非常重要，主要表现在以下几方面：

（一）可行性研究是科学投资决策的依据

任何投资项目成立与否，投资效益及影响如何，都是投资者关注的。对投资项目技术的可行性、经济的合理性进行科学全面的论证，从而避免因不确定因素造成的损失，提高项目经济效益，避免对环境造成不良影响，实现项目投资决策的科学化。

（二）可行性研究是项目设计的依据

项目的设计要严格按批准的可行性研究报告的内容进行，不得随意改变可行性研究报告中已确定的规模、方案、标准、厂址及投资额等控制性指标。而且项目设计中采用的新技术、新设备也必须经过可行性论证才能被采用。

（三）可行性研究是项目实施的依据

国家或地方只会把经过项目可行性研究论证、被确定为可行的项目列入投资计划。这样的项目才能顺利融资、获得所需资源。

（四）可行性研究是项目评价的依据

项目评价是在可行性研究的基础上进行的,通过对可行性报告分析、论证后,对可行性研究报告进行评价,得出项目是否可行、所选择方案是否为满意方案的结论。

(五)可行性研究是贷款与合作的依据

可行性研究还详细计算项目的财务、经济效益、贷款清偿能力等详细数量指标以及筹资方案和投资风险等。银行对可行性研究报告进行评估后,决定对该项目是否贷款。另外,在进行引进外资、引进技术、中外合资、中外合作等谈判时,可行性研究结果是谈判的重要依据。

可行性研究是20世纪30年代美国开发田纳西流域开始采用的,取得了明显的社会和经济效果。第二次世界大战后,由于新学科的不断涌现,投资规模的急剧增大,市场竞争越趋激烈,更加速了可行性研究的推广应用。现在,西方工业发达国家对重要的投资项目普遍要进行可行性研究。经过近几十年的推广应用,这种方法不断地充实和提高,已经形成一套比较完整的理论、工作程序和评价方法。1978年,联合国工业发展组织为了推动和帮助发展中国家的经济发展,编写出版了《工业可行性研究编制手册》一书,系统地说明了工业项目可行性研究的内容和方法。

在我国,随着经济和建设的发展,决策需要更科学。国务院及相关部门分别颁布了《技术引进和设备进口工作暂行条例》、《关于建设项目可行性研究的试行管理办法》、《建设项目经济评价方法与参数》和《中外合资项目经济评价方法》。其中对有关可行性研究工作的各种问题作了全面的阐述与规定,基本上满足了建设项目决策的需要。

三、可行性研究的阶段

可行性研究一般可分为四个阶段,即机会研究阶段、初步可行性研究阶段、详细可行性研究阶段和评价报告阶段。

(一)机会研究阶段

机会研究是一种探索性的研究,主要任务是寻找投资有利机会,为投资的方向提出建议,机会研究又分为一般机会研究和项目机会研究。

(1)一般机会研究有三种类型:地区研究,即研究在某一地区投资的机会;部门研究,即研究在某一部门的投资机会;以资源为基础的研究,即研究利用某种自然资源。

(2)项目机会研究。它是在某一地区,对市场需求、原材料、燃料、动力、人力、资金、设备、技术等因素调查研究及预测的基础上,选择最有利的投资机会。

机会研究要求迅速而经济地确定一个有希望的投资方向,所以研究是比较粗略,而不是详细的分析。用时一般为一两个月,研究所花费用约占投资费用的 0.2%~1%,估算的误差范围在 ±30%,机会研究的结果一旦引起投资者的兴趣,就可转入下一步的初步可行性研究。

(二)初步可行性研究阶段

初步可行性研究是介于机会研究与详细可行性研究中间的阶段。其主要任务是进一步收集资料、分析判断投资机会的可行性,以便确定是否需要进行详细可行性研究;提出产品方案、产品竞争力、原材料可能的来源、较合理的生产规模、较满意的厂址、建设进度、可供选择的工艺技术方案、初选设备方案及相应的技术经济评价指标;明确拟建项目中还有哪些关键问题需进一步调查研究。初步可行性研究所用时间一般为 4~6 个月,所用经费约占总投资的 0.25%~1.5%,估算允许误差范围为 ±20%。初步可行性研究是把一些看来效益不高的方案筛选掉，深入研究剩下少数有希望的方案。如果证明工程项目的生命力值得怀疑，对投资者没有足够的吸引力，则应考虑终止该项可行性研究。

初步可行性研究与详细可行性研究的区别主要在于所需资料和计算的详细程度不同，而研究的内容基本是相同的。

（三）详细可行性研究

详细可行性研究即为可行性研究。主要任务是在前面研究的基础上，进一步对项目进行深入详尽的技术经济分析与全面评价。对于影响投资决策的各种主要因素都要分析，不仅要有静态分析，而且要有动态分析，找出最合理方案，为最后决策提供依据。所需时间一般为8个月至2年的时间，所用经费约占项目总投资的0.2%~3%，估算允许误差范围为±10%。

（四）评价报告阶段

在进行详细的可行性研究之后还要对投资项目作出全面评价，提出建议，供决策者作投资依据。这一阶段工作主要任务是，决策者再组织专家对可行性研究报告进行论证，在充分考虑了可行性报告提出的建议后，作出修改。有时作出的决策可能与可行性研究报告有较大出入，这不但不会降低可行性研究的作用，相反，这种新的决策正是在可行性研究的基础上产生或完善的。这时，就要按新的决策重新修改可行性研究报告，并对决策的技术经济效果作出新的估算，然后再通过论证，报批并实施。

四、可行性研究报告的内容

可行性研究工作完成后，要编写出反映其全部工作成果的"可行性研究报告"。虽然国际上可行性研究报告还不统一，但可概括为以下三个方面：

（1）进行市场研究，以解决项目建设的必要性问题；

（2）进行工艺技术方案的研究，以解决项目建设的技术可能性问题；

（3）进行财务和经济分析，以解决项目建设的合理性问题。

现介绍具有代表性的联合国工业发展组织（IDO）《工业可行性研究编制手册》规定的工业项目可行性研究报告内容和我国《关于建设项目进行可行性研究的试行管理办法》规定的工业可行性研究报告的内容。

（一）联合国工业发展组织《工业可行性研究编制手册》规定的工业项目可行性研究报告的内容。

第一章 实施纲要

一项可行性研究在对各种方案进行比较之后，应该对项目所有的基本问题作出明确的结论。为了叙述方便，把这些结论和建议归纳在"实施纲要"中，这个纲要应该包括可行性研究的所有关键性的问题。

第二章 项目的背景和历史

为保证可行性研究的成功，必须清楚地了解项目的设想如何适合于本国经济情况的基本结构及其全面的和工业的发展情况。对产品要详细地加以叙述，对发起人要连同他们对项目感兴趣的理由加以审定。

说明：

项目的发起人的姓名和地址

项目方向：面向市场或面向原料

市场方向：国内或出口

支持该项目的经济政策和工业政策
项目背景
第三章　市场和工厂生产能力
包括：需求和市场研究
　　　销售和推销
　　　生产规划
　　　车间生产能力
第四章　材料投入物
　　本章论述了制造特定产品所需的材料和投入物的选择和说明，并叙述供应规划的确定和材料成本的计算。
第五章　建厂地区和厂址
　　　包括：建厂地区
　　　　　　厂址和当地条件
　　　　　　环境影响
第六章　工程设计
包括：项目布置和自然范围
　　　工艺及设备
　　　土建工程
第七章　工厂组织和管理费用
包括：工厂组织机构
　　　管理费用
第八章　人工
　　当确定了工厂生产能力和使用的工艺流程之后，必须规定出考虑中的项目所需的各管理级别的人员；生产和其他有关活动应在项目的不同阶段连同各级的培训需要进行估计。
第九章　项目建设
工厂建设和设备安装的进度安排
试车和投产安排
第十章　财务和经济估价
包括：总投资支出
　　　项目资金筹措
　　　生产成本
　　　商务盈利率
　　　国民经济估价

（二）我国《关于建设项目进行可行性研究的试行管理方法》规定的工业项目可行性研究报告的内容。

1．总论。包括：
(1) 项目提出的背景（改扩建项目要说明企业现有概况），投资的必要性和经济意义。
(2) 研究工作的依据和范围。
2．需求预测和拟建规模。包括：
(1) 国内外需求情况预测。
(2) 国内现有工厂生产能力估计。
(3) 销售预测，价格分析，产品竞争能力，进入国际市场前景。
(4) 拟建项目规模、产品方案和发展方向的技术经济比较和分析。

3．资源、原材料、燃料及公用设施情况。包括：

（1）经过储量委员会正式批准的资源储量、品位、成分以及开采、使用条件评述。

（2）原料、辅助材料、燃料的种类、数量、来源和供应可能。

（3）所需公用设施的数量、供应方式和供应条件。

4．设计方案。包括：

（1）项目构成范围（指包括主要单项工程，技术来源和生产方法，主要技术工艺和设备选型方案比较，引进技术、设备的来源、国别，设备的国内外分别交付规定或与外商合作制造的设想。改扩建项目要说明原有固定资产利用情况。）

（2）全厂布置方案的初步选择和土建工程量估算。

（3）公用辅助设施和厂内外交通运输方式的比较和初步选择。

5．建厂条件与厂址方案。包括：

（1）建厂地理位置、气象、水文、地质地形条件和社会经济现状。

（2）交通、运输及水、电、气的现状和发展趋势。

（3）厂址比较与选择意见。

6．环境保护。调查环境现状，预测项目对环境的影响，提出环境保护和"三废"治理的初步方案。

7．企业组织、劳动定员和人员培训（估算数）。

8．实施进度建议。

9．投资估算和资金筹措。

（1）主体工程与协作配套工程所需的投资。

（2）生产流动资金的估算。

（3）资金来源、筹措方式及贷款偿还方式。

10．社会及经济效果评价。要求进行静态和动态分析。不仅计算项目本身微观经济效果，而且要分析项目对国民经济宏观经济效果的贡献和项目对社会的影响。

五、可行性研究的工作程序

国际上典型的可行性研究的工作程序分六个步骤。在整个程序中，雇主和咨询单位必须紧密合作。

（一）开始阶段

要讨论研究的范围，细心限定研究的界限及明确雇主的目标。

（二）进行实地调查和技术经济研究

每项研究要包括项目的主要方面，需要量、价格、工业结构和竞争将决定市场机会，同时，原材料、能源、工艺要求、运输、人力和外国工程又影响适当的工艺技术的选择。所有这些方面都是相互关联的。但是每个方面都要分别评价，只有到下一阶段，才能得出最后的结论。在这一步中要进行技术研究和经济环境研究。

（三）选优阶段

将项目的各不同方面设计成可供选择的方案。咨询单位应凭经验制定出少数可供选择的方案，便于有效地取得最优方案。随后进行详细讨论，雇主要作出非计量因素方面的判定，并确定协议项目的最后形式。

（四）对选出的方案更详细地进行编制，确定具体的范围，估算投资费用、经营费用和收益，并作出项目的经济分析和评价

为了达到预定目标，可行性研究必须论证选择的项目在技术上是可行的，建设进度是能达到的。估计的投资费用应包括所有的合理的未预见费用（如包括实施中的涨价备用

费)。经济和财务分析必须说明项目在经济上是可以接受的,资金是可以筹措到的。敏感性分析则用来论证成本、价格或进度等发生变化时,可能给项目的经济效果带来的影响,并说明每一方面变化的幅度和出现的可能。

(五)编制可行性研究报告

其结构和内容常常有特定的要求(如各种国际贷款机构的规定)。这些要求和涉及的步骤,在项目的编制和实施中能有助于雇主。

(六)编制资金筹措计划

项目资金的筹措在比较方案时,已作过详细的考查,其中一些潜在的项目资金会在贷款者讨论可行性研究时冒出来。实施中的期限和条件的改变也会导致资金的改变,这些都可以根据可行性研究的财务分析作相应的调整。

最后,在第六步的末尾,要作出一个最终的决策,以便项目可根据协议的实施进度及预算进行。

六、可行性研究报告的编写

(一)编写可行性研究报告的依据和要求

1. 可行性研究报告的依据

对一个拟建项目进行可行性研究,必须在国家有关的规划、政策、法规的指导下完成,同时,还要有相应的各种技术资料。可行性研究工作的主要依据有:

(1)国家经济和社会发展的长期计划,部门与地区规划,经济建设的方针、任务、产业政策、投资政策和技术经济政策,以及国家和地方法规。

(2)批准的项目建议书和项目建议书批准后签订的意向性协议等。

(3)国家批准的资源报告,国土开发整治规划、区域规划、工业基地规划。对于交通运输项目要有有关的江河流域规划与路网规划等。

(4)国家进出口贸易和关税政策。

(5)拟建厂址的当地的自然、经济、社会等基本资料。

(6)有关国家、地区和行业的工程技术、经济方面的法令、法规、标准定额资料。

(7)国家颁布的建设项目经济评价方法与参数,如社会折现率、行业基准收益率、影子价格换算系数、影子汇率等。

(8)市场调查报告。

2. 编制可行性研究报告的要求

由于可行性研究工作对于整个项目建设过程以至于整个国民经济都有极其重要的意义,为了保证它的科学性、客观性和公正性,有效防止错误和遗漏,我们对编制可行性研究报告有下列要求:

(1)必须站在客观公正的立场进行调查研究,搞好基础资料的收集。对于基础资料,要按照客观实际情况进行论证评价,如实地反映客观规律、经济规律。可行不可行的结论,应用科学分析的数据来回答,绝不能先定可行的结论,再去编选数据。应从客观数据出发,通过科学的分析,得出最终的结论。

(2)可行性研究报告的内容深度一定要达到国家规定的标准(如误差≤10%),基本内容要完整,应占有尽可能多的数据资料,避免粗制滥造,走形式。在做法上要掌握以下四个要点:

①坚持先论证，后决策。

②要掌握好项目建议书、可行性研究、评估这三个阶段的关系，哪一个阶段发现不可行都应停止研究。对于重大项目，如果发现建议书研究不够，应先进行初步可行性研究。多选择一些备选方案，厂址可以先预选，认为可行后，再选定厂址，要进行全面的、更深层次的可行性研究。

③调查研究要贯彻始终。要掌握切实可靠的资料，保证资料选取的全面性、重要性、客观性和连续性。

④坚持多方案比较，择优选取。

（3）为了保证可行性研究质量，应保证咨询设计单位必须的工作周期，防止因各种原因而搞突击，草率行事。具体的工作周期由委托单位与咨询设计单位在签定合同时商定。

以上三条要求目的是为了保证可行性研究报告能准确客观反映事实，为决策提供依据，为施工的顺利进行和效益的正常发挥创造一个良好的前提条件。

（二）可行性报告的编写规范

可行性报告的编写规范，以工业项目可行性研究报告为例，一般包括下列11项内容：

1. 总论

总论作为可行性研究报告的首要部分，要综合叙述研究报告中各部分的主要问题和研究结论，并对项目的可行与否提出最终建议，为可行性研究的审批提供方便。

2. 项目背景和发展概况

这一部分主要应说明项目的发起过程，提出的理由，前期工作的发展过程，投资者的意向，投资的必要性等可行性研究的工作基础。为此，需将项目的提出背景与发展概况作系统的叙述，说明项目提出的背景，投资理由，在可行性研究前已经进行的工作情况及其成果，重要问题的决策和决策过程等情况。在叙述项目发展概况的同时，应能清楚地显示出本项目可行性研究的重点和问题。

3. 市场分析与建设规模

市场分析在可行性研究中的重要地位在于任何一个项目其生产规模的确定、技术的选择、投资估算甚至厂址的选择，都必须在对市场需求情况有了充分了解以后才能决定。而且市场分析的结果，还可以决定产品的价格，销售收入，最终影响的项目的盈利性和可行性。在可行性研究报告中，要详细阐述市场需求预测，价格分析，并确定建设规模。

4. 建设条件与厂址选择

根据前面部分中关于产品方案与建设规模的论证与建议，在这一部分中按建议的产品方案和规模来研究资源、原料、燃料、动力等需求和供应的可靠性，并对可供选择的厂址作进一步技术和经济分析，确定新厂址方案。

5. 工厂技术方案

技术方案是可行性研究的重要组成部分。主要研究项目应采用的生产方法，工艺和工艺流程，重要设备及其相应的总平面布置，主要车间组成及建构筑物形式等技术方案。并在此基础上，估算土建工程量和其他工程量。在这一部分中，除文字叙述外，还应将一些重要数据和指标列表说明，并绘制总平面布置图、工艺流程示意图等。

6. 环境保护与劳动安全

在项目建设中，必须贯彻执行国家有关环境保护和职业安全卫生方面的法规、法律，对项目可能对环境造成的近期和远期影响，对影响劳动者健康和安全的因素，都要在可行性研究阶段进行分析，提出防治措施，并对其进行评价，推荐技术可行、经济，且布局合理，对环境的有害影响较小的最佳方案。按照国家现行规定，凡从事对环境有影响的建设项目都必须执行环境影响报告书的审批制度，同时，在可行性研究报告中，对环境保护和劳动安全要有专门论述。

7. 企业组织和劳动定员

在可行性研究报告中，根据项目规模、项目组成和工艺流程，研究提出相应的企业组织机构、劳动定员总数及劳动力来源及相应的人员培训计划。

8. 项目实施进度安排

项目实施时期的进度安排也是可行性研究报告中的一个重要组成部分。所谓项目实施时期亦可称为投资时期，是指从正式确定建设项目到项目达到正常生产这段时间。这一时期包括项目实施准备、资金筹集安排、勘察设计和设备订货、施工准备、施工和生产准备、试运转直到竣工验收和交付使用等各工作阶段。这些阶段的各项投资活动和各个工作环节，有些是相互影响的，前后紧密衔接的，也有些是同时开展，相互交叉进行的，因此，在可行性研究阶段，需将项目实施时期各个阶段的各个工作环节进行统一规划，综合平衡，作出合理又切实可行的安排。

9. 投资估算与资金筹措

建设项目的投资估算和资金筹措分析，是项目可行性研究内容的重要组成部分。每个项目均需计算所需要的投资总额，分析投资的筹措方式，并制定用款计划。

10. 财务效益、经济和社会效益评价

在建设项目的技术路线确定以后，必须对不同的方案进行财务、经济效益评价，判断项目在经济上是否可行，并比选出优秀方案。本部分的评价结论是建设方案取舍的主要依据之一，也是对建设项目进行投资决策的重要依据。

11. 可行性研究结论与建议

根据前面各节的研究分析结果，对项目在技术上、经济上进行全面的评价，对建设方案进行总结，提出结论性意见和建议。

第二节 基础财务报表的编制

基础财务报表是在辅助财务报表基础上编制的，首先要编制辅助财务报表。

一、辅助财务报表

以下将通过一个案例来系统说明辅助财务报表的编制过程，其主要基础数据如下：

案例条件[①]：

(1) 厂址条件：国内沿海某地新建小型轧钢厂。

(2) 规模：年产小型钢材 40 万 t。

(3) 固定资产投资：25000 万元（含无形资产 2000 万元），其中进口设备用汇 1500 万

[①] 本例引自毕梦林. 技术经济学. 沈阳：东北大学出版社，2001

美元，美元汇率：1美元=8.4元人民币。

(4) 资金来源：资本金为10000万元，资本金的一部分作为自有流动资金，其额度为流动资金的30%，其余的资本金用于固定资产投资，进口设备用汇的85%为出口信贷，15%为国外商贷，其余的固定资产投资由国内建行贷款。

(5) 各种贷款的条件：出口信贷的年利率为8%，宽限期三年，5年等额本金偿还，宽限期的利息借商贷偿还；国外商贷的年利率为9.5%，宽限期三年，5年等额偿还，宽限期的利息转化成资本金，国内建行贷款年利率为13%，要求在投产后10年内偿还完。

(6) 该项目的建设期为3年，固定资产投资的投入计划为：第一年25%，第二年40%，第三年35%。各种来源资金均按该比例投入。

(7) 项目建成后需两年达到设计规模，第一年达产80%，第二年达到设计规模。

(8) 详细产品方案见表8-1。

产品方案及外销比例 表8-1

产品名称	钢种	规格	产量（万t）	外销比例（%）
1. 螺纹钢	20MnSi	D10~D40	15	40
2. 圆钢	普碳	$\phi 12~60$	10	40
3. 槽钢	普碳	50~120	10	40
4. 扁钢	60Si$_2$Mn	25×4~120×20	5	40

(9) 项目计算期为15年，项目的生产期为12年，项目的综合折旧年限为15年，残值为原值的10%。折余价值和残值在第15年一并回收。

(10) 原料为连铸坯，预计国内供应80%，另20%依靠进口。

(11) 项目的基准收益率或最低期望收益率为15%。

(一) 销售收入计算

根据确定的产品方案、各品种规格的能力、单位产品的价格及项目投产后预计的达产情况计算各年销售收入。产品复杂时需要编制项目的销售收入计算表。产品销售收入的计算公式如下：

销售收入 = 达产率 × 年设计能力 × 开工率 × 售价

在预计的市场条件较好的情况下，开工率可达100%，年销售量 = 年设计能力 × 达产率。目前国内在评价中均按100%的开工率进行销售收入计算。

产品价格在市场调查和预测中确定，财务评价中采用的是在现行价格基础上的预测价格。影响产品价格的因素较多，一类是相对价格变动因素，如国家价格政策变化、供求关系的变化等；另一类是绝对价格变动因素，指物价总水平的上升，即因通货膨胀造成的所有商品价格的上涨。财务评价中的价格选取，原则上应考虑这两种价格变动因素，但在通货膨胀较小的情况下，为简化计算，可忽略绝对价格变动因素（在后面将专门介绍在财务评价中考虑通货膨胀因素），而只考虑相对价格变化因素，对确定的价格在计算期内保持不变。如选取的价格为含税价（含增值税），计算的销售收入为含税销售收入；反之则为不含税销售收入。

产品的销售价格采用的是建设期初的基期价，内外销价格（含税价）见表8-2。

产品销售价格　　　　　　　　　　　　表 8-2

产品名称	内销价（元/t）	外销价（美元/t）	产品名称	内销价（元/t）	外销价（美元/t）
1. 螺纹钢	3200	325	3. 槽钢	3150	320
2. 圆钢	3100	315	4. 扁钢	3800	385

项目的达产年限及各年的达产率根据工艺设备的情况及对其掌握的难易程度来确定。所谓达产年限为达到设计规模的年限，达产率为当年产量达到设计能力的比率。正常年指达产率为100%，即产量达到设计规模时的年份。在达产期各年，其达产率为小于1的百分数。本项目投产第一年达到设计产量的80%，从第二年以后达产率为100%。

第一年的销售收入计算如下：

螺纹钢：内销收入 = 15 × 60% × 3200 × 80% = 23040 万元
　　　　外销收入 = 15 × 40% × 325 × 80% = 1560 万美元

圆　钢：内销收入 = 10 × 60% × 3100 × 80% = 14880 万元
　　　　外销收入 = 10 × 40% × 315 × 80% = 1008 万美元

槽　钢：内销收入 = 10 × 60% × 3150 × 80% = 15120 万元
　　　　外销收入 = 10 × 40% × 320 × 80% = 1024 万美元

扁　钢：内销收入 = 5 × 60% × 3800 × 80% = 9120 万元
　　　　外销收入 = 5 × 40% × 385 × 80% = 616 万美元

第二年及以后各年的销售收入计算如下：

螺纹钢：内销收入 = 15 × 60% × 3200 × 100% = 28800 万元
　　　　外销收入 = 15 × 40% × 325 × 100% = 1950 万美元

圆　钢：内销收入 = 10 × 60% × 3100 × 100% = 18600 万元
　　　　外销收入 = 10 × 40% × 315 × 100% = 1260 万美元

槽　钢：内销收入 = 10 × 60% × 3150 × 100% = 18900 万元
　　　　外销收入 = 10 × 40% × 320 × 100% = 1280 万美元

扁　钢：内销收入 = 5 × 60% × 3800 × 100% = 11400 万元
　　　　外销收入 = 5 × 40% × 385 × 100% = 770 万美元

综合情况列于表 8-3。

产品销售收入计算　　　　　　　　　　　表 8-3

产品名称	销量（万 t）		外销收入（万美元）		内销收入（万元）		总销收入（万元）	
	内销	外销	第一年	第二年	第一年	第二年	第一年	第二年
1. 螺纹钢	9	6	1560	1950	23040	28800	36144	45180
2. 圆钢	6	4	1008	1260	14880	18600	23347.2	29184
3. 槽钢	6	4	1024	1280	15120	18900	23721.6	29652
4. 扁钢	3	2	616	770	9120	11400	14294.4	17868
合　计	24	16	4208	5260	62160	77700	97507.2	121884

（二）折旧及摊销计算

固定资产在使用过程中存在有形磨损和无形磨损。有形磨损是指生产因素或自然因素而造成的磨损，无形磨损是指非使用或非自然因素引起的磨损，如生产技术进步使同种设备的制造成本降低而使原设备的价值降低，或出现新工艺设备而使低效率的原有设备相对贬值。

固定资产的价值损失，通常是通过提取折旧的方式来补偿，将各年的价值损失计入产品的成本，把提取的折旧基金作为项目的更新改造基金，以维持项目的简单再生产。

根据1993年的《企业财务通则》，固定资产折旧的计算方法可以采用如下三种之一：

(1) 直线折旧法；

(2) 双倍余额递减法；

(3) 年数总和法（以上各方法详述请见第四章）。

本项目就是采用直线折旧法。计算的折旧费列于表8-4中。

折旧及摊销费计算（金额单位：万元） 表8-4

项　目	折旧年限	原值	4	5	6	7	8	9	10	11	12	13	14	15
一、折旧费计算		23000												
1. 折旧费	15		1380	1380	1380	1380	1380	1380	1380	1380	1380	1380	1380	1380
2. 固定资产净值			21620	20240	18860	17480	17480	14720	13340	11960	10580	9200	7820	6440
二、摊销费计算														
1. 无形资产摊销	10	2000	200	200	200	200	200	200	200	200	200	200		
2. 递延资产摊销	5	3063	613	613	613	613	613							
摊销费合计			813	813	813	813	813	200	200	200	200	200		
摊销费净值			4250	3438	2625	1813	1000	800	600	400	200	0		

$$折旧费 = \frac{23000 \times 100\% \times (1-10\%)}{15} = \frac{20700}{15} = 1380 \text{ 万元/年}$$

摊销是指固定资产以外的其他资产（包括无形资产、递延资产等）在生产期中按一定的年限分摊入管理费用的做法。无形资产指专利权、商标权、土地使用权、非专利技术、商誉等，一般分摊期限不少于10年，递延资产指开办费、建设期利息支出等，一般分摊期不少于5年。摊销的计算公式为：

$$摊销费 = \frac{无形资产或递延资产}{摊销年限}$$

本项目的无形资产为2000万元，递延资产为3063万元，计算各年的摊销费见表8-4。

（三）成本计算

成本计算在财务评价中很重要，其准确与否，对评价的结果影响很大。在计算成本时需要的主要资料有：各种原材料、辅助材料、燃料及动力的消耗参数，职工人数及工资水平，各种消耗品的价格，固定资产的折旧及摊销等。成本价格的选取原则和产品价格的选取原则应一致。冶金行业通常使用的成本估算有两种方法，即步骤成本估算法和要素成本估算法。对多工序工程项目，需要同时计算要素成本和步骤成本，这样既能满足以后评价计算的需要，又有利于对各工序的成本进行分析。

为满足财务评价需要,需计算的成本项目主要有如下几种:

1. 生产成本或制造成本

生产成本的计算式如下:

生产成本 = 原材料 + 辅助材料 + 燃料及动力 + 工资及福利 + 制造费用

制造费用中主要是折旧费和修理费,估算时可按下式计算:

制造费用 = 折旧费 + 修理费 + 其他

修理费和其他费用可参考现有企业或类似项目情况,取折旧费的一定比率估算。

2. 总成本费用

计算如下:

总成本费用 = 生产成本 + 总费用

= 生产成本 + 管理费用 + 财务费用 + 销售费用

管理费用是指企业行政管理部门为管理和组织生产而发生的费用。它包括的细项较多,在可行性研究阶段,可根据现有企业或类似项目情况,按其占总成本的一定比例估算。

财务费用主要是指各种贷款的利息支出。

销售费用指因销售和产品促销而发生的费用支出,可按其占销售收入的比例或单位产品的金额来确定。

3. 经营成本

经营成本是项目评价中专用的,指不包括折旧费用(或维简费用)、摊销费用、财务费用的成本。

经营成本 = 总成本费用 − 折旧费(维简费用) − 摊销费用 − 财务费用

4. 固定成本和可变成本

在总成本费用中,随产量的增减而成正比例增减的成本项目为可变成本,反之,则为不可变成本。一般可变成本包括的成本项目有:原材料、辅助材料、燃料及动力、一部分制造费用、销售费用;固定成本包括的项目有:职工工资及福利费、一部分制造费用、财务费用。

把成本划分成固定成本和可变成本主要是为了计算达产期各年的成本及在盈亏分析中使用。达产期各年的成本计算公式为:

达产期成本 = 固定成本 + 可变成本 × 达产率

本项目的成本计算,制造成本见表 8-5,总成本见表 8-6。由计算的结果可知,单位制造成本为 2 840.62 元/t。

正常年单位产品制造成本估算(产品产量:40.0 万吨) 表 8-5

项 目	单 位	单 价 (元/单位)	单 耗 (单位/t)	单位金额(元)
一、原材料				2640.07
1. 国产钢坯	t	2550	0.834	2126.70
2. 进口钢坯	t	2619	0.208	545.89
减:回收废钢	t	1000	−0.032	−32.00

续表

项 目	单 位	单价（元/单位）	单耗（单位/t）	单位金额（元）
二、辅助材料				18.26
1. 轧辊	kg	8.00	1.80	14.40
2. 耐火材料	kg	1.40	0.50	0.70
3. 润滑油	kg	5.00	0.30	1.50
4. 其他				1.66
三、燃料及动力				92.19
1. 重油	kg	1.20	27.00	32.40
2. 外购电	kWh	0.50	110.00	55.00
3. 水	m³	0.70	2.00	1.40
4. 氧气	m³	1.60	0.12	0.19
5. 蒸汽	kg	0.04	20.00	0.80
6. 压缩空气	m³	0.08	30.00	2.40
四、工资及福利费				12.83
五、制造费用				77.28
其中：期本折旧				34.50
维修费用				20.70
其　他				22.08
制造成本				2840.62

表 8-5 中的价格都是以目前市场价格为基础的到厂价，其中进口钢坯的 CIF 价为 245 美元/t，计算到厂价格的方法如下：

钢坯的 CIF 价折合：$245 \times 8.4 = 2058$ 元

关税税率 5%：$2058 \times 5\% = 102.9$ 元

商检费、港建费：50 元

银行手续费率 0.5%：$2058 \times 0.5\% = 10.29$ 元

外贸手续费率 1.5%：$2058 \times 1.5\% = 30.87$ 元

增值税率 17%：$(2058 + 102.9) \times 17\% = 367.35$ 元

到厂价为以上几项合计，2619.41 元，取进口钢坯的到厂价 2619 元/t。

各种单耗为工艺设计的生产消耗，单位产品的折旧费为总的折旧费除以产量，维修费用按折旧费的 60% 计，制造费用中的其他费用按折旧费的 64% 计取。

表 8-6 中各年的制造成本是在表 8-5 的基础上计算出来的。在计算中，基本上可把原材料、辅助材料、燃料及动力看成是可变费用，工资及福利、制造费用看成是固定费用。这样，在投产第一年时，达产率为 80%，可变费用项为正常年的 80%，固定费用项不发生变化。参考类似项目，未包括摊销费的管理费用取正常年制造成本的 2.5%，所以总的管理费用为：

总的管理费用 = 制造成本 × 2.5% + 摊销费 = 113625 × 2.5% + 813

= 3653 万元（4~8 年）

其他年份的计算同理，计算结果见表 8-6。

总成本费用计算（金额单位：万元）　　　　　　　表 8-6

项目	合计	4	5	6	7	8	9~13	14~15
生产负荷		80%	100%	100%	100%	100%	100%	100%
一、制造成本	1341318	91444	113625	113625	113625	113625	113625	113625
1. 外购原材料	1246111	84482	105603	105603	105603	105603	105603	105603
2. 辅助材料	8619	584	730	730	730	730	730	730
3. 燃料及动力	43515	2950	3688	3688	3688	3688	3688	3688
4. 工资及福利费	6156	513	513	513	513	513	513	513
5. 制造费用	36918	2915	3091	3091	3091	3091	3091	3091
折旧费	16560	1380	1380	1380	1380	1380	1380	1380
维修费	9936	828	828	828	828	828	828	828
其他	10422	707	883	883	883	883	883	883
二、管理费用	39151	3653	3653	3653	3653	3653	3041	2841
其中：摊销费用	5063	813	813	813	813	813	200	0
三、财务费用	24371	3558	3538	3016	2401	1737	1446	1446
其中：建设借款利息	7297	2388	2073	1056	851	207	0	0
流动资金利息	17074	1169	1446	1446	1446	1446	1446	1446
四、销售费用	2832	192	240	240	240	240	240	240
总成本费用	1407671	98847	121056	120534	119919	119255	118351	118351
其中：固定成本	90017	9419	9399	8877	8262	7598	6694	6694
可变成本	1317654	89428	111657	111657	111657	111657	111657	111657
经营成本	1361678	93097	115326	115326	115326	115326	115326	115326

销售费用预计每吨产品需要 6 元，计算的各年总的销售费用计入表 8-6 中。

财务费用的建设借款利息和流动资金借款利息是从后面相关表的计算中转来的，后面有详细说明。

经营成本的计算，以第四年的计算为例，计算结果列入表 8-6 中，其他各年经营成本的计算同理。

第四年　98847 - 1380 - 813 - 3558 = 93097（万元）

（四）销售税金计算

在计算销售税金时，通常是要遵照国家现行的财税制度。根据目前国家财税制度，在评价中计算的销售税金主要有：增值税、城市维护税及教育费附加。

增值税的计算公式为：增值税额 = 销项税 - 进项税

销项税是指销售产品的税额：

$$销项税 = \frac{含税销售收入}{(1+税率)} \times 税率$$

进项税为外购各种物资而预交的税金：

$$进项税 = \frac{某投入品的外购含税成本}{(1+税率)} \times 税率$$

增值税率主要有两个档次，即13%和17%。绝大部分的增值税为17%，只有少部分产品的增值税率为13%，具体情况见有关税法。

3. 本项目的销售税金计算。

根据表8-3来计算销项税，由于出口产品的增值税率为零，所以计算出的内销产品的销项税即为总的销项税。

第一年　　　　　销项税 = $\frac{62160}{(1+17\%)} \times 17\% = 9032$ 万元

第二年及以后各年　销项税 = $\frac{77700}{(1+17\%)} \times 17\% = 11290$ 万元

根据表8-6来计算项目的进项税，在实际工作中，根据所有外购物资的增值税发票确定总的进项税。但在项目评价中，要通过计算来确定，如果外购材料采购用的是含税价格，就必须反推税金，计算结果见表8-7。

产品总进项税计算（金额单位：万元）　　　　　　　　　表8-7

项　目	进项税率（%）	第一年金额	第二年以后金额	第一年进项税	第二年以后进项税
一、原材料					
1. 国产钢坯	17	68022	85027	9884	12354
2. 进口钢坯	17			2450	3062
减：回收废钢	17	-1008	-1260	-146	-183
二、辅助材料					
1. 轧辊	17	461	576	67	84
2. 耐火材料	17	22	28	3	4
3. 润滑油	17	48	60	7	9
4. 其他	17	53	66	8	10
三、燃料及动力					
1. 重油	17	1037	1296	151	188
2. 外购电	17	2464	3080	358	448
3. 水	13	45	56	5	6
4. 氧气	17	6	8	1	1
5. 动力煤	17	17	21	2	3
四、其他外购品	17	813	1016	118	148
合　计	—	86390	107987	12907	16134

注：因本项目废钢要外销，所以在进项税中出现了负数。

表8-7中进口钢坯的进项税为进口时所交的增值税，其计算公式为：

进口钢坯单位税金×总消耗量。

则投产第一年　　　$367.35 \times 0.2084 \times 40 \times 80\% = 2450$ 万元

投产第二年及以后　　　　$367.35 \times 0.2084 \times 40 \times 100\% = 3062$ 万元

在以上计算出的销项税和进项税的基础上，可以计算其增值税。

投产第一年　　　　　　　　$9032 - 12907 = -3875$ 万元

投产第二年及以后各年　$11290 - 16134 = -4844$ 万元

增值税为负数，说明项目的进项税大于销项税，这在出口比例较大的项目中会出现。全部产品都内销的项目，增值税绝不可能为负数。总的销售税金为增值税、城市维护建设税及教育费附加之和。目前的城市建设税和教育费附加的征收是和增值税挂钩的，增值税为负数就不缴纳城市维护建设税及教育费附加。如果国家以后有文规定这两项附加税和销售收入挂钩，就得按国家具体规定来计算。本项目的增值税为负数，城市维护建设税为零，增值税即为销售税金。

投产第一年　　　　　　　$-3875 \times (1 + 0\% + 0\%) = -3875$ 万元

投产第二年及以后各年　　$-4844 \times (1 + 0\% + 0\%) = -4844$ 万元

（五）利润及收益计算

在以上计算的基础上，可以计算项目的税前利润和税后利润，其计算公式为：

税前利润 = 销售收入 - 销售税金 - 总成本费用

税后利润 = 税前利润 - 所得税

所得税的计算公式为：

所得税 = （税前利润 - 前期可扣减金额）× 所得税率

需要说明的是，在具体计算时，由于总成本中包括各种贷款利息，只有在上一年的所有计算完成后，才能计算出当年的利息，所以其计算是从前向后一年一年的平衡计算。

以第四年（投产第一年）为例，说明其计算方法如下：

税前利润 = $97507 - (-3875) - 98847 = 2535$ 万元

税后利润 = 税前利润 - 所得税 = $2535 - 2535 \times 33\% = 1699$ 万元

（六）流动资金估算

流动资金估算采用的方法主要有两种，一种是扩大指标估算法，另一种是分项详细估算法。流动资金应在投产前开始筹措并使用，在可行性研究中，为简化计算，可在投产第一年开始，按达产比例投入。

（1）扩大指标估算法

指参照同类生产项目或现有企业的流动资金占销售收入、经营成本、固定资产的比率以及单位产量占用流动资金额等来估算流动资金的方法。使用时需结合具体项目的特点。

（2）分项详细估算法

按照流动资产和流动负债各细项的周转天数或年周转次数来估算各细项的流动资金需要量，并按流动资金等于流动资产减流动负债来计算总流动资金需要量。如需要编制资产负债表，就必须采用分项详细估算法来确定流动资金额。

流动资产 = 应收帐款 + 库存材料 + 备品备件 + 在产品 + 产成品 + 现金

流动负债 = 应付帐款

流动资金详细估算法需要参照表8-6，即总成本费用估算表。本项目采用该方法来估算流动资金需用额。

以第四年的流动资金计算为例说明其计算方法，年周转次数根据周转天数计算，周转天数根据项目的具体情况来确定，见表8-8。

流动资金估算（金额单位：万元） 表8-8

项目	年周转次数	4	5	6	7～15
一、流动资产					
1.应收账款	18.0	5172	6407	6407	6407
2.存货					
原料	12.0	7040	7040	7040	7040
辅助材料	6.0	97	122	122	122
燃料动力	12.0	246	307	307	307
备品备件	6.0	100	125	125	125
在产品	46.4	1940	2403	2403	2403
产成品	18.0	5172	6407	6407	6407
3.库存现金	12.0	338	353	353	353
二、流动负债					
应付账款	18.0	4890	6112	6112	6112
三、净流动资金		15216	18812	18812	18812
四、流动资金增加额		15216	3596		

$$周转次数 = \frac{360}{周转天数}$$

各细项的详细估算方法如下：

$$应收账款 = \frac{年经营成本}{周转次数} = \frac{93097}{18} = 5172 \text{万元}$$

$$外购原料 = \frac{年外购原料}{周转次数} = \frac{84482}{12} = 7040 \text{万元}$$

$$辅助材料 = \frac{年辅助材料}{周转次数} = \frac{584}{6} = 97 \text{万元}$$

$$燃料及动力 = \frac{年外购燃料等}{周转资料} = \frac{2950}{12} = 246 \text{万元}$$

$$备品备件 = \frac{年备品备件费}{周转次数} = \frac{600}{6} = 100 \text{万元}$$

$$在产品 = \frac{年外购原辅料（燃料动力费）+工资及福利+修理费+其他费}{周转次数}$$

$$= \frac{84482 + 584 + 2950 + 513 + 828 + 707}{46.4} = 1940 \text{万元}$$

$$产成品 = \frac{年经营成本}{周转次数} = \frac{93097}{18} = 5172 \text{万元}$$

$$库存现金 = \frac{工资及福利费+其他费用}{周转次数} = \frac{513 + 707 + 3653 - 813}{12} = 338 \text{万元}$$

$$应付账款 = \frac{外购原辅料（燃料动力）}{周转次数} = \frac{84482 + 584 + 2950}{18} = 4890 \text{万元}$$

$$流动资金占用 = 流动资产 - 流动负债 = 20196 - 4890 = 15216 \text{万元}$$

其他各年的流动资金占用的计算同理，计算的结果见表8-8。

（七）资本化利息和贷款偿还计划

资本化利息是指在项目建设期，投入的贷款资金在建设期产生的贷款利息转变成投入资本。资本化利息之所以要单独计算是因为：项目在建设期没有任何收入，而一般贷款在建设期要偿还利息，在资金筹措时一定要考虑这部分资金的来源。根据规定，这部分投入作为递延资产参与摊销。资本化利息的计算也是利息计算的一种，其计算要遵守利息计算的原则。在项目评价中，计算利息的原则为：

（1）资金投入一般从年初到年末连续投入，因此可简单地把当年投入的贷款资金看成是年中投入，当年应计半息。

（2）当年偿还的贷款看成是在年末发生的。

（3）完整的贷款除支付利息外，还要另计管理费和承诺费等贷款费用，在高阶段研究可采用适当提高利率来处理，如有商务合同可单独计算。

（4）上年累计未偿还的利息到该年应计算利息。

每年应计算利息的计算公式为：

$$每年应计利息 = \left(年初贷款本息累计 + \frac{本年借款额}{2}\right) \times 年利率$$

项目投产后，应逐步偿还所借的贷款。贷款偿还计划的制订要根据项目每年的偿还能力、贷款机构对还款的要求及各种贷款的利率情况来综合确定。

贷款的偿还方式主要有如下几种：

（1）等额偿还本金和利息总额。该方法每年偿还的金额相等，每年偿还的本金逐年增加，而利息逐年减少。

$$每年偿还额 = I_c \times (A/P, i, n)$$

每年偿还利息 = 年初累计未偿还贷款 × 年利率

每年偿还本金 = 每年偿还额 - 每年偿还利息

式中　I_c——建设期末或贷款宽限期末累计贷款本息和；

　　　I——贷款年利率；

　　　n——贷款偿还年限。

（2）等额偿还本金。该方法每年偿还的本金数相等，每年发生的利息照付。

$$每年偿还的本金额 = \frac{I_c}{n}$$

每年支付利息 = 年初累计未偿还贷款 × 年利率

（3）非等额偿还。该方法每年偿还的金额是不等的，偿还额的多少根据项目偿还能力来决定，偿还能力大的年份多还，偿还能力小的年份少还。这种方式不规范，作为短期贷款平衡或测算项目的偿还能力可以使用。

在做贷款偿还计划时，对条件苛刻的款项按贷款的要求偿还，对条件优惠偿还方式灵活的款项可根据项目情况确定。

建设期利息即资本化利息，可以通过表8-9计算出：

第一年的利息为261万元，分项计算如下：

出口信贷　　　　$\frac{2678}{2} \times 8\% = 107$ 万元

国外商贷　　　　$\frac{473}{2} \times 9.5\% = 22$ 万元

国内建行 $\dfrac{2011}{2} \times 13\% = 131$ 万元

由于建设期没有能力偿还利息，年末通过借130万元的外汇短贷和131万元的人民币短贷来平衡。

第二年的利息为963万元，分项计算如下：

出口信贷 $\left(2678 + \dfrac{4284}{2}\right) \times 8\% = 386$ 万元

国外商贷 $\left(473 + \dfrac{756}{2}\right) \times 9.5\% = 81$ 万元

国内建行 $\left(2011 + \dfrac{3217}{2}\right) \times 13\% = 471$ 万元

外汇短贷 $130 \times 9\% = 12$ 万元

人民币短贷 $131 \times 10.98\% = 14$ 万元

年末通过借478万元的外汇短贷和485万元的人民币短贷来平衡。

第三年的利息为1840万元，分项计算如下：

出口信贷 $\left(2678 + 4284 + \dfrac{3749}{2}\right) \times 8\% = 707$ 万元

国外商贷 $\left(473 + 756 + \dfrac{662}{2}\right) \times 9.5\% = 148$ 万元

国内建行 $\left(2011 + 3217 + \dfrac{2815}{2}\right) \times 13\% = 863$ 万元

外汇短贷 $(130 + 478) \times 9\% = 55$ 万元

人民币短贷 $(131 + 485) \times 10.98\% = 68$ 万元

年末通过借910万元的外汇短贷和930万元的人民币短贷来平衡。

资本化利息为三个利息之和

$$261 + 963 + 1840 = 3064 \text{ 万元}$$

上述计算是把项目的自有资金直接用于建设资金，建设期利息通过短贷的方式解决。也有其他解决方式，例如用自有资金支付建设期利息，这时建设期利息就不用再生利息，那么计算出的建设期利息就比前者低些，资本化利息的计算也相对简单。

贷款偿还计划：

出口信贷和国外商贷的偿还期都为5年，则每年偿还的本金额分别为：

出口信贷 $\dfrac{10710}{5} = 2142$ 万元

国外商贷 $\dfrac{1890}{5} = 378$ 万元

贷款偿还的偿还顺序，一般是先还定期的，如出口信贷和国外商贷，但偿还能力是有限的，如果不足，需要透支平衡；其次为外汇短贷；再次是人民币短贷。还本付息计算见表8-9。

还本付息计算　　（金额单位：万元）　　表8-9

项　目	合　计	1	2	3	4	5	6	7	8	9
一、年初贷款累计										
（1）出口信贷			2678	6962	10710	8568	6426	4284	2142	
（2）国外商贷			473	1229	1890	1512	1134	756	378	
（3）建行贷款			2011	5228	8043	8043	6801	3355		
（4）外汇短贷			130	608	1517	316				
（5）人民币短贷			131	616	1546	1546				
二、本年贷款										
（1）出口信贷	10710	2678	4284	3749						
（2）国外商贷	1890	473	756	662						
（3）建行贷款	8043	2011	3217	2815						
（4）外汇短贷	1517	130	478	910						
（5）人民币短贷	1546	131	485	930						
三、本年利息										
（1）出口信贷	3770	107	386	707	857	865	514	343	171	
（2）国外商贷	790	22	81	148	180	144	108	72	36	
（3）建行贷款	4875	131	471	863	1046	1046	884	436		
（4）外汇短贷	231		12	55	137	28				
（5）人民币短贷	421		14	68	170	170				
四、本年偿还利息										
（1）出口信贷	3770	107	386	707	857	685	514	343	171	
（2）国外商贷	790	22	81	148	180	144	108	72	36	
（3）建行贷款	4875	131	471	863	1046	1046	884	436		
（4）外汇短贷	231		12	55	137	28				
（5）人民币短贷	421		14	68	170	170				
五、本年偿还本金										
（1）出口信贷	10710				2142	2142	2142	2142	2142	
（2）国外商贷	1890				378	378	378	378	378	
（3）建行贷款	8043					1243	3446	3355		
（4）外汇短贷	1517				1201	316				
（5）人民币短贷	1546					1546				
六、年末贷款累计										
（1）出口信贷			2678	6962	10710	8568	6426	4284	2142	
（2）国外商贷			473	1229	1890	1512	1134	756	378	
（3）建行贷款			2011	5228	8043	8043	6801	3355		
（4）外汇短贷			130	608	1517	316				
（5）人民币短贷			131	616	1546	1546				

需要说明的是，每年偿还贷款的资金为折旧费、摊销费用及所得税后利润。在计算时需要总成本费用表、损益计算表及还本付息表同时计算，只有上一年三个表的结果都出来后，才能计算本年的结果。其计算顺序为：计算还本付息表的当年利息；计算总成本费用表的总成本费用；计算损益计算表的税后利润；根据当年的偿还能力确定当年各种贷款偿还额。重复以上的顺序再计算下一年的结果。

（八）资金筹措计划

资金筹措计划指通过对项目的研究，根据项目的资金需求及其投入的时间，安排建设资金的使用，为项目寻求适宜的筹资方式，估计获得资金的可能性，在可能的情况下选择筹资成本低的筹资方式。资金筹措在项目建设中占有重要的位置，如果筹措不到资金，投资方案再合理，也不能付诸实施。

1．项目需要筹措的资金种类

需要考虑筹措的资金主要有：固定资产投资、建设期贷款利息、流动资金、投产初期亏损而发生的透支、因偿还能力不够而需补充的资金等。

2．项目资金筹措的主要渠道

（1）自有资金。项目建设者自己投入的资金，作为注册资本投入。

（2）贷款。贷款有如下几种形式：

1）国内银行贷款。按照贷款的情况不同，可以分为固定资产投资贷款、流动资金贷款和外汇贷款。目前工业交通建设项目的固定资产贷款由建设银行提供，流动资金贷款由工商银行提供，外汇贷款由中国银行统一归口解决。固定资产投资贷款一般贷款期限较长，而流动资金贷款期限较短，一般在一年以内。项目总流动资金中，银行提供70%的流动资金贷款，其余需要企业自己解决。

2）外国政府贷款。这类贷款利率较低，一般在3%左右，有的为无息贷款；宽限期和贷款偿还期限长，一般在20~30年，它是援助别国或促进本国出口贸易的贷款。

3）国际金融机构贷款。国际金融机构主要有世界银行集团、国际货币基金组织等。世界银行集团由国际复兴开发银行（世界银行）、国际开发协会和国际金融公司组成。世界银行的贷款一般是针对某一具体项目，其特点是：贷款期限较长，最长可达30年，平均为十几年，宽限期4年左右，利率低于资本市场的利率，要获得其贷款需要的手续复杂。国际开发协会主要是向低收入的国家提供无息贷款，其特点是：无息；宽限期和贷款偿还期都长；主要用于基础项目的建设。国际金融公司主要是向不发达国家的私人企业贷款或直接投资，有时也向政府贷款，其特点是：贷款期限较长；有一定宽限期；利率高于世界银行的利率。国际货币基金组织贷款主要是解决成员国国际收支不平衡的短期资金需求等。

4）出口信贷。是发达国家出于出口设备的竞争，为促进和提高本国产品在国际上的竞争力，在本国商业银行设立的一种供出口商或进口商使用的一种贷款。贷款利率低于商业贷款利率，其差额由国家负担。出口信贷分为短期（一般不超过1年）、中期（一般为1~5年）、长期（5~10年）出口信贷，按借款的对象不同可分为买方信贷和卖方信贷。

5）商业贷款。为自由外汇贷款，其贷款利率较高，随国际金融市场资金供求情况浮动，货币不同，贷款利率不同，软货币贷款利率较高，硬货币贷款利率较低。

6）混合贷款。是外国政府低息贷款和出口信贷两者混合的贷款，其贷款利率较出口信贷利率低、期限长、费用也低。

(3) 其他资金来源主要有：补偿贸易。指贷款者不直接提供贷款，而是以机器设备等作价作为贷款，此贷款用该项目的全部或部分产品分期返销补偿，叫直接补偿，用项目外其他产品补偿，叫间接补偿。

租赁信贷。由租赁公司垫付资金，购买设备，租给用户。租赁期间，用户按期交付租金。承租人有权退租、续租或作价购买。

通过国内外银行发行债券或股票等。

资金的来源渠道较多，对一个具体项目，需要根据具体情况选择可能的贷款种类和贷款期限。

本项目的资金筹措情况见表8-10。编制该表的数据来源如下：

固定资产投资、固定资产投资借款、资本金、流动资金借款四项根据资金投入计划确定；流动资金来源于表8-8（流动资金估算）；生产期透支、短期贷款来源于表8-9（还本付息表）。

短期借款一般是年末平衡产生的借款，因此当年不计息。流动资金一般在投产前筹措，为简化计算、常在投产年初筹措，如通过贷款解决，则当年要计全息。

由表8-10可以看出项目总资金及分年资金的需求及来源情况。项目的总资金需求为46875万元，其中固定资产投资25000万元，流动资金18812万元，资本化利息3063万元，投产初期的透支0。其资金来源情况为：投入的资本金10000万元，出口信贷10710万元，国外商贷1890万元，外汇短贷1517万元，人民币短贷1546万元，流动资金贷款13168万元。分年的资金需求及来源情况见表8-10。

投资总额和资金筹措（单位：万元） 表8-10

项　　目	合　计	1	2	3	4	5
一、投资总额						
1. 固定资产投资	25000	6250	10000	8750		
2. 建设期利息	3063	260	963	1840		
3. 流动资金	18812				15216	3596
二、生产期透支						
需求合计	46875	6510	10963	10590	15216	3596
一、资本金	10000	1089	1743	1525	4565	1079
1. 用于固定资产投资	4357	1089	1743	1525		
2. 用于流动资金	5643				4565	1079
二、固定资产投资借款	20644	5161	8257	7225		
1. 出口信贷	10710	2678	4284	3749		
2. 国外商贷	1890	473	756	662		
3. 建行贷款	8044	2011	3217	2815		
三、短期借款	3063	260	963	1841		
1. 外汇短期贷款	1517	130	478	910		
2. 人民币短期贷款	1546	131	485	930		
四、流动资金借款	13168				10651	2517
来源合计	46875	6510	10963	10590	15216	3596

至此，财务评价的六个辅助报表全部列出：
产品销售收入估算表，见表8-3；
单位产品成本估算表，见表8-5；
总成本费用估算表，见表8-6；
流动资金估算表，见表8-8；
还本付息表，见表8-9；
投资总额和资金筹措，见表8-10。

二、基础财务报表的编制

在辅助财务报表的基础上可以顺利编制基础财务报表。

现金流量表反映项目计算期各年的现金流入及现金流出情况，用于计算各种动态及静态指标，进行项目财务盈利性分析。现金流量表（全部投资）以全部投资为基础，用于计算全部投资的盈利性指标；现金流量表（自有资金）以投资者的出资额为基础，把借款的本金和利息偿还作为现金流出用于计算自有资金的盈利性指标。计算的主要指标有：全部投资财务内部收益率、财务净现值、投资回收期、自有资金财务内部收益率、财务净现值。

损益表反映项目生产期各年的税前利润、所得税及税后利润的分配情况，用于计算投资利润率、投资利税率及资本金利润率等指标。

资金来源与运用表反映项目计算期各年的资金盈余及短缺情况，用于选择资金筹措方案，制定适宜的借款及偿还计划，并为编制资产负债表提供依据。利用资金来源与运用表的数据，可计算贷款偿还期等指标，进行项目的清偿能力分析。

资产负债表反映项目计算期各年末资产、负债及所有者的权益的增减变化及其对应关系，以考察项目资产、负债及所有者权益的结构是否合理。利用资产负债表的数据，可计算的指标为资产负债率、流动比率、速动比率等，进行项目的清偿能力分析。

财务外汇平衡表反映项目计算期内各年的外汇余缺程度。利用外汇平衡表的数据，可计算的指标为净外汇流量、财务外汇净现值等，进行外汇平衡分析。

财务评价的基本报表主要有如下六个：
现金流量表（全部投资），见表8-12；
现金流量表（自有资金），见表8-13；
损益计算表，见表8-11；
资金来源与运用表，见表8-14；
资产负债表，见表8-15；
财务外汇平衡表，见表8-16。

损 益 计 算 表 （单位：万元） 表8-11

项 目	合 计	1	2	3	4	5	6	7	8	9～13	14	15
一、产品产量	472				32	40	40	40	40	40	40	40
二、产品销售收入	1438231				97507	121884	121884	121884	121884	121884	121884	121884
三、销售税金及附加	-57159				-3875	-4844	-4844	-4844	-4844	-4844	-4844	-4844
四、总成本费用	1407400				98847	121037	120470	119815	119171	118351	118351	118351

续表

项　目	合　计	1	2	3	4	5	6	7	8	9~13	14	15
其中：经营成本	1361678				93097	115326	115326	115326	115326	115326	115326	115326
折旧及摊销	21623				2193	2193	2193	2193	2193	1580	1380	1380
利息支出	24099				3558	3519	2952	2297	1653	1446	1446	1446
五、利润总额	87990				2535	5691	6258	6913	7557	8377	8577	8577
六、弥补年度亏损												
七、所得税	29037				837	1878	2065	2281	2494	2764	2830	2830
八、税后利润	58953				1699	3813	4193	4632	5063	5612	5746	5746
九、盈余公积金	5321				170	381	419	463	506	561	575	0
十、分配利润	40889							487	4229	5051	5172	5746
十一、未分配利润	12743				1529	3432	3774	3682	327			

现金流量表（全部投资）　　（单位：万元）　　　　　　　　　　　　　表8-12

项　目	合　计	1	2	3	4	5	6	7	8	9~13	14	15
生产负荷					80%	100%	100%	100%	100%	100%	100%	100%
一、现金流入												
1. 销售收入	1438231				97507	121884	121884	121884	121884	121884	121884	121884
2. 回收固定资产余值	6440											6440
3. 回收流动资金	18812											18812
流入小计	1463483				97507	121884	121884	121884	121884	121884	121884	147136
二、现金流出												
1. 固定资产投资	25000	6250	10000	8750								
2. 流动资金	18812				15216	3596						
3. 经营成本	1361678				93092	115326	115326	115326	115326	115326	115326	115326
4. 销售税金及附加	-57159				-3875	-4844	-4844	-4844	-4844	-4844	-4844	-4844
5. 所得税	29037				837	1878	2065	2281	2494	2764	2830	2830
流出小计	1377367	6250	10000	8750	105274	115956	112547	112763	112975	113246	113312	113312
三、净现金流量	86116	-6250	-10000	-8750	-7767	5928	9337	9121	8909	8638	8572	33824
四、累计净现金流量		-6250	-16250	-25000	-32767	-26838	-17501	-8380	529	43720	52292	86116

计算指标：财务内部收益率（IRR）= 18.26%，财务净现值（i = 15%）= 4970 万元，投资回收期 = 7.94 年。

现金流量表（自有资金）　　（单位：万元）　　　　　　　　　　　　　表8-13

项　目	合　计	1	2	3	4	5	6	7	8	9~13	14	15
生产负荷					80%	100%	100%	100%	100%	100%	100%	100%
一、现金流入												
1. 销售收入	1438231				97507	121884	121884	121884	121884	121884	121884	121884
2. 回收固定资产余值	6440											6440
3. 回收自有流动资金	5643											5643
4. 短期贷款	3063		260	963	1840							
流入小计	1453378		260	963	1840	97507	121884	121884	121884	121884	121884	133967

续表

项目	合计	1	2	3	4	5	6	7	8	9~13	14	15
二、现金流出												
1. 自有固定资产投资	4357	1089	1743	1525								
2. 自有流动资金	5643				4565	1079						
3. 偿还借款本金	23707				3721	5624	5966	5875	2520			
4. 偿还借款利息	10513	260	963	1840	2388	2073	1506	851	207			
5. 偿还流动资金利息	17047				1169	1446	1446	1446	1446	1446	1446	1446
6. 经营成本	1361678				93097	115326	115326	115326	115326	115326	115326	115326
7. 销售税金及附加	-57159				-3875	-4844	-4844	-4844	-4844	-4844	-4844	-4844
8. 所得税	29037				837	1878	2065	2281	2494	2830	2830	2830
流出小计	1394424	1349	2706	3365	101902	122582	121465	120934	117148	114758	114758	114758
三、净现金流量	58953	-1089	-1743	-1525	-4395	-689	419	950	4736	7192	7126	19210
四、累计净现金流量		-1089	-2832	-4357	-8751	-9449	-9030	-8080	-3344	39744	39744	58953

计算指标：财务内部收益率（IRR）=26.73%，财务净现值（$i=15\%$）=7209万元，投资回收期=8.46年。

资金来源与运用表　（单位：万元）　　　表 8-14

项目	合计	1	2	3	4	5	6	7	8	9~12	13	14	15
一、资金来源													
1. 利润总额	87990				2535	5691	6258	6913	7557	8377	8377	8577	8577
2. 折旧及摊销	21623				2193	2193	2193	2193	2193	1580	1580	1380	1380
3. 固定资产投资借款													
（1）国外借款	12600	3150	5040	4410									
（2）国内借款	8043	2011	3217	2815									
4. 短期借款													
（1）外汇短贷	1517	130	478	910									
（2）人民币短贷	1546	131	485	930									
5. 流动资金借款	13168				10651	2517							
6. 企业自有资金													
（1）固定资产投资	4357	1089	1743	1525									
（2）流动资金	5643				4565	1079							
7. 回收固定资产余值	6440												6440
8. 回收自有流动资金	5643												5643
来源小计	168572	6510	10963	10590	19943	11480	8451	9106	9749	9957	9957	9957	22040
二、资金运用													
1. 固定资产投资	25000	6250	10000	8750									
2. 建设期利息	3063	260	963	1840									
3. 流动资金	18812				15216	3596							
4. 所得税	29037				837	1878	2065	2281	2494	2764	2764	2830	2830
5. 偿还长期贷款本金	20643				2520	3763	5966	5875	2520				
6. 偿还短期贷款本金	3063				1201	1862							
7. 分配利润	40889							487	4229	5051	5051	5172	5746
运用小计	140507	6510	10963	10590	19774	11098	8031	8643	9243	7815	7815	8002	8577
三、盈余资金	28064	0	0	0	170	331	419	463	506	2141	2141	1955	59428
四、累计盈余资金	89548	0	0	0	170	551	970	1434	1940	10505	12646	14601	28064

计算指标：项目贷款偿还期 = 7.37 年。

资产负债表 （单位：万元） 表 8-15

项 目	合计	1	2	3	4	5	6	7	8	9	10	11	12	13	14	15
一、资产		6510	17473	28063	46146	49153	47380	45650	43964	44525	45086	45648	46209	46770	47345	47345
1. 流动资产总额					20275	25475	25894	26358	26864	29005	31146	33288	35429	37570	39525	40905
应收账款					5172	6407	6407	6407	6407	6407	6407	6407	6407	6407	6407	6407
库存货物					14595	18164	18164	18164	18164	18164	18164	18164	18164	18164	18164	18164
库存现金					338	353	353	353	353	353	353	353	353	353	353	353
累计盈余资金					170	551	970	1434	1940	4081	6222	8364	10505	12646	14601	28064
2. 在建工程		6510	17473	28063												
3. 固定资产净值					21620	20240	18860	17480	16100	14720	13340	11960	10580	9200	7820	6440
4. 无形递延资产净值					4250	3438	2625	1813	1000	800	600	400	200			
二、负债及所有者权益		5610	17473	28063	46146	49153	47380	45650	43964	44525	45086	45648	46209	46770	47345	47345
1. 流动负债总额		260	1223	3063	17402	19280	19280	19280	19280	19280	19280	19280	19280	19280	19280	19280
应付账款					4890	6112	6112	6112	6112	6112	6112	6112	6112	6112	6112	6112
流动资金借款					10651	13168	13168	13168	13168	13168	13168	13168	13168	13168	13168	13168
短期借款		260	1223	3063	1862											
2. 长期借款		5161	13418	20643	18123	14361	8395	2520								
3. 所有者权益		1089	2832	4357	10620	15512	19704	23850	24683	25245	25806	26367	26928	27490	28064	28064
资本金		1088	2832	4351	8921	10000	10000	10000	10000	10000	10000	10000	10000	10000	10000	10000
累计盈余公积金					170	551	970	1434	1940	2501	3062	3624	4185	4746	5321	5321
累计未分配利润					1529	4960	8734	12416	12743	12743	12743	12743	12743	12743	12743	12743
计算指标																
资产负债率（%）		83.3	83.8	84.5	77.0	68.4	58.4	47.8	43.9	43.3	42.8	42.2	41.7	41.2	40.7	40.7
流动比率					1.17	1.32	1.34	1.37	1.39	1.50	1.62	1.73	1.84	1.95	2.05	2.12
速动比率					0.33	0.38	0.40	0.42	0.45	0.56	0.67	0.78	0.90	1.01	1.11	1.18

外汇流量表 （单位：万美元） 表 8-16

项 目	合计	1	2	3	4	5	6	7	8	9～14	15
一、外汇流入											
1. 产品外销收入	62068				4208	5260	5260	5260	5260	5260	5260
2. 出口信贷	1275	319	510	446							
3. 国外商贷	225	56	90	79							
4. 外汇短期贷款	181	15	57	108							
外汇流入小计	63749	390	657	633	4208	5260	5260	5260	5260	5260	5260
二、外汇流出											
1. 固定资产投资中外汇	1500	375	600	525							
2. 进口原料	24099				1634	2042	2042	2042	2042	2042	2042
3. 进口备品备件	900				75	75	75	75	75	75	75
4. 偿还外汇贷款本金											
（1）出口信贷本金	1275				255	255	255	255	255		
（2）商贷本金	225				45	45	45	45	45		
（3）短贷本金	181				143	38					
5. 偿还外汇贷款利息											
（1）出口信贷利息	449	13	46	84	102	82	61	41	20		
（2）商贷利息	94	3	10	18	21	17	13	9	4		
（3）短贷利息	28		1	7	16	3					
外汇流出小计	28750	390	657	633	2292	2557	2491	2467	2442	2117	2117
三、净外汇流量	34998				1916	2703	2769	2793	2818	3143	3143

外汇净现值（$i=15\%$）= 9882 万美元。

三、财务盈利性分析

财务盈利性分析主要是对建设项目预期的盈利状况进行分析，把计算出的反映盈利性的指标与基准指标或最低期望指标进行比较，看项目的盈利是否达到要求。

本项目的盈利性指标的计算及分析：

（一）全部投资现金流量表。本项目全部投资现金流量表见表 8-12。表中销售收入项来源于表 8-3（销售收入计算）；固定资产投资项来源于表 8-10（投资总额和资金筹措）；流动资金项来源于表 8-8（流动资金估算）；经营成本项来源于表 8-6（总成本费用计算）。由表 8-12 计算的全部投资的指标有：财务内部收益率由各年的净现金流量用试差法计算，得出结果为 18.26%；财务净现值的计算是把各年的净现金流量按 15% 的折现率折现后加总，得 4970 万元；投资回收期的计算按公式计算如下：

$$7 + \frac{8380}{8909} = 7.94 \text{ 万元}$$

（二）自有资金现金流量表。本项目自有资金流量见表 8-13。表中销售收入项来源于表 8-3（销售收入计算）；自有固定资产投资项和自有流动资金项来源于表 8-10（投资总额和资金筹措）；偿还借款本金项和偿还借款利息项来源于表 8-9（还本付息计算）；经营成本项来源于表 8-6（总成本费用计算）；销售税金及附加项和所得税项来源于表 8-11（损益计算）。由该表计算的自有资金的指标有：自有资金财务内部收益率由各年的净现金流量用试差法计算，得出结果为 26.73%；财务净现值的计算是把各年的净现金流量按 15% 的折现率折现后加总，得 7209 万元；投资回收期的计算按公式计算如下：

$$8 + \frac{3344}{7192} = 8.46 \text{ 万元}$$

（三）损益计算表。损益计算见表 8-11。表中销售收入项来源于表 8-3（销售收入计算）；总成本费用项来源于表 8-6（总成本费用计算）；其他各项的计算如下：

利润总额 = 销售收入 − 销售税金及附加 − 总成本费用

弥补年度亏损。按国家规定，在计算所得税时，如果项目发生年度亏损，可用下年度的利润补偿，但最长不得超过 5 年。计算所得税时，用补偿后的剩余利润作为基数，所得税税率为 33%。

所得税 =（利润总额 − 弥补年度亏损）× 33%

盈余公积金。按国家规定，在税后利润中按一定的比例提取。

可分配利润。还款后的税后利润减去盈余公积金后的剩余部分计入可分配利润。

未分配利润。在还款期中，把提取盈余公积金后的利润用于还款，其额度计入未分配利润。

由表 8-11 计算的静态指标有：投资利润率、投资利税率和资本利润率。由于各正常年的利润也不尽相同，在计算时，可以计算生产期的平均值，也可以用某一正常年的代表，并加以标明。本项目（第八年）的投资利润率为 10.80%，投资利税率为 16.12%，资本金利润率为 50.63%。

$$投资利润率 = \frac{5063}{46875} = 10.80\%$$

$$投资利税率 = \frac{(5063 + 2494)}{46875} = 16.12\%$$

$$资本金利润率 = \frac{5063}{10000} = 50.63\%$$

(四)项目盈利性分析。由上面的计算可以看出,该项目的全部投资收益率为18.26%,高于最低期望收益率15%,说明项目的财务盈利性最好的。由投资回收期来看,全部投资的回收期为7.94年,扣去建设期3年,只有4.94年,对资金密集型的冶金项目来说,也是较短的。项目的自有资金收益率高达26.73%,这也是很不错的,主要是由于资本金比例较小和筹资成本较低的缘故,使自有资金收益率高出全部投资收益率较多。通过对项目的盈利性的分析可以得出结论:该项目的盈利性较好,满足了项目投资者的要求。

四、清偿能力分析

(一)资金来源与运用表。见表8-14。编制该表的数据来源如下:利润总额、所得税、分配利润三项来源于表8-11(损益估算表);折旧与摊销项来源于表8-4(折旧及摊销费计算);回收固定资产余值、回收自有流动资金二项来源于表8-13(自有资金现金流量表);固定资产投资借款、短期借款、流动资金借款、自有资金、固定资产投资、建设期利息及流动资金等七项来源于表8-10(投资总额和资金筹措);偿还长期贷款本金、偿还短期贷款本金二项来源于表8-9(还本付息表),盈余资金等于来源小计减运用小计。

由表8-14可以计算项目的贷款偿还期,该项目的偿还期为7.35年。

$$贷款偿还期 = 7 + \frac{2520}{4229 + 2520} = 7.37 年$$

(二)资产负债表。项目的资产负债表见表8-15,编制该表的数据来源说明如下:应收账款、应付账款、库存货物、库存现金四项来源于表8-8(流动资金估算);累计盈余资金来源于表8-14(资金来源与运用表),在建工程为累计的投资额;固定资产净值为固定资产原值减去累计的折旧,无形及递延资产净值为无形及递延资产减去累计的摊销,流动资金借款、短期借款、长期借款都为未偿还的借款,资本金为累计投入的自有资金,累计盈余公积金、累计未分配利润二项来源于表8-11(损益计算表)。

由表8-15可以计算项目的资产负债率、流动比率及速动比率;计算的各年不同结果反映了项目寿命期的动态变化。现以投产第一年的计算为例来说明计算的方法。各年的指标见表8-15。

$$资产负债率 = \frac{17402 + 18123}{46146} = 0.77$$

$$流动比率 = \frac{20275}{17402} = 1.17$$

$$速动比率 = \frac{20275 - 14595}{17402} = 0.33$$

(三)清偿能力分析。由表8-14可以看出项目各年的资金盈余及短缺情况。项目建设期发生的贷款利息通过借短贷来平衡,项目投产后,能顺利偿还各种贷款,没有发生某年因资金短缺而透支的情况。项目的贷款偿还期为7.37年,对冶金项目来说是较短的,它满足了各贷款者的要求。

由表 8-15 可以看出项目各年的资产、负债及所有者权益的动态变化情况。资产负债率在建设期末达到最高，为 0.845，在寿命期末达到最低，为 0.324，流动比率在投产第一年为 1.17，说明流动资产是流动负债的 1.17 倍，流动资产偿还流动负债有余，但速动比率只有 0.33，说明流动资产主要是存货、变现能力差，所以投产初期，有一定的财务风险。随后流动比率和速动比率都增加，到第九年以后，财务风险大大降低。

五、外汇平衡分析

我国是发展中国家，发展经济需要大量的外汇，而且外汇还不能自由兑换。在经济评价中，凡有外汇收支的建设项目应以项目为系统，对项目所涉及的所有外汇进行外汇平衡分析，以考察项目的创汇能力，对外汇不能平衡的项目应提出具体的解决办法。

本项目外汇流量表为表 8-16。编制该表的数据来源如下：

产品销售收入来源于表 8-3（产品销售收入计算）；出口信贷、国外商贷、偿还外汇贷款本金、偿还外汇贷款利息来源于表 8-9（还本付息表）；固定资产投资中外汇等于出口信贷加国外商贷；进口原料根据表 8-5（单位产品制造成本估算）中的数据计算；进口备品备件为进口设备费的 5%；净外汇流量等于外汇流入小计减外汇流出小计。

由表 8-16 可以看出，各年的外汇都能平衡，而且都有盈余，盈余从第 4 年开始，为 1916 万美元，最大的盈余在第 9 年以后，为 3143 万美元。对各年的净现金流量按 15% 的折现率折现后的净现值为 9882 万美元。该项目能自己平衡外汇而且有外汇节余，分析表明项目的创汇能力较好。

第三节 资金规划

项目的资金规划主要是通过项目筹资来实现的。项目筹资是一种通过多种方式引进资金进行项目建设的重要手段。资金是项目正常开展的血脉，采用合理的筹资方法对项目的建设和最终完成至关重要。

一、项目筹资的策略

项目筹资是为项目投资服务的，其成本的高低会影响项目的投资效益，反过来，项目筹资也是受项目投资总量制约的，这是因为，项目筹资收益水平的高低也会直接影响筹资可接受的水平和相关的结构。所以，树立正确的项目资金策略，有利于选择合理的筹资方式，有利于项目的投资决策。

（一）确定合理的资金结构

资金结构是指项目投资资金中各种资金的构成及其比例关系。项目在进行资金筹措时，应结合资金成本及有关政策制度的规定，确定合理的自有资金与负债资金的比例。

（二）选择合适的筹资方式

各种资金筹措方式都有其资金成本。所谓资金成本，是指为筹集各使用资金而付出的代价。它一般包括资金筹集费和资金使用费，并以年资金成本率来表示。所以，项目在进行筹资时，应结合筹资方式的资金成本，选择最为有利的筹资方式。

（三）选择有利的筹资时机

项目的筹资与投资与国民经济发展状况密切相关。经济增长速度快，经济效益好，一方面为项目的投资创造了良好的时机，另一方面也会形成整个社会对资金的需求量加大、市场平均利率水平上升的局面,从而会造成项目筹资困难并提高其筹资成本。反之,如经济处于衰退阶段,则可能导致人们对未来投资丧失信心。虽然此时市场资金供应充分,资金成本也相对较低,但由于市场的不景气,则会加大投资风险,致使项目投资不能达到预期收益的目的。所以,项目的筹资与投资都有一个最佳时机选择的问题。

(四) 合理确定资金需求量与需求时间

筹集多少资金,什么时候需要资金,这是项目筹资首先要考虑和解决的一个问题。确定项目所需的资金量是筹资的依据和前提。这是因为正确核定项目所需的资金总数,有利于确定正确的筹资方式,避免不必要的资金占用和浪费。另外,确定资金的需求时间也是一个重要的问题,特别是一些大型的建设项目,其建设周期长并且需要巨额的资金筹措,因此,其货币的时间价值会显得比较敏感。如果能恰当地计算出资金的需求时间,同样可以节省一笔数量可观的资金成本。

(五) 合理组合债务偿还期

项目投资者在筹集资金债务偿还期方面要长期、中期、短期贷款合理安排,防止还款时间及额度过度集中,为以后还款安排带来困难。

(六) 外资与内资相结合

筹集内资与筹集外资相结合的策略适用于多种项目,但应综合考虑国家的宏观经济政策、外汇汇率的变动等因素,以降低筹资风险。

二、项目筹资的渠道

筹资渠道是指企业筹措资金来源的方向和通道,它体现着企业可利用资金的源泉和流量。筹资渠道是企业筹资的客观条件,为企业筹资提供了各种可能性。认识筹资渠道的种类及每种渠道的特点,有利于企业充分开拓和正确利用筹资渠道。目前,企业筹资渠道主要有以下几种:

(一) 国家财政资金

国家对项目的投资,历来是大型项目的主要资金来源。国家按照投资规划对项目进行投资,可以以拨款方式投入,也可以以基建贷款的形式投入,国家财政资金具有广阔的源泉和稳固的基础,今后仍然是项目筹集资金的重要渠道。

(二) 银行信贷资金

银行对项目的各种贷款,是项目重要的资金来源。银行信贷资金有居民储蓄、单位存款等经常性的资金源泉,贷款方式多种多样,可以适应各种项目的多种资金需要。

(三) 非银行金融机构资金

非银行金融机构主要有信托投资公司、租赁公司、保险公司、证券公司、企业集团的财务公司等。这些金融机构可以为一些项目直接提供部分资金或为项目筹资提供服务。这种筹资渠道的财力比银行要小,但具有广阔的发展前景。

(四) 企业自留资金

企业内部形成的资金,主要有计提折旧形成的临时沉淀资金、提取公积金和未分配利润而形成的资金。这是企业的"自动化"筹资渠道。随着企业经济效益的提高,企业自留资金的数额将日益增加。项目组织可以通过自留资金为项目筹集资金。

(五) 其他企业资金

企业在生产经营过程中,往往形成部分暂时闲置的资金,可在企业之间相互调剂使用。随着横向经济联合的发展，企业与企业之间资金联合和资金融通也有了广泛发展。其他企业投入资金方式包括联营、入股、债券及各种商业信用，既有长期稳定的联合，又有短期临时的融通。项目组织完全可以利用其他企业闲置资金来发展项目。

（六）民间资金

企业职工和城乡居民节余的货币，可以对企业进行投资，形成民间资金渠道。随着证券市场的发展和股份经济的推广，这一筹资渠道将会发挥越来越大的作用。

（七）外商资金

外商资金是外国投资者以及我国香港、澳门、台湾地区投资者投入的资金，这是引进外资以及外商投资企业的主要资金来源。吸收外资，不仅可以满足项目建设资金的需要，而且能够引进先进技术和管理经验。

三、项目筹资的成本计算

开始建设项目所需的资金数目巨大，一般都要进行有效的筹资活动。在进行筹资时，要充分考虑筹资的各项影响因素，尤其是成本因素。项目组织要"精打细算"，争取以较低的筹资成本达到筹资目的。

（一）银行借款的筹资成本

在考虑筹资费用的情况下，借款成本是指借款利息和筹资费用。由于借款利息计入税前成本费用，可以起到抵税的作用。因此，借款资金成本可用下式计算：

$$K_i = \frac{I_i(1-T)}{L(1-f_i)} = \frac{R_i(1-T)}{1-f_i}$$

式中　K_i——银行借款成本；

　　　I_i——银行借款利息；

　　　R_i——银行借款利率；

　　　T——所得税率；

　　　L——银行借款筹资额（借款本金）；

　　　f_i——银行借款筹资费率。

（二）债券成本

发行债券的成本主要是债券利息和筹资费用。债券的筹资费用一般较高，不可忽略；债券利息与长期借款利息处理相同。计算公式是：

$$K_c = \frac{I_b(1-T)}{B(1-f_b)} = \frac{R_b(1-T)}{1-f_b}$$

式中　K_b——债券筹资成本；

　　　I_b——债券年利息；

　　　B——债券筹资额；

　　　R_b——债券利率；

　　　f_b——债券筹资费用率；

　　　T——所得税率。

（三）普通股成本

普通股成本属权益筹资成本。权益资金的占用费是向股东分派的股利，而股利是以所得税后的净利支付的，故不能抵减所得税。计算公式是：

$$K_s = \frac{D_c}{P_c(1-f_c)} + G$$

式中　K_c——普通股成本；
　　　D_c——预期年股利额；
　　　P_c——普通股筹资额（票面值）；
　　　f_c——普通股筹资费用率（即手续费率，按发行价的百分比计）；
　　　G——普通股利年增长率；
$P_c(1-f_c)$——实收普通股金额。

（四）优先股成本

优先股的优先权利是优先于普通股分得股利，优先股的股利亦不能在税前扣除。计算公式是：

$$K_p = \frac{D}{P_p(1-f_p)}$$

式中　K_p——优先股成本；
　　　D——年支付优先股股利；
　　　P_p——优先股筹资额（票面价值）；
　　　f_p——优先股筹资费率（即手续费率）；
$P_p(1-f_p)$——企业实收优先股股金额。

（五）保留盈余资金成本

作为相对独立的企业来讲，企业的保留盈余资金，即企业的自有资金，不仅可以用来追加本企业的投资，而且也可以把资金投放到别的企业，还可以将资金存入银行获得利息。因此，项目建设使用自有资金时，也有一个如何计算其资金成本的问题。如果假定将资金存入银行，那么，银行存款利率则是项目使用自有资金的资金成本。假定采用其他方式的投资，自有资金的资金成本计算主要有两种方法：

1. 普通股资金成本法

假设对股息不征税，则保留自有资金的最低成本等于普通股资金成本。用公式表示：

$$Kr = dc$$

式中　Kr——自有资金成本；
　　　dc——普通股资金成本。

2. 外部获利标准法

任何企业应该把外部投资机会作为企业自有资金的一种可能的利用机会，同时把以前放弃的最好外部投资机会提供的盈利作为机会成本。外部获利标准计算公式为：

$$Kr = \frac{Dr}{P_o}$$

式中　Kr——自有资金资金成本；
　　　Dr——外部投资盈利额；
　　　P_o——投资于外部企业的资金总额。

（六）综合资金成本

综合资金成本就是筹资方案中各种资金筹集方式的单项资金成本的加权平均值。计算公式为：

$$K_W = \sum_{j=1}^{n} K_j \cdot W_j$$

式中 K_W——综合筹资成本；

K_j——第 j 种单项筹资方式的资金成本；

W_j——第 j 种单项筹资金额占全部筹集资金总额的比重（权数）；

n——筹资方式的种类。

总之，对筹资方案进行成本估算，主要是对项目筹资方案的安全性、经济性和可靠性的进一步分析论证。安全性是指筹资风险对筹资目标的影响程度；经济性是指筹资成本最低；而可靠性是指筹资渠道有无保证，是否符合国家政策规定。最后对资金筹措方案进行综合分析，提出最优方案。

四、项目筹资的方法

项目筹资的方式有很多种，如通过发行股票筹资、借款筹资、发行债券筹资、租赁筹资和利用外资等。下面将做详细介绍：

（一）股票筹资

国家对股票的发行程序有严格的法律规定，未经法定程序发行的股票无效。股票发行分设立发行和增资发行，两者在发行程序上有所不同。

股票筹资的特点：

股票按股东的权利义务划分为普通股和优先股。由于普通股和优先股的权利义务各不相同，股份有限公司运用普通股筹资与运用优先股筹资的特点也不一致。

1. 普通股筹资的特点

（1）普通股筹资优点

普通股筹资没有固定的股利负担。采用普通股筹资，公司没有盈利，就不必支付股利；公司有盈利，并认为适合分配股利，就可以分给股东；公司盈利较少，或虽有盈利但资金短缺或有更有利的投资机会，就可以少支付或不支付股利。

普通股资本没有固定的到期日，不用偿还。利用普通股筹集的是永久性资金，除非公司清算才需要偿还。这对于保证项目对资金的最低要求，促进项目的实施具有重要意义。

普通股筹资的风险小。由于普通股股本没有固定的到期日，一般也不用支付固定的股利，不存在还本付息的风险。

（2）普通股筹资的缺点

资金成本较高。一般来说，普通股筹资的成本要大于债务筹资。这主要是由于投资于普通股风险较高，投资者相应要求较高的报酬，并且股利应从所得税后的净利润中支付，而债务筹资其债权人风险较低，支付利息允许在所得税前扣除。同时，普通股的发行成本也较高，一般情况下，发行费用最高的是普通股的每股净收益，从而可能引起普通股股价的下跌。

2. 优先股筹资的特点

（1）优先股筹资的优点

无固定期限日，本金亦无须偿还。发行优先股筹集资金，实际上等于得到了一笔无期限的长期贷款，公司不承担还本义务。对可赎回优先股，公司可在需要时按一定的价格收回，这就使得利用这部分资金更有弹性。当财务状况较弱时发行优先股，而财务状况较强时收回，这有利于结合资金需求加以调剂，同时也便于控制公司的资本结构。

股利的支付机动灵活。一般而言，优先股都采用固定股利，但对固定股利的支付并不构成公司的法定义务。如果公司财务状况不佳，可以暂时不支付优先股股利，而且优先股股东也不能像公司债权人那样迫使公司破产。

不影响普通股股东对公司的控制权。因优先股一般没有表决权，通过发行优先股，公司普通股股东可避免与新投资者一起分享公司盈余的控制权。当公司既想向外筹措自有资金，又想保持原有股东的控制权时，利用优先股筹资尤为恰当。

(2) 优先股筹资的缺点

筹资成本高。优先股必须以高于债券利率的股利支付率出售，其成本虽低于普通股，但一般高于债券，加之优先股支付的股利要从税后利润中支付，使得优先股筹资成本较高。

财务负担重。优先股需要支付固定股利，但又不能在税前扣除，当公司盈利下降时，优先股的股利可能成为公司一项较重的财务负担，有时不得不延期支付，会影响公司的形象。

筹资限制多。发行优先股，通常有许多限制条款，例如，为了保证优先股的固定股利，当公司盈利不多时普通股就可能分不到股利。

(二) 借款筹资

任何企业在新开展的大规模项目建设中，除了自有资金外，都必然要筹措和使用一定比例的借入资金。借款筹资是企业借入资金的一种筹资方式，包括企业从银行和其他金融机构借入各种资金。借款筹资的条件和程序如下：

(1) 银行借款的条件

①申请银行基本建设借款的项目，必须具备批准的项目建议书、可行性研究报告、初步设计文件、开工报告等有关文件；

②贷款项目的投资方向应符合有关产业政策和投资政策；

③贷款项目须经有资格的咨询公司或贷款银行进行严格的项目评估；

④借款单位须具有较高的资信度。

(2) 借款的程序

①借款申请的提出

项目组织需要向银行借入资金，必须向银行提出申请，填写《借款申请书》，申请书的主要内容包括借款金额、借款用途、偿还能力以及还款方式等。同时还要向银行提供其他相关资料。

②借款申请的审查

银行接到借款申请后，要对申请进行审查，以决定是否提供贷款。

③借款合同的签订

贷款银行对借款申请审查后，认为各项均符合规定，并同意贷款的，应与借款单位签订借款合同。

④取得借款

双方签订借款合同后,贷款银行按合同的规定按期发放贷款,项目组织便可取得相应的资金。

⑤归还借款

项目组织应按借款合同的规定按时足额归还借款本息。

(三) 发行债券筹资

债券是项目组织为筹集负债资金而向投资人出具的、承诺按一定利率支付利息并到期偿还本金的债务凭证。发行债券是企业筹集资金的一种重要方式。

公司发行债券一般有发行最高限额、发行公司权益资本最低限额、公司盈利能力和债券利率水平等要求条件。在发行债券筹资过程中,必须遵循有关法律规定和证券市场规定,依次完成债券的发行工作。

债券筹资的特点

1. 债券筹资的优点

(1) 筹资成本较低。发行债券筹资的成本要比股票筹资的成本低。这是因为债券发行费用较低,其利息允许在所得税前支付,可以享受扣减所得税的优惠,所以企业实际上负担的债券成本一般低于股票成本。

(2) 保障股东控制权。债券持有人无权干涉管理事务,因此,发行企业债券不会像增发股票那样可能会分散股东对企业的控制权。

(3) 发挥财务杠杆作用。不论企业赚钱多少,债券持有人只收取固定有限的利息,而更多的收益可用于分配给股东,增加其财富,或留归企业以扩大经营。

(4) 便于调整资本结构。企业通过发行可转换债券,或在发行债券时规定可提前赎回债券,有利于企业主动地、合理地调整资本结构,确定负债与资本的有效比例。

2. 债券筹资的缺点

利用债券筹集资金,虽然有前述的一些优点,但也有明显的不足。

(1) 限制条件较多。发行债券的限制条件一般比长期借款、租赁筹资的限制条件要多而且严格,从而限制了企业对债券筹资方式的使用,甚至会影响以后的筹资能力。

(2) 筹资数量有限。利用债券筹资有一定的限度。当企业的负债比率超过了一定程度后,债券筹资的成本会迅速上升,有时甚至会发行不出去。而且国家的有关法规对企业的债券筹资额度也有限制。如我国公司法规定,发行公司流通在外的债券累计总额不得超过公司净资产的 40%。

(3) 筹资风险较高。债券有固定的到期日,并定期支付利息。利用债券筹资,要承担还本付息的义务。在企业经营不景气时,向债券持有人还本付息,无异于釜底抽薪,会给企业带来更大的困难,甚至导致企业破产。

(四) 租赁筹资

租赁是指出租人以收取租金为条件,在契约或合同规定的期限内,将资产租让给承租人使用的一种经济行为。租赁行为实质上具有借贷性质,但它直接涉及的是实物而不是资金。在租赁业务中,出租人主要是各种专业租赁公司,承租人主要是其他各类企业,租赁的对象大都是机器设备等固定资产。

租赁活动在历史上由来已久。现代租赁已经成为项目筹集资金的一种方式,用于补充或部分替代其他筹资方式。在租赁业务发达的条件下，它已被普遍采用，是项目筹资的一种特殊方式。

租赁筹资的特点

1. 租赁筹资的优点

（1）筹资速度快。租赁设备往往比借款购置设备更迅速、更灵活。因为租赁是筹资与设备购置同时进行的，可以缩短设备的购进、安装时间，使企业尽快形成生产能力，有利于企业尽快占领市场，打开销路。

（2）限制条款少。运用股票、债券、长期借款等方式筹资，都有相当多的制约条件，而租赁筹资则没有太多的限制。

（3）设备淘汰风险小。随着科学技术的不断进步，设备陈旧过时的风险很高，利用租赁筹资，可以减少这一风险。因为经营租赁期限较短，过期把设备归还出租人，这种风险完全由出租人承担；融资租赁的期限一般为资产使用年限的75%，也不会像自己购买设备那样整个期间都承担风险；多数租赁协议都规定由出租人承担设备陈旧过时的风险。

（4）到期还本负担轻。租金在整个租期内分摊，不用到期归还大量本金。许多借款都在到期日一次偿还本金，这会给财务基础较弱的企业造成相当大的困难，有时会造成不能偿付的风险。而租赁则把这种风险在整个租期内分摊，可适当减少不能偿付的风险。

（5）保存企业的借款能力。利用租赁筹资并不增加企业负债，不会改变企业的资本结构，不会直接影响承租企业的借款能力。采用租赁的形式可使企业在项目资金不足而又急需设备时，不付出大量资金就能及时得到所需设备。

（6）税收负担轻。租金费用可在税前扣除，具有抵免所得税的效用。

2. 租赁筹资的缺点

（1）筹资成本高。筹资成本高是租赁筹资的主要缺点，租金总额占设备价值的比例一般要高于同期银行贷款的利率。在承租企业经济不景气、财务困难时期，固定的租金也会构成企业一项较为沉重的财务负担。

（2）丧失资产残值。租赁期满，若承租企业不能享有设备的残值，也可视为承租企业的一种机会损失。如若企业购买资产，就可享有资产残值。

（3）难于改良资产。由于租赁资产的所有权一般归出租人所有，因此承租企业未经出租人同意，往往不得擅自对租赁资产加以改良，以满足企业生产经营的需要。

（五）利用外资

项目组织在项目实施的过程中，对项目建设资金的需求也不断扩大。合理利用外资，日益成为一种重要的筹资方式。

1. 利用外资的方式

目前项目利用外资的主要方式有两种：一是借入外资，二是吸收境外资金直接投资。

（1）借用国外资金的具体方式

①利用外国政府贷款。外国政府贷款是指外国政府提供的一种优惠贷款。这类贷款的特点是利率低、期限长。但这类贷款的附加条件是必须以贷款购买贷出国的机器设备等资本性货物。因此，这种贷款带有促进贷出国贸易的目的。

②国际金融组织贷款。这类贷款主要是指国际货币基金组织、世界银行、国际开发协会、国际金融公司、亚洲开发银行、欧洲开发银行、非洲开发基金组织等提供的贷款。它的贷款对象一般是针对该金融机构的会员或其所辖范围的国家或地区。其用途也多种多样，有的是向低收入国家提供无息贷款，有的是解决国际收支平衡的需要，有的是资助特定的基础设施、工程项目。这些贷款大多由政府出面，以特定项目为对象，具有较多的优惠措施。

③外国商业银行贷款。外国商业银行贷款是指在国际金融市场上，由外国商业银行提供的、不指定用途、由借款人自主支配使用的贷款。这类贷款往往期限较短，利率较高，且采用浮动利率，即随国际金融市场利率的波动而波动。其贷款方式一般有如下几种：银团贷款、联合贷款、单独（双边）贷款等。其偿还方式也有到期一次偿还、按年等额偿还及分次等额偿还三种。

④出口信贷。出口信贷是出口国政府为促进出口，由出口国官方、出口商或银行设立的一种供出口商或外国进口者使用的利率较低的贷款。其利率一般较市场利率低，利差由政府进行补贴。出口信贷根据提供信贷对象的不同可分为卖方信贷和买方信贷。卖方信贷是出口国银行将资金贷给本国出口商，以便将设备等产品赊卖给国外进口者，买方可用延期付款或补偿贸易等方式向卖方偿还贷款；买方信贷是由出口国银行直接贷款给外国进口者即买方或买方所在地的银行，再由当地银行转贷给买方，买方用此款向卖方支付设备等产品的贷款。

除以上几种利用外资的方式外，还有混合贷款、涉外租赁和补偿贸易等。

(2) 吸收外国投资的具体方式

①合资经营。它是指外国企业、经济组织或个人，同中国的企业和经济组织共同投资经营，共享利润并共担风险的经营方式。这种经营形式一般是由外商提供先进技术、先进的经营管理经验、外汇资金和先进的机器设备，国内投资者主要提供土地使用权、厂房、设备和劳动力等。合资经营对国外的先进技术和管理经验的引进，国内产品的出口、国际销售渠道的开拓和国际市场的进入大有裨益。

②合作经营。它一般是通过协议确定合作双方的责权利及其他经济事务。在这种经营形式中，一般是由外商向国内合作者提供资金、技术或一定数量的设备，国内合作者提供场地、原料、劳动力、现存设备、设施等，平等互利地合作开发项目或经营某企业。

③合作开发项目。合作开发是合作经营的一种特殊形式，即利用外商的资金、技术和设备，共同开发我国的自然资源。合作开发主要用于风险大、投资额高的项目。

④基础设施建设中的 BOT 方式。BOT 是建设（Build）、运营（Operate）、移交（Transfer）三个词的英文字头。BOT 方式是吸收国外无须担保的民间资本投资于基础设施建设的一种筹资和投资方式。它的具体运作是由一国（或地区）政府确立基础设施建设项目，通过招标或谈判，由谈判成功或中标的外国投资者自行筹措资金并进行建设；招标国政府授予国外投资者在项目建成后通过一定时期的运营收回其投资并取得利润的特许权；在特许权期限结束后，投资建设方将基础设施无条件地移交给招标国政府（或地区）。

2. 利用外资的条件和程序

利用外资的项目应报管理机构批准，并纳入国家利用外资计划，再由我国政府相关部门或可以经营境外外币业务的金融机构统一办理对外借贷手续。

第四节 财务效果计算

财务效果计算是项目财务分析的依据。财务效果计算是根据基本财务报表提供的资料，计算出财务评价指标体系各指标的数值，然后进行财务分析。

一、财务盈利能力计算指标

（一）财务内部收益率（FIRR）

财务内部收益率是指项目在整个计算期内各年净现金流量值累计等于零的折现率，它反映项目所占用资金的盈利率，是考察项目盈利能力的主要动态评价指标，其表达式为：

$$\sum_{i=1}^{n}(CI_t - OC_t)(1 + FIRR)^{-t} = 0$$

财务内部收益率可根据财务现金流量表中的净现金流量用试算法计算求得。当项目财务内部收益率大于或等于财务标准折现率（i_c）时，即认为其盈利能力已满足最低要求，在财务上是可以考虑接受的。

（二）财务净现值（FNPV）

财务净现值是指按财务标准折现率（i_c），将项目计算期内各年净现值流量折现至建设期初的现值之和。它是考察项目在计算期内盈利能力的动态评价指标。其表达式为：

$$PNPV = \sum_{t=1}^{n}(CI_t - CO_t)(1 + i_c)^{-t}$$

财务净现值可根据财务现金流量表计算。当项目 $FNPV \geqslant 0$ 时，在财务上是可行的。

（三）投资回收期（P_t）

投资回收期是考察项目在财务上的投资回收能力的主要静态指标，定义式见本书第二章。若 $P_t \leqslant$ 标准投资回收期（P_c），表明项目投资能在规定的时间内收回。

（四）投资利润率

投资利润率是考察项目单位投资盈利能力的静态指标，定义式见本书第二章。在财务评价中，将投资利润率与基准投资利润率对比，以判别项目单位投资盈利能力是否达到标准水平。

（五）投资利税率

投资利税率是考察项目单位投资对国家积累贡献的静态评价指标，定义式见第二章。投资利税率可根据损益表和投资估算表中的有关数据计算求得。

（六）资本金利润率

资本金利润率是反映投入项目的资本金的盈利能力的静态指标，指项目达到设计生产能力后的一个正常年产年份的年税后利润或项目生产期内的年平均税后利润与项目资本金的比率。其计算公式为：

$$资本金利润率 = \frac{年税后利润或年平均税后利润}{资本金} \times 100\%$$

二、项目偿债能力及流动性指标计算

（一）固定资产投资国内借款偿还期

是指在国家财政规定及项目具体财务条件下，以项目投产后可用于还款的资金偿还固

定资产投资国内借款本金和建设期利息所需的时间。借款偿还期可由资金来源与运用表及国内借款还本付息计算表直接推算,以年表示。当借款偿还期满足贷款机构的要求期限时,即认为项目具有偿债能力。

(二) 资产负债率

资产负债率是反映项目各年所面临的财务风险程度和偿债能力的指标。它表明了项目贷款的安全程度。

$$资产负债率 = \frac{负债合计}{资产合计} \times 100\%$$

(三) 流动比率

流动比率是反映项目各年短期偿债能力的指标。它表明了项目的短期债务可由预期在该项债务到期前变为现金的资产来偿还的能力。

$$流动比率 = \frac{流动资产总额}{流动负债总额} \times 100\%$$

一般认为,对于经营正常的项目,流动比率应维持在200%才足以表明财务状况稳定可靠。

(四) 速动比率

速动比率是反映项目快速偿付流动负债能力的指标。

$$速动比率 = \frac{流动资产总额 - 存货}{流动负债} \times 100\%$$

一般认为速动比率比流动比率更能表明项目的短期偿债能力。根据传统经验,速动比率以100%为好。但在实践中要视项目的生产特点和其他因素综合判断,不能一概而论。

第五节 案 例 分 析[❶]

某厂汽车点火系统国产化配套项目的可行性研究

本节介绍一个可行性研究应用的实例,仅供阅读参考,由于该份可行性研究报告内容比较多,为避免内容过分庞杂,就可行性研究核心——经济效益评价用比较多篇幅介绍,其余技术研究、生产工艺研究、市场环境研究等,做了比较多删减。

一、总论

世界汽车工业发展趋势之一就是汽车零部件电子化,这是世界汽车工业先进水平的一个重要标志。目前世界上有75%的轿车装上了微处理机,轿车用电子装置将从目前1亿件上升到2亿件。随着汽车电子产品的开发,为汽车工业创造了巨额财富。美国汽车电子装置的总销售额在1981年已达20亿美元,其中发动机电子点火系的装车率已达100%。到1990年美国的汽车电子装置销售额上升到144亿美元,其中之一是用于发动机和传动系方面的费用。在西欧发动机电子点火系的装车率达到60%~80%。

1989年世界汽车电子产品总销售额为180亿美元,2000年预计要达到600亿美元。电子装置占汽车总成比例到20世纪末要占20%左右。

---

❶ 引自朱康全. 技术经济学. 广州:暨南大学出版社,2001

电子技术在汽车工业中之所以发展得如此迅速，是因为电子技术大大改善汽车的机械性能，降低油耗，减少排污，大大提高工作的可靠性、行驶的安全性和乘坐的舒适性。它能使汽车始终处于最佳工作状态——这就是电子点火技术的主要作用。

为适应汽车工业发展需要，为尽快赶上汽车工业先进水平，我国在"七五"、"八五"期间相继引进了一些汽车电器生产技术，如整流式交流发电机、电磁式启动机、刮水器、洗涤电动机、暖风机、电线束等。但是，对改善汽车主要性能的产品，如电子点火装置、电子燃油喷射装置、废气再循环电子控制装置、防抱死制动装置等电子产品均未形成生产能力，有的尚处于空白，主要依赖进口。目前我国平均每辆汽车上的电子产品产值仅占轿车售价的 1% 左右。我国 299 个汽车电器生产厂大多生产传统汽车电器，约有 30 个厂稍带生产一点电子产品，但正式跟汽车配套的厂家很少，更没有形成规模。

目前只有长沙汽车电器厂具有年产 60 万只霍尔式电子点火系的生产规模。该厂于 1984 年从德国 BOSCH 公司引进全套软件（产品图纸），又引进了部分关键设备，但一直因耐久性达不到德国标准，至今仍靠购买 BOSCH 公司 80% 的零件组装，以满足 Santana 轿车需要。直到 1990 年国家计委批准长沙电器厂与 BOSCH 公司合资生产霍尔式电子点火系，该厂达到年产 60 万只生产能力。

最近长春汽车电子设备厂已与美国 MOTOROLA 公司签约，由 MOTOROLA 公司为其设计与长春一汽轻型车用发动机匹配的霍尔式电子点火系统的电器，并引进全套芯片制造设备。总之我国汽车电子电器尚处于发展阶段。

我国"八五"汽车工业发展目标要求轿车主要总成、关键零部件和模具初步形成自主开发能力；产品品种满足国民经济各部门的发展需要，产品水平基本达到 20 世纪 90 年代的国际水平，部分产品达到当代水平。

为满足汽车国产化需要，结合整个汽车工业发展趋势，选择磁感应式（不同于霍尔式）电子点火系的开发和生产是符合我国汽车工业发展目标的。×××厂决定承担此项任务是具有远见卓识的决策。因为用无触点电子点火系代替传统的有触点点火系是世界汽车工业技术发展的必然趋势，也是我国汽车工业"八五"规划中要求实现的目标内容之一，同时也是我国环境保护的要求。根据 1989 年我国环保局颁布的 GB 1164—89 规定的汽车排污标准，在执行中发现我国国产汽车均不能达标。为此，1991 年 5 月中国汽车工业总公司科技部在天津召开了《国产汽油车用工况法测定排放状况总结及"八五"期间汽车排放控制工作研讨会》，会议明确规定：推广应用无触点分电器、高能点火装置，以便减少汽车排放造成的空气污染。同时改善混合气的燃烧情况，提高汽车的燃油经济性。

汽车发动机向高转速、高压缩比发展，传统的有触点点火系已不能适应这种发动机需要。主要是因为传统点火系存在以下缺点：
（1）触点容易烧蚀。
（2）火花能量的提高受到限制。
（3）高速时，次级电压降低。
（4）对火花塞积炭和污染敏感。

×××厂为加速该项目推进，决定引进美国 SAGEM 公司的分电器技术和设备，同时引进法国 OROC 公司的点火线圈设备。确定生产规模为年产 80 万套磁感应点火系统。本项目按照"高水平、优质量、专业化、大批量"的原则组织实施，使本厂逐步成为国内汽车点火系统生产"小巨人"。

二、市场预测和拟建规模

（一）市场预测分析

根据我国汽车产量和保有量分析，首先在轻、微、轿三类车型上采用无触点电子点火装置，预测其需求量示于表8-17：

我国轻、微、轿车对无触电子点火装置的需求预测　　　　表8-17

车型类别	1995年			2000年			备注
	配套（万只）	维修（万只）	合计（万只）	配套（万只）	维修（万只）	合计（万只）	
轿车（含吉普车）	32	13	45	70	65	135	维修数按汽车保有量的10%计
轻型车	39	32	71	85	68	153	
微型车	8	4	12	18	10	28	
合计	79	49	128	173	143	316	

广州地区、珠江三角洲的汽车市场基本上都是轻、微、轿类型的汽车，对电子点火装置的需求预测如表8-18。

珠江三角洲地区市场预测　　　　表8-18

序号	主机厂	1995年			2000年			备注
		配套（万只）	维修（万只）	合计（万只）	配套（万只）	维修（万只）	合计（万只）	
1	广州标致汽车公司	5	4	9	15	8	23	
2	湛江三星汽车公司	3	0.5	3.5	15	4	19	
3	一汽顺德汽车厂	2	0.5	2.5	10	3	13	
4	南海汽车厂	3	0.5	3.5	10	3	13	
5	羊城汽车厂	5	4	9	10	6	16	
6	其他	2	0.5	2.5	15	4	19	
7	总计	20	10	30	75	28	103	

（二）市场剖析

标致汽车国产化的需要：

目前，标致505车是采用无触点点火系统，现未能国产化，仍需大量的外汇进口。到1995年，其产量将达到5万辆/年。为了减少外汇负担和风险，实现国产化是非常迫切的。标致第三期拟选车型标致405，据市汽车办提供的信息，其晶体点火分电器（占1.8%）和高能点火线圈（0.17%）要求在1995年实现国产化。标致第三期的目标纲领是15万辆/年，如有1/3~2/3是采用晶体点火系统的，即有5~10万辆需要配套。

根据长春汽车研究所提供的图纸及资料，解放牌CA6102型汽油机所采用的无触点点火系与标致505的基本一样。到1995年，该车型年产量将达10万辆以上，我们必须抓紧时机，占领这一市场。

根据行业信息及市场调查结果，北京内燃机厂生产的GM2.2L汽油机、天津夏利轿车、湖北神龙富康（即雪铁龙ZX型）、法国雷诺公司的轿车所采用的点火系统与我们的产品方案一致，这将是一个极大的潜在市场。

我省的汽车市场基本上是轻、微、轿类型汽车，到 1995 年，湛江三星、一汽顺德、南海及羊城汽车等，其产量合计在 20 万辆以上。这一市场有待我们开发。

根据日益严格的环保要求（国家环保局 1989 年颁布 GB 1164—89 规定），中汽总科技部规定推广应用无触点点火装置，大量的载货车汽油发动机也需匹配无触点点火装置。目前，我国汽车用汽油发动机产量和保有量分析如表 8-19 所示。

汽车用汽油发动机市场预测　　　表 8-19

年　份	1992 年	1995 年	2000 年
产量（万台）	75	108	199
保有量（万台）	600	864	1592

因此，本项目所开发的产品有相当广阔的市场，而且其时间跨度也较大。即使汽油机发展到汽油喷射，点火系仍是必不可少的，故本厂选用产品的市场生命力很强。

（三）拟建规模

分电器 80 万只/年；点火线圈 100 万只/年；控制模块 60 万只/年，预计在 1998 年实现。

达纲后，在全国市场覆盖率为 19%～25%，在广东市场的覆盖率可达 58%～78%。

本项目建设期从 1993～1995 年。即在此期间内完成土建公用工程和厂区建设，同时按每年度实施计划配置设备，以滚动发展方式来添置生产设备，逐步实施各年度的生产计划。2000 年以内各年度产品产量安排如表 8-20 所示。

分年度产品产量规划表　　　表 8-20

产品名称	各年度产量（万只）						备注
	1995 年	1996 年	1997 年	1998 年	1999 年	2000 年	
分电器	10	30	50	80	80	80	
点火线圈	30	60	80	100	100	100	
点火控制模块	—	10	30	60	60	60	

三、物料供应情况

本项目以 CKD 组装起步，逐步实现国产化，拟走专业化协作道路，故生产协作量较大。现将主要协作件列于表 8-21。

主　要　协　作　件　　　表 8-21

序号	名　称	单位	年需要量	供应渠道
1	分电器盖	万只	80	进口
2	火花放电器	万只	80	进口
3	电路组件	万只	80	××通讯设备厂
4	壳体	万只	80	××压铸厂
5	装配线圈	万只	80	××通讯设备厂
6	平衡块	万只	80	××精冲件厂
7	真空膜盒	万只	80	××进口厂
8	止动器	万只	80	××通讯设备厂
9	分电器 T 轴	万只	80	××通讯设备厂
10	主轴支架	万只	80	××通讯设备厂
11	标准件	万件	880	国内选购

另外，全年需润滑脂约 400kg；包装材料约 200t；漆包线 1330t；矽钢片 1467t；树脂 1330t；专用纸套 40000m。

四、建厂条件和厂址方案

（一）厂址选择

厂址拟定本市开发区东区

地理位置：该区位于广州市东郊 35km 处的广深公路、广深铁路、广深珠高速公路及白云区、黄埔区、增城县交接地段，距开发区 3km，距深圳 130km，水路至香港 88 海里，处在穗-深-港"黄金走廊"的节点上。

气象条件：年平均气温 21.8℃，极端最高气温 38.7℃，极端最低气温 0℃。平均每年降雨天数 150 天。年平均降水总量 1702mm，最大年降水总量 2692mm，最小年降水总量 1204mm，年平均相对湿度 78%，各月平均相对湿度变幅在 69%～86%之间。年平均风速 2.3m/s，最大风速 20m/s。

地质情况：开发区地貌属珠江三角洲海冲积平原的一部分。场地地势低平，地下水位埋深 0.6～1m 左右。底部基岩为页岩、砂岩、砂砾岩，形状平缓，其上为第四纪松散沉积物，厚度由北往南增加，约 12～23m 不等，从上至下为海相淤泥层、砾砂层、夹砂、黏土层。地震强度为 6 度或 6 度强。

水文情况：潮汐性属不正规半日混合潮类型，在一个太阳日内，潮汐雨涨雨落，日潮不等现象显著。历年最高潮位标高（珠江统一基面）为 107.34m，最低潮位 103.09m，平均潮位 105.74m。

（二）建厂条件

(1) 厂址位于东区工业基地，交通方便，具备水路、公路、铁路、航空等各类运输条件。

(2) 水、电供应条件：所处工业基地可以提供增容便利条件。

厂区附近有供、排水干管（本项目生产用水的需求量很小）。

五、设计方案（略）

六、环境保护和职业安全

（一）环境保护

本项目对环境无污染源。但老产品生产中的注塑车间有少量废气排出，迁入新厂房时要考虑排风罩和风管引向室外高空。注塑的废料经破碎后回收。

空压站的设备选用了低噪声的螺杆式空压机，在厂房内稍加隔断即可满足《工业企业厂界噪声标准》（CB 12348—90）的规定。

（二）职业安全卫生和消防

(1) 本项目设计的同时妥善考虑防暑降温措施，门窗设计以自然通风为主，辅以机械通风，以达到改善劳动条件，增强职业安全之目的。

(2) 建筑物设计的同时进行防雷电击设计。

(3) 建筑物设计中严格执行《工业企业采光设计标准》及《工业企业照明设计标准》。

(4) 车间内留有足够通道及设备布置的安全距离，以确保人流、物流畅通。

(5) 建筑物内按消防安全规定设置相应数量的大门和安全出入口。设置相应数量的消火栓。

(6) 厂区内留有 4～6m 环形道路,主干道上设置相应数量的消火栓,以确保消防安全需要。

(7) 厂区内采用低压消防给水系统,火灾时由城市消防站派车加压灭火。

七、投资估算和资金筹措

本项目新增投资 8676.64 万元,内含美元 309.18 万元(美元折算人民币 1∶8.8)。其中固定资产投资 6349.6 万元。其他费用 1091.64 万元。预备费 888.95 万元(基本预备费 507.97 万元、涨价预备费 380.98 万元),建设期 1.75 年的利息 272 万元及投资方向调节税 74.45 万元,详见表 8-25。

(一) 固定资产投资估算

1. 工艺设备投资部分

(1) 设备价格,国内设备价格按 1990 年机床总公司机床产品目录根据制造厂报价,引进设备参考厂家报价。

(2) 设备运杂费,占设备原价 5.5%。

(3) 设备安装费,占设备原价 1%～10%。

(4) 设备基础费,含在土建工程费中。

(5) 工艺装备及工器具费,摊入产品生产成本。

2. 建筑工程部分

建筑工程造价,依据广东省及广州市建筑标准,综合造价指标(包括水、动、电费用)按 500～900 元/m² 计算。

3. 其他费用

(1) 征地费(五通一平)390 元/m²。

(2) 建设单位管理费,按工程费用的 2%。

(3) 勘察设计费,按工程费用的 2%,其中勘察费,按建筑面积 5 元/m²。

(4) 电力增容费,按 1800 元/kW。

(5) 财产保险费,按工程费用的 0.3% 计算。

(6) 职工培训费,按每个职工 1000 元计算。

(7) 出国考察费,按 6 人次,每人 3 万元计算,折合美元共计 2.25 万元。

(8) 基本预备费,按工程费用的 8%(基本建设中众多不可预见因素)。

(9) 涨价预备费,按工程费用的 6% 计算(物价上涨因素)。

(10) 建设期利息,只计第一阶段 1993～1994 年的贷款利息,其余贷款利息摊入成本。

(11) 投资方向调节税按建筑工程费的 10% 计算。

总投资构成如表 8-22 所示。

详见表 8-25 新增固定资产投资估算表。

(二) 流动资金估算

流动资金估算按百元产值占用 30 元计算,即全年流动资金周转 3.3 次。本次技改达纲年共需流动资金 15897 万元。减企业筹 30% 即 4769.1 万元;流动资金需借款 11127.9 万元。贷款年利息 10.98%,当年偿还本息摊入产品生产成本,详见表 8-29、8-30。

(三) 自筹资金估算 (见附表 8-27)

总投资构成表   表8-22

序号	项目投资	投资（万元） 新增	%	注
1	固定资产投资	6349.6	69.12	含美元266.93万元
1.1	工艺动力设备购置及安装工程	5605.1	61.01	
1.2	建筑工程	744.5	8.11	
2	其他费用	1091.64	17.42	含美元42.25万元
2.1	征地费	390		
2.2	软件费	352		
2.3	其他	349.64		
3	预备费	888.95	9.68	
3.1	基本预备费	507.97	5.53	
3.2	涨价预备费	380.98	4.15	
4	建设期利息	272	2.96	
5	投资方向调节税	75.45	0.81	
	合计	8676.64	100	含美元309.18万元
6	流动资金	4769.1		此为30%铺底流动资金；全年需15897万元
	合计	13445.74		计入全年流动资金需要量，总投资为24573.64万元

项目的固定资产投资中自筹867.65万元；新增流动资金中自筹4769.1万元。两项共筹资金5636.75万元。自筹资金来源于固定资产折旧（折旧率8%计）和企业的净留利（摩托车老产品在1998年前可获利2672.91万元）。

（四）资金筹措

新增固定资产总投资8676.64万元，减企业自筹867.65万元（10%）后，分别采取向银行申请贷款，贷款年利息率为9.18%；申请汽车发展基金及吸收外资等办法。

流动资金30%自筹计4769.1万元，由企业自行解决。详见表8-30。

八、财务评价和经济分析

本项目财务计算期为12年，即1993年开始进行技术改造，1995年开始40%投产，按分年度生产纲领进行计算。

（一）销售收入、销售税金、销售利润

（1）销售收入按各年生产纲领和产品现行配套价格测算，项目达纲年份（1998年）销售收入52990万元；销售税金2914.45万元；销售利润7945.65万元，见表8-28和表8-31。

（2）销售税金按销售收入的5.5%计，其中包括产品增值税、城建维护税和教育费附加等。

（3）软件费40万美元，折合人民币352万元，在总投资中已计入其他费用中。

（4）产品生产成本。参照产品样件，分析产品材料消耗量及参考现行材料和其他生产因素进行测算，详见表 8-29。

（5）固定资产折旧。新增固定资产投资按从第三年（1995 年）开始转入固定资产，固定资产形成率为 88.47%，综合折旧率为 8%。详见表 8-32 和表 8-33。

（6）利润。财务计算 12 年累计：

销售利润：65447.36 万元；

利润总额：64715.67 万元；

计税利润（还贷后利润）：56114.31 万元；

上缴所得税（55% 计）：30263.17 万元；

企业留利：25851.14 万元；

上缴国家预算调节基金（10% 计）：2912.17 万元；

上缴国家能源交通建设基金（15% 计）：4368.32 万元；

企业净留利：18570.65 万元。

（7）贷款偿还估算。项目新增固定资产总投资 8676.64 万元，减自筹资金 10% 为 867.66 万元，余额 7808.98 万元减建设期款利息 272 万元后为 7536.98 万元，从企业税前利润和企业新增折旧（减能源交通建设基金和国家预算调节基金共 25%）提取的更新改造资金，1995～1997 年还清全部贷款 7536.99 万元和利息 1563.98 万元，共计还本付息 9100.97 万元。本项目贷款偿还期为 4.94 年，详见表 8-34。

（8）财务现金流量及现值计算。本项目固定资产投资贷款年利息率为 9.18%，按全部投资新增效益计算贴现率的内部收益率为 41.37%，投资回收期为 6.07 年（含建设期 1.75 年）。

财务内部收益率高于贷款年利息率 9.18%，同时也大于国家汽车配件基准收益率参数 13%。这表明该项目经济效益是好的，详见表 8-35。

（9）盈亏平衡点分析。1998 年达到设计生产纲领，该年销售收入为 52990 万元，销售税金为 2914.45 万元；产品总成本为 41600 万元，其中固定成本 7072 万元，可变成本 34528 万元，盈亏平衡点产量为 136 万只。即生产在 136 万只情况下就可保本。将上述有关数据代入下式，即得：

$$BEP = \frac{固定成本}{销售收入 - 销售税金 - 可变成本} \times 100\% = 45.5\%$$

盈亏平衡点销售额为：$52990 \times 45.5\% = 24110.45$ 万元。

（10）敏感性分析。在项目计算期间内，进行敏感性分析，预测几个未来因素发生的变化，从敏感性分析看出，当销售收入和经营成本上下波动时，对获利及风险程度均有较大影响，因此应注意加强企业管理，采取措施降低生产成本，并注意开拓市场，详见表 8-37。

（11）主要数据和评价指标分析。通过以上财务计算和经济分析，看出主要数据和评价指标都比较先进。财务平衡结果 12 年盈余资金 40516.36 万元，详见表 8-36。从 1993 年开始边建设边生产，并以新增利润和新增折旧还本付息至第 5 年（4.94 年）还清贷款本息后，盈余资金 337.76 万元，本项目计算期内累计上交所得税 30263.17 万元，说明该项目的社会效益和经济效益是好的，本项目是可行的。

（12）全厂主要数据和技术经济指标。

全厂主要数据和评价指标详见表 8-23。

主要数据和评价指标表　　　　　　　　　表 8-23

序号	项目名称	单位	数据	备注
	Ⅰ. 基本数据			
1	年产量	万只	300	
2	年销售收入	万元	52990	
3	生产总成本	万元	41600	
4	全厂建筑面积	m²	9100	
5	全厂职工	人	278	
6	全厂原有固定资产	万元	150	
7	本次新增固定资产投资	万元	8676.64	
8	流动资金	万元	15897	
9	销售税金	万元	2914.45	达纲年份
10	销售利润	万元	7945.65	达纲年份
11	利润总额	万元	7860.57	达纲年份
	Ⅱ. 评价指标			
1	人均销售收入	万元	190.61	
2	万元固定资产年销售收入	万元	6.11	即固定资产投入产出比
3	项目总投入产出比		1:2.16	
4	盈亏平衡点	%	45.5	
5	全部投资利润率	%	31.99	
6	全部投资利税率	%	43.85	
7	销售收入利润率	%	14.83	
8	借款偿还期	年	3.19	不含建设期（1.75 年）
9	投资回收期	年	4.32	不含建设期（1.75 年）
10	内部收益率	%	41.37	
11	财务净现值（$i=13\%$）	万元	21585.84	

九、结论

本项目经济评价见表 8-24。

与本行业财务基准参数值比较　　　　　　　　　表 8-24

序号	比较部门	内部收益率 %	投资回收期 (年)	投资利润率 (%)	投资利税率 (%)
1	汽车制造业	16	9	15	19
2	汽车配件	13	8	10	14
3	本项目预测	41.37	6.07	32	43.8

从表 8-24 中可以看出，各项财务基准参数值均高于行业基准率。因此本项目经济效益是好的，因为：

（1）本项目投入 8676.64 万元，在第 6 年新产品产值可稳定在 5.299 亿元，固定资产投入产出比达 1:6.1，说明经济效益是好的。

（2）本项目建成后将为标致汽车提供国产化磁感应点火系统，按年产 5 万辆配套计，每年可节约外汇约 2718 万法郎。

（3）无触点点火系是我国工业"八五"规划中的攻关课题之一。

本项目实施，将为我国汽车工业作出贡献——形成了我国具有先进水平的磁感应电火系统规模生产能力。同时为不久的将来发动机匹配燃油喷射系统中的点火装置和控制组件的生产奠定了基础。因此本项目是可行的。

小　结

《工业可行性研究编制手册》认为投资项目的基建程序分为三个时期和 9 个阶段，三个时期是：投资前期、投资建设时期和生产时期，9 个阶段是投资前期的机会研究、初步可行性研究（项目建议书）、详细可行性研究、评价决策等 4 个阶段，投资建设时期的谈判签约、工程设计、施工安装、试运行验收等 4 个阶段，生产时期的批量投产阶段。本章介绍的可行性研究就是投资前期 4 个阶段工作，它对于整个投资项目的成功与否具有决定性的意义，因此，我国规定项目上马之前都要作可行性研究。可行性研究的内容是本章重点，共有 10 项：①总论。②市场前景及拟建规模。③资源、原料、燃料及公用设施情况。④建厂条件和厂址方案。⑤设计方案。⑥环境保护。⑦生产组织、劳动定员和员工培训。⑧项目实施进度计划。⑨投资和成本估算与资金筹措。⑩经济效果评价。可行性研究工作主要是围绕上述内容开展。

新增固定资产投资估算　（单位：万元）　　表 8-25

序号	工程名称	概算价					技术经济指标			备注
		建筑工程费	安装工程费	设备购置费	工器购置费	其他基本建设工作	合计	单位	数量	元/m²	
1.	固定资产投资										
1.1	工作费用	744.5	80.1	5525.00			6349.6				含 $266.93
	一、生产部门	403.2	73.00	5294.00			5770.2	m²	5760	700	
1.1.1	汽车分电器装配车间	100.8	40.00	4000.00			4140.80	m²	1440	700	含 $120.93
1.1.2	点火线圈生产车间	100.8	30.00	1144.00			1274.8	m²	1440	700	含 $130
1.1.3	点火控制模块	100.8	1.5	150.00			252.30	m²	1440	700	含 $16
1.1.4	摩托车电子点火系统	100.8	1.5				102.30	m²	1440	700	含仓库
	二、公用系统	13.00	6.6	193.00			212.60				
1.1.5	空调系统		5.0	100.00			105.00				
1.1.6	厂区动力及管网	8.00	1.0	78.00			87.00				含变配电及备用电源及空压机等
1.1.7	给排水	5.00	0.6	15.00			20.60				含循环水系统
	三、总图运输及其他部门	328.3	0.5	38.00			366.80				
1.1.8	综合楼及生活楼	291.60					291.60	m²	3340	870	
1.1.9	道路和广场	18.22					18.22		3036	60	
1.1.10	绿化、围墙	13.48					13.48	m² m	2267 409	50	
1.1.11	运输	5.00	0.5	38.00			43.50	m²	100	500	(含油化库)
1.2	其他费用					1091.64	1091.64				含 $42.25
1.2.1	征地费（五通一平）					390.00	390.00	m²	10000	390	
1.2.2	建设单位管理费					126.99	126.99				
1.2.3	电力增容费					36.00	36.00	kVA	200		
1.2.4	勘察设计费					120.00	120.00				

续表

序号	工程名称	概算价					技术经济指标			备注
		建筑工程费	安装工程费	设备购置费	工器具购置费	其他基本建设工作	合计	单位	数量 元/m²	
1.2.5	职工培训费					27.80	27.80			
1.2.6	财产保险费					19.05	19.05			
1.2.7	出国考察费					19.80	19.80			含$2.25
1.2.8	软件费					352.00	352.00			含$40.00
1.3	预备费					888.95	888.95			
1.3.1	基本预备费					507.97	507.97			
1.3.2	涨价预备费					380.98	380.98			
2.	建设期利息					272.00	272.00			
3.	固定资产投资方向调节税					74.45	74.45			
	总计	744.5	80.1	5525		2327.04	8676.64			含$309.18

投资来源及使用计划表 （单位：万元） 表8-26

序号	项目	合计	第一年 1993	第二年 1994	第三年 1995	第四年 1996	第五年 1997	第六年 1998	第七年 1999	第八年 2000	第九年 2001	第十年 2002	第十一年 2003	第十二年 2004
	I. 投资来源													
1.	固定资产投资													
1.1	国内借款	7808.99	2370.76	2259.43	1918.80	1260.00	0.00	0.00	0.00	0.00	0.00	0.00	0.00	0.00
1.1.1	利用外资	5205.99	1580.50	1506.28	1279.21	840.00								
1.1.2	银行贷款	1735.33	526.84	502.11	426.38	280.00								
1.1.3	汽车发展基金	867.67	263.42	251.04	213.21	140.00								
1.2	自筹资金	867.65	263.42	250.95	213.28	140.00								
	小计	8676.64	2634.18	2510.38	2132.08	1400.00								
2.	流动资金当年增加额													
2.1	自筹资金	4769.10	0.00	119.70	644.85	1071.00	1193.85	1739.70	0.00	0.00	0.00	0.00	0.00	0.00
2.2	流动资金借款	11127.90	0.00	279.30	1504.65	2499.00	2785.65	4059.30	0.00	0.00	0.00	0.00	0.00	0.00
	小计	15897.00	0.00	399.00	2149.50	3570.00	3979.50	5799.00						
	合计	24573.64	2634.18	2909.38	4281.58	4970.00	3979.50	5799.00						
	II. 投资使用													
1.	固定资产投资													
1.1	建筑工程	744.50	0.00	403.20	341.30	0.00	0.00	0.00	0.00	0.00	0.00	0.00	0.00	2.00
1.2	设备购置及安装工程	2486.94	1856.18	630.76	0.00	0.00								
1.3	其他费用	1818.78	778.00	450.00	590.78	0.00	0.00							
	小计	8676.64	2634.18	2510.38	2132.08	1400.00								
2.	流动资金	15897.00	0.00	399.00	2149.50	3570.00	3979.50	5799.00						
	合计	24573.64	2634.18	2909.38	4281.58	4970.00	3979.50	5799.00	0.00	0.00	0.00	0.00	0.00	0.00

表8-27 自筹资金估算表 （单位：万元）

序号	项目	合计	第一年 1993	第二年 1994	第三年 1995	第四年 1996	第五年 1997	第六年 1998	第七年 1999	第八年 2000	第九年 2001	第十年 2002	第十一年 2003	第十二年 2004
	I.资金来源													
1.	折旧	67053.03	0.00	0.00	2330.46	4551.39	6437.64	7676.22	7676.22	7676.22	7676.22	7676.22	7676.22	7676.22
1.1	固定资产原值	5364.26	0.00	0.00	186.44	364.11	515.01	614.10	614.10	614.10	614.10	614.10	614.10	614.10
1.2	全厂固定资产折旧	804.68	0.00	0.00	27.97	54.62	77.25	92.12	92.12	92.12	92.12	92.12	92.12	92.12
1.3	扣出原有折旧中提取能源交通基金	436.42	0.00	0.00	18.64	36.41	51.50	61.41	61.41	61.41	61.41	61.41	61.41	61.41
1.4	扣出原有折旧中提取预算调节基金	7546.71	0.00	0.00	139.83	273.08	685.82	921.14	921.14	921.14	921.14	921.14	921.14	921.14
1.5	企业留用全厂折旧	7546.71	0.00	0.00	139.83	273.08	685.82	921.14	921.14	921.14	921.14	921.14	921.14	921.14
1.6	可用于技术改造的折旧基金													
2.	利润	56114.31	0.00	38.65	154.78	339.56	557.33	7860.57	7860.57	7860.57	7860.57	7860.57	7860.57	7860.57
2.1	还款后的计税利润	30263.17	0.00	0.00	0.00	0.00	0.00	4323.31	4323.31	4323.31	4323.31	4323.31	4323.31	4323.31
2.2	上交所得税	25851.14	0.00	38.65	154.78	339.56	557.33	3537.26	3537.26	3537.26	3537.26	3537.26	3537.26	3537.26
2.3	企业留利	4368.32	0.00	23.19	92.87	203.73	334.40	530.59	530.59	530.59	530.59	530.59	530.59	530.59
2.4	上缴能源交通基金	2912.17	0.00	15.46	61.91	135.83	222.93	353.72	353.72	353.72	353.72	353.72	353.72	353.72
2.5	上缴预算调节基金	18570.65	0.00	0.00	0.00	0.00	0.00	2652.95	2652.95	2652.95	2652.95	2652.95	2652.95	2652.95
2.6	企业净留利	0.00												
3.	其他来源（软件摊销费）	26117.36	263.42	0.00	139.83	273.08	685.82	3574.09	3574.09	3574.09	3574.09	3574.09	3574.09	3574.09
	自筹资金合计	867.65	0.00	0.00	213.28	140.00	0.00	0.00	0.00	0.00	0.00	0.00	0.00	0.00
	II.本项目使用													
1.	用于固定资产投资	4769.10	263.42	119.70	644.85	1071.00	1193.85	1739.70	0.00	0.00	0.00	0.00	0.00	0.00
2.	用于流动资金	5636.75	263.42	370.65	858.13	1211.00	1193.85	1739.70	0.00	0.00	0.00	0.00	0.00	0.00
	小计	20480.61	-263.42	-634.07	-1352.40	-2290.30	-2798.30	-963.93	2610.16	6184.25	9758.34	13332.43	16906.52	20480.61
	III.盈余或短缺													

表 8-28

销 售 收 入 表

序号	项目	合计	第一年 1993	第二年 1994	第三年 1995	第四年 1996	第五年 1997	第六年 1998	第七年 1999	第八年 2000	第九年 2001	第十年 2002	第十一年 2003	第十二年 2004
1.	分电器													
1.1	销售数量（万只）	650.000	0.000	0.000	10.000	30.000	50.000	80.000	80.000	80.000	80.000	80.000	80.000	80.000
1.2	销售单价（元/只）	0.000	0.000	0.000	380.000	380.000	380.000	380.000	380.000	380.000	380.000	380.000	380.000	380.000
1.3	销售收入（万元）	24700.000	0.000	0.000	3800.000	11400.000	19000.000	30400.000	30400.000	30400.000	30400.000	30400.000	30400.000	30400.000
1.4	销售税金（万元）	13585.000	0.000	0.000	209.000	627.000	1045.000	1672.000	1672.000	1672.000	1672.000	1672.000	1672.000	1672.000
2	点火线圈													
2.1	销售数量（万只）	870.000	0.000	0.000	30.000	60.000	80.000	100.000	100.000	100.000	100.000	100.000	100.000	100.000
2.2	销售单价（元/只）	0.000	0.000	0.000	90.000	90.000	90.000	90.000	90.000	90.000	90.000	90.000	90.000	90.000
2.3	销售收入（万元）	78300.000	0.000	0.000	2700.000	5400.000	7200.000	9000.000	9000.000	9000.000	9000.000	9000.000	9000.000	9000.000
2.4	销售税金（万元）	4306.500	0.000	0.000	148.500	297.000	396.000	495.000	495.000	495.000	495.000	495.000	495.000	495.000
3	点火控制模块													
3.1	销售数量（万只）	460.000	0.000	0.000	0.000	10.000	30.000	60.000	60.000	60.000	60.000	60.000	60.000	60.000
3.2	销售单价（元/只）	0.000	0.000	0.000	0.000	160.000	160.000	160.000	160.000	160.000	160.000	160.000	160.000	160.000
3.3	销售收入（万元）	73600.000	0.000	0.000	0.000	1600.000	4800.000	9600.000	9600.000	9600.000	9600.000	9600.000	9600.000	9600.000
3.4	销售税金（万元）	4048.00	0.000	0.000	0.000	88.000	264.000	528.000	528.000	528.000	528.000	528.000	528.000	528.000
4.	摩托车脉冲点火器													
4.1	销售数量（万只）	270.000	0.000	10.000	15.000	15.000	20.000	30.000	30.000	30.000	30.000	30.000	30.000	30.000
4.2	销售单价（元/只）	0.000	0.000	50.000	50.000	50.000	50.000	50.000	50.000	50.000	50.000	50.000	50.000	50.000
4.3	销售收入（万元）	13500.000	0.000	500.000	750.000	750.000	1000.000	1500.000	1500.000	1500.000	1500.000	1500.000	1500.000	1500.000
4.4	销售税金（万元）	742.500	0.000	27.500	41.250	41.250	55.000	82.500	82.500	82.500	82.500	82.500	82.500	82.500
5.	摩托车点火控制模块													
5.1	销售数量（万只）	270.000	0.000	10.000	15.000	15.000	20.000	30.000	30.000	30.000	30.000	30.000	30.000	30.000
5.2	销售单价（元/只）	0.000	0.000	83.000	83.000	83.000	83.000	83.000	83.000	83.000	83.000	83.000	83.000	83.000
5.3	销售收入（万元）	22410.000	0.000	830.000	1245.000	1245.000	1660.000	2490.000	2490.000	2490.000	2490.000	2490.000	2490.000	2490.000
5.4	销售税金（万元）	1232.540	0.000	45.650	68.470	68.470	91.300	136.950	136.950	136.950	136.950	136.950	136.950	136.950
6.	摩托车产品合计													
6.1	销售收入（万元）	35910.000	0.000	1330.000	1995.000	1995.000	2660.000	3990.000	3990.000	3990.000	3990.000	3990.000	3990.000	3990.000
6.2	销售税金（万元）	1975.040	0.000	73.150	109.720	109.720	146.300	219.450	219.450	219.450	219.450	219.450	219.450	219.450
7.	总计													
7.1	销售数量（万只）	2520.000	0.000	20.000	70.000	130.000	200.000	300.000	300.000	300.000	300.000	300.000	300.000	300.000
7.2	销售收入（万元）	434810.000	0.000	1330.000	8495.000	20395.000	33660.000	52990.000	52990.000	52990.000	52990.000	52990.000	52990.000	52990.000
7.3	销售税金（万元）	23914.540	0.000	73.150	467.220	1121.720	1851.300	2914.450	2914.450	2914.450	2914.450	2914.450	2914.450	2914.450

产品总成本表 （单位：万元） 表8-29

序号	项目	合计	第一年 1993	第二年 1994	第三年 1995	第四年 1996	第五年 1997	第六年 1998	第七年 1999	第八年 2000	第九年 2001	第十年 2002	第十一年 2003	第十二年 2004
1.	原材料、辅助材料	251417.50	0.00	612.00	4588.50	10560.00	17457.00	31200.00	31200.00	31200.00	31200.00	31200.00	31200.00	31200.00
2.	燃料和力	27288.00	0.00	72.00	524.00	1280.00	2116.00	3328.00	3328.00	3328.00	3328.00	3328.00	3328.00	3328.00
3.	工资及附加	2546.20	0.00	72.00	222.40	250.20	250.20	250.20	250.20	250.20	250.20	250.20	250.20	250.20
4.	基本折旧	5364.26	0.00	0.00	186.44	364.11	515.01	614.10	614.10	614.10	614.10	614.10	614.10	614.10
5.	管理费	1609.27	0.00	30.67	55.93	109.23	154.50	184.23	184.23	184.23	184.23	184.23	184.23	184.23
6.	流动资金借款利息	10025.83	0.00	21.60	195.88	470.27	776.13	1221.84	1221.84	1221.84	1221.84	1221.84	1221.84	1221.84
7.	摊销费：工装模具及软件费	213.20	0.00	0.00	52.20	101.20	38.20	0.00	0.00	0.00	0.00	0.00	0.00	0.00
8.	其他费用	42635.74	0.00	91.73	924.65	2864.99	5142.96	4801.63	4801.63	4801.63	4801.63	4801.63	4801.63	4801.63
9	总成本	341100.00	0.00	900.00	6550.00	16000.00	26450.00	41600.0	41600.0	41600.0	41600.0	41600.0	41600.0	41600.0
10.	经营成本	323887.44	0.00	847.73	6059.55	14955.19	24966.16	39579.83	39579.83	39579.83	39579.83	39579.83	39579.83	39579.83

流动资金估算表 （单位：万元） 表8-30

序号	项目	合计	第一年 1993	第二年 1994	第三年 1995	第四年 1996	第五年 1997	第六年 1998	第七年 1999	第八年 2000	第九年 2001	第十年 2002	第十一年 2003	第十二年 2004
1	年销售收入（年产值）	434810.00	0.00	1330.00	8495.00	20395.00	33660.00	52990.00	52990.00	52990.00	52990.00	52990.00	52990.00	52990.00
2	万元销售收入（产值）占用	0.00		30.00	30.00	30.00	30.00	30.00	30.00	30.00	30.00	30.00	30.00	30.00
3	流动资金需要量	0.00	0.00	399.00	2548.50	6118.50	10098.00	15897.00	15897.00	15897.00	15897.00	15897.00	15897.00	15897.00
4	原有流动资金	0.00	0.00	0.00	0.00	0.00	0.00	0.00	0.00	0.00	0.00	0.00	0.00	0.00
	其中：自有资金	0.00	0.00	0.00	0.00	0.00	0.00	0.00	0.00	0.00	0.00	0.00	0.00	0.00
	原有流动资金借款	0.00	0.00	0.00	0.00	0.00	0.00	0.00	0.00	0.00	0.00	0.00	0.00	0.00
5	新增流动资金	0.00	0.00	399.00	2548.50	6118.50	10098.00	15897.00	15897.00	15897.00	15897.00	15897.00	15897.00	15897.00
	其中：自筹资金	0.00	0.00	119.70	764.55	1835.55	3029.40	4769.10	4769.10	4769.10	4769.10	4769.10	4769.10	4769.10
	流动资金借款	10025.83	0.00	279.30	1783.95	4282.95	7068.60	11127.90	11127.90	11127.90	11127.90	11127.90	11127.90	11127.90
6	新增流动资金借款利息	10025.83	0.00	30.67	195.88	470.27	776.13	1221.84	1221.84	1221.84	1221.84	1221.84	1221.84	1221.84
7	流动资金本年增加额	15897.00	0.00	399.00	2149.50	3570.00	3979.50	5799.00	0.00	0.00	0.00	0.00	0.00	0.00

利 润 表 （单位：万元） 表 8-31

序号	项目	合计	第一年 1993	第二年 1994	第三年 1995	第四年 1996	第五年 1997	第六年 1998	第七年 1999	第八年 2000	第九年 2001	第十年 2002	第十一年 2003	第十二年 2004
1	产品销售收入	434810.00	0.00	1330.00	8495.00	20395.00	33660.00	52990.00	52990.00	52990.00	52990.00	52990.00	52990.00	52990.00
2	总成本	341100.00	0.00	900.00	6550.00	16000.00	26450.00	41600.00	41600.00	41600.00	41600.00	41600.00	41600.00	41600.00
3	销售税金	23914.54	0.00	73.15	467.22	1121.72	1851.30	2914.45	2914.45	2914.45	2914.45	2914.45	2914.45	2914.45
4	销售费用	4348.10	0.00	13.30	84.95	203.95	336.60	529.90	529.90	529.90	529.90	529.90	529.90	529.90
5	销售利润	65447.36	0.00	343.55	1392.83	3069.33	5022.10	7945.65	7945.65	7945.65	7945.65	7945.65	7945.65	7945.65
6	营业外净支出	731.69	0.00	0.00	17.02	51.05	68.06	85.08	85.08	85.08	85.08	85.08	85.08	85.08
7	利润总额	64715.67	0.00	343.55	1375.81	3018.28	4954.04	7860.57	7860.57	7860.57	7860.57	7860.57	7860.57	7860.57
8	用于还贷的利润	8601.36	0.00	304.90	1221.03	2678.72	4396.71	0.00	0.00	0.00	0.00	0.00	0.00	0.00
9	还贷后利润（计税利润）	56114.31	0.00	38.65	154.78	339.56	557.33	7860.57	7860.57	7860.57	7860.57	7860.57	7860.57	7860.57
10	所得税	30263.17	0.00	0.00	0.00	0.00	0.00	4323.31	4323.31	4323.31	4323.31	4323.31	4323.31	4323.31
11	企业留利	25851.14	0.00	38.65	154.78	339.56	557.33	3537.26	3537.26	3537.26	3537.26	3537.26	3537.26	3537.26
12	上交能源交通基金	4368.32	0.00	23.19	92.87	203.73	334.40	530.59	530.59	530.59	530.59	530.59	530.59	530.59
13	上交国家预算调节基金	2912.17	0.00	15.46	61.91	135.83	222.93	353.72	353.72	353.72	353.72	353.72	353.72	353.72
14	企业净利润	18570.65	0.00	0.00	0.00	0.00	0.00	2652.95	2652.95	2652.95	2652.95	2652.95	2652.95	2652.95

固定资产折旧表 （单位：万元） 表 8-32

序号	项目	合计	第一年 1993	第二年 1994	第三年 1995	第四年 1996	第五年 1997	第六年 1998	第七年 1999	第八年 2000	第九年 2001	第十年 2002	第十一年 2003	第十二年 2004
	Ⅰ.原有固定资产													
1	利用原有固定资产重估值	8676.64	2634.18	2510.38	0.00	0.00	0.00	0.00	0.00	0.00	0.00	0.00	0.00	0.00
2	原有固定资产折旧	7676.22	2330.46	2220.93	0.00	0.00	0.00	0.00	0.00	0.00	0.00	0.00	0.00	0.00
3	原有固定资产净值	0.00	0.00	0.00	0.00	0.00	0.00	0.00	0.00	0.00	0.00	0.00	0.00	0.00
	Ⅱ.新增固定资产													
1	当年新增固定资产投资	67053.03	0.00	0.00	2132.08	1400.00	6437.64	7676.22	7676.22	7676.22	7676.22	7676.22	7676.22	7676.22
2	形成固定资产	5364.26	0.00	0.00	1886.25	1238.58	0.00	0.00	0.00	0.00	0.00	0.00	0.00	0.00
3	当年新增固定资产累计原值	67053.03	0.00	0.00	2330.46	4551.39	6437.64	7676.22	7676.22	7676.22	7676.22	7676.22	7676.22	7676.22
4	新增固定资产折旧（下一二年提）	5364.26	0.00	0.00	186.44	364.11	515.01	614.10	614.10	614.10	614.10	614.10	614.10	614.10
5	新增固定资产净值	40596.76	0.00	0.00	2144.02	4000.84	5372.08	5996.56	5382.46	4768.36	4154.26	3540.16	2926.06	2311.96
	Ⅲ.全厂固定资产													
1	全厂固定资产折旧	67053.03	0.00	0.00	2330.46	4551.39	6437.64	7676.22	7676.22	7676.22	7676.22	7676.22	7676.22	7676.22
2	新增固定资产折旧	5364.26	0.00	0.00	186.44	364.11	515.01	614.10	614.10	614.10	614.10	614.10	614.10	614.10
3	全厂固定资产净值	40596.76	0.00	0.00	2144.02	4000.34	5372.08	5996.56	5382.46	4768.36	4154.26	3540.16	2926.06	2311.96

表 8-33

固定资产折旧附表 （单位：万元）

序号	项 目	合 计	第一年 1993	第二年 1994	第三年 1995	第四年 1996	第五年 1997	第六年 1998	第七年 1999	第八年 2000	第九年 2001	第十年 2002	第十一年 2003	第十二年 2004
	Ⅰ. 新增固定资产折旧	5364.26	0.00	0.00	186.44	364.11	515.01	614.10	614.10	614.10	614.10	614.10	614.10	614.10
1	提取15%的能源交通基金	804.68	0.00	0.00	27.97	54.62	77.25	92.12	92.12	92.12	92.12	92.12	92.12	92.12
2	提取10%的国家预算调节基金	536.42	0.00	0.00	18.64	36.41	51.50	61.41	61.41	61.41	61.41	61.41	61.41	61.41
3	企业折旧	4023.16	0.00	0.00	139.83	273.08	386.26	460.57	460.57	460.57	460.57	460.57	460.57	460.57
	其中：用于还款	499.61	0.00	0.00	139.83	273.08	86.70	0.00	0.00	0.00	0.00	0.00	0.00	0.00
	企业留用	3523.55	0.00	0.00	0.00	0.00	299.56	460.57	460.57	460.57	460.57	460.57	460.57	460.57
	Ⅱ. 原有固定资产折旧	0.00	0.00	0.00	0.00	0.00	0.00	0.00	0.00	0.00	0.00	0.00	0.00	0.00
1	提取15%的能源交通基金	0.00	0.00	0.00	0.00	0.00	0.00	0.00	0.00	0.00	0.00	0.00	0.00	0.00
2	提取10%的国家预算调节基金	0.00	0.00	0.00	0.00	0.00	0.00	0.00	0.00	0.00	0.00	0.00	0.00	0.00
3	企业流用	0.00	0.00	0.00	0.00	0.00	0.00	0.00	0.00	0.00	0.00	0.00	0.00	0.00
	Ⅲ. 留用的新增和原有的折旧基金	3523.55	0.00	0.00	0.00	0.00	299.56	460.57	460.57	460.57	460.57	460.57	460.57	460.57

表 8-34

贷款偿还估算表 （单位：万元）

序号	项 目	合 计	第一年 1993	第二年 1994	第三年 1995	第四年 1996	第五年 1997	第六年 1998	第七年 1999	第八年 2000	第九年 2001	第十年 2002	第十一年 2003	第十二年 2004
	Ⅰ. 借款支用及还本付息	0.00	-272.00	2291.43	4546.03	5546.90	4286.65	0.00	0.00	0.00	0.00	0.00	0.00	0.00
1	年初借款累计	7536.99	2370.76	2259.43	1918.80	1260.00	0.00	0.00	0.00	0.00	0.00	0.00	0.00	0.00
2	本年借款支用	1563.98	192.67	300.07	442.93	431.55	196.76	0.00	0.00	0.00	0.00	0.00	0.00	0.00
3	本年应计利息	9100.97	0.00	304.90	1360.86	2951.80	4483.41	0.00	0.00	0.00	0.00	0.00	0.00	0.00
4	本年还本利息	0.00	2291.43	4546.03	5546.90	4286.65	0.00	0.00	0.00	0.00	0.00	0.00	0.00	0.00
5	年末借款累计	9100.97	0.00	304.90	1360.86	2951.80	4483.41	0.00	0.00	0.00	0.00	0.00	0.00	0.00
	Ⅱ. 还款资金来源	8601.36	0.00	304.90	1221.03	2678.72	4396.71	0.00	0.00	0.00	0.00	0.00	0.00	0.00
1	用于还款的新增利润	499.61	0.00	0.00	139.83	273.08	86.70	0.00	0.00	0.00	0.00	0.00	0.00	0.00
2	用于还款的新增折旧														

表 8-35

财务现金流量计算表（全部投资新增部分） （单位：万元）

序号	项目	合计	第一年 1993	第二年 1994	第三年 1995	第四年 1996	第五年 1997	第六年 1998	第七年 1999	第八年 2000	第九年 2001	第十年 2002	第十一年 2003	第十二年 2004
	I.现金流入													
1	销售收入	434810.00	0.00	1330.00	8495.00	20395.00	33660.00	52990.00	52990.00	52990.00	52990.00	52990.00	52990.00	52990.00
2	回收固定资产余值	2311.96	0.00	0.00	0.00	0.00	0.00	0.00	0.00	0.00	0.00	0.00	0.00	2311.96
3	回收流动资金	15897.00	0.00	0.00	0.00	0.00	0.00	0.00	0.00	0.00	0.00	0.00	0.00	15897.00
	现金流入小计	453018.96	0.00	1330.00	8495.00	20395.00	33660.00	52990.00	52990.00	52990.00	52990.00	52990.00	52990.00	71198.96
	II.现金流出													
1	新增固定资产投资	8676.64	2634.18	2510.38	2132.08	1400.00	0.00	0.00	0.00	0.00	0.00	0.00	0.00	0.00
2	可利用原有固定资产重估值	0.00	0.00	0.00	0.00	0.00	0.00	0.00	0.00	0.00	0.00	0.00	0.00	0.00
3	流动资金	15897.00	0.00	399.00	2149.50	3570.00	3979.50	5799.00	0.00	0.00	0.00	0.00	0.00	0.00
4	新增经营成本	323887.44	0.00	847.73	6059.55	14955.19	24966.16	39579.83	39579.83	39579.83	39579.83	39579.83	39579.83	39579.83
5	新增销售税金	23914.54	0.00	73.15	467.22	1121.72	1851.30	2914.45	2914.45	2914.45	2914.45	2914.45	2914.45	2914.45
6	提成支付的技术转让费	0.00	0.00	0.00	0.00	0.00	0.00	0.00	0.00	0.00	0.00	0.00	0.00	0.00
7	营业外支出	731.69	0.00	0.00	17.02	51.05	68.06	85.08	85.08	85.08	85.08	85.08	85.08	85.08
	现金流出小计	373107.31	2634.18	3830.26	10825.37	21097.96	30865.02	48378.36	42579.36	42579.36	42579.36	42579.36	42579.36	42579.36
	III净现金流量	79911.65	−2634.18	−2500.26	−2330.37	−702.96	2794.98	4611.64	10410.64	10410.64	10410.64	10410.64	10410.64	28619.60
	IV累计净现金流量	0.00	−2634.18	−5134.44	−7464.81	−8167.77	−5372.79	−761.15	9649.49	20060.13	30470.77	40881.41	51292.05	79911.65

指标计算：
财务内部收益率：41.37%
财务净现值（$i_c=13\%$）：21587.01万元，投资回收期：6.07年

财务平衡表 (单位：万元)

表 8-36

序号	项目	合计	第一年 1993	第二年 1994	第三年 1995	第四年 1996	第五年 1997	第六年 1998	第七年 1999	第八年 2000	第九年 2001	第十年 2002	第十一年 2003	第十二年 2004
一、	资金来源													
1	利润总额（减营业外净支出）	64715.67	0.00	343.55	1375.81	3018.28	4954.04	7860.57	7860.57	7860.57	7860.57	7860.57	7860.57	7860.57
2	摊销费	213.20	0.00	21.60	52.20	101.20	38.20	0.00	0.00	0.00	0.00	0.00	0.00	0.00
3	折旧基金	5364.26	0.00	0.00	186.44	364.11	515.01	614.10	614.10	614.10	614.10	614.10	614.10	614.10
	其中：用于还款	499.61	0.00	0.00	139.83	273.08	86.70	0.00	0.00	0.00	0.00	0.00	0.00	0.00
4	固定资产借款	7808.99	2370.76	2259.43	1918.80	1260.00	0.00	0.00	0.00	0.00	0.00	0.00	0.00	0.00
5	流动资金借款	11127.90	0.00	279.30	1504.65	2499.00	2785.65	4059.30	0.00	0.00	0.00	0.00	0.00	0.00
6	自筹资金	5636.75	263.42	370.65	858.13	1211.00	1193.85	1739.70	0.00	0.00	0.00	0.00	0.00	0.00
	(1) 用于固定资产投资	867.65	263.42	250.95	213.28	140.00	0.00	0.00	0.00	0.00	0.00	0.00	0.00	0.00
	(2) 用于流动资金	4769.10	0.00	119.70	644.85	1071.00	1193.85	1739.70	0.00	0.00	0.00	0.00	0.00	0.00
7	回收固定资产余值	2311.96	0.00	0.00	0.00	0.00	0.00	0.00	0.00	0.00	0.00	0.00	0.00	2311.96
8	回收自有流动资金	15897.00	0.00	0.00	0.00	0.00	0.00	0.00	0.00	0.00	0.00	0.00	0.00	15897.00
	资金来源小计	113075.73	2634.18	3274.53	5896.03	8453.59	8486.75	14273.67	8474.67	8474.67	8474.67	8474.67	8474.67	26683.63
二、	资金运用													
1	固定资产投资	8676.64	2634.18	2510.38	2132.08	1400.00	0.00	0.00	0.00	0.00	0.00	0.00	0.00	0.00
2	流动资金	15897.00	0.00	399.00	2149.50	3570.00	3979.50	5799.00	0.00	0.00	0.00	0.00	0.00	0.00
3	固定资产借款还本付息	9100.97	0.00	304.90	1360.86	2951.80	4483.41	0.00	0.00	0.00	0.00	0.00	0.00	0.00
4	还款期同企业净利润	0.00	0.00	0.00	0.00	0.00	0.00	0.00	0.00	0.00	0.00	0.00	0.00	0.00
5	自折旧中提取的	1341.10	0.00	38.65	46.61	91.03	128.75	0.00	0.00	0.00	0.00	0.00	0.00	0.00
6	自企业留利中提取的"二金"	7280.49	0.00	0.00	154.78	339.56	557.33	884.31	884.31	884.31	884.31	884.31	884.31	884.31
7	上交镇政府利润	0.00	0.00	0.00	0.00	0.00	0.00	0.00	0.00	0.00	0.00	0.00	0.00	0.00
8	所得税	30263.17	0.00	0.00	0.00	0.00	0.00	4323.31	4323.31	4323.31	4323.31	4323.31	4323.31	4323.31
	资金运用小计	72559.37	2634.18	352.93	5843.83	8352.39	9148.99	11160.15	5361.15	5361.15	5361.15	5361.15	5361.15	5361.15
三、	盈余资金	40516.36	0.00	21.60	52.20	101.20	337.76	3113.52	3113.52	3113.52	3113.52	3113.52	3113.52	31322.48
1	留用折旧	3523.55	0.00	0.00	0.00	0.00	299.56	460.57	460.57	460.57	460.57	460.57	460.57	460.57
2	留用利润	18570.65	0.00	0.00	0.00	0.00	0.00	2652.95	2652.95	2652.95	2652.95	2652.95	2652.95	2652.95
3	摊销费	213.20	0.00	21.60	52.20	101.20	38.20	0.00	0.00	0.00	0.00	0.00	0.00	0.00
4	回收固定资产余值及自有流动资金	18208.96	0.00	0.00	0.00	0.00	0.00	0.00	0.00	0.00	0.00	0.00	0.00	18208.96

敏感性分析结果表 表8-37

序号	项目	内部收益率（%）	投资回收期（年）
1	基本情况	41.37	6.07
2	售价增加10%时	59.82	4.84
3	售价增加5%时	50.89	5.30
4	售价降低10%时	20.19	8.44
5	售价降低5%时	31.17	6.85
6	经营成本增加10%时	25.96	7.46
7	经营成本增加5%时	33.89	6.60
8	经营成本降低10%时	55.19	5.08
9	经营成本降低5%时	48.46	5.46

思考题与习题

1. 什么是可行性研究？
2. 可行性研究有哪些作用？
3. 项目资金筹措有哪些方法？
4. 项目偿债能力及流动性指标有哪些？

第九章 国民经济评价

第一节 国民经济评价

一、国民经济评价概述

项目的国民经济评价是从国家整体利益出发，考察项目的效益和费用，分析和计算项目给国民经济带来的净收益，从而评价投资项目在经济上的合理性，为投资决策提供宏观上的决策依据。实际上，项目的国民经济评价问题就是研究资源整体利用的优化性问题。

国民经济评价和财务评价是投资项目经济评价中两个不同的层次。它们之间既有共同之处，又有区别。

国民经济评价和财务评价的共同之处在于：首先它们都是经济效果评价，使用基本的经济评价理论和方法，寻求以最小的投入获得最大的产出，都要考虑资金的时间价值，采用内部收益率、净现值等经济指标进行经济效果分析；其次，两种分析都要在完成产品需求预测、工艺技术选择、投资估算、资金筹措方案选择基础上进行。

国民经济评价和财务评价的区别在于：

1. 目的和出发点不同

财务评价是从企业或项目本身出发，目的是分析评价项目本身的财务效益，也就是项目的盈利能力和偿还贷款的能力等。而国民经济评价则是从国家利益出发，分析国民经济对该项目付出的代价（费用）以及该项目对国民经济所可能做出的贡献（效益），从而计算其净效益。

2. 费用与效益的含义及划分范围不同

财务评价是根据项目的实际收支确定项目的费用与效益，所以税金（如产品税、营业税、所得税等）、借款利息等均计为费用。国民经济评价则着眼于项目对社会提供的有用产品和服务及对社会有用资源的耗费等，来考察项目的费用和效益，故税金、国内借贷利息等均不计为项目的费用。因为企业支付给国家的这些税金、利息并不表示资源的真正消耗，只是转移支付，即国家内部集团间的财富转移。

判别是否属于国民经济费用的惟一依据是是否存在资源的真正消耗。因为这些资源本来还有其他用途，被本项目耗用后，就丧失了在其他项目产生效益的机会。各种原材料、燃料、动力和其他服务等明显地构成国民经济费用，而税金则不符合上述费用标准。但有些财务分析中没有被看作支出（费用）的内容，却可能构成国民经济费用。例如，企业的某改造项目占用了属于该企业的一片土地，由于这片土地有作为他用而为国民经济做出贡献的机会存在，就应把这种潜在的由土地提供的净效益算作项目的费用。

财务评价只计算项目直接发生的费用和效益，而国民经济评价还要计及项目的间接费用和效益，即项目的外部效果（或间接效果）。诸如：（a）某项目基建投资中包括加高防洪堤一项，它对项目本身的效益已包含在项目的直接效益中，但防洪堤同时对菜田也起保护作用，故莱田因此而增加的效益应属项目的外部效益；(b) 项目采用国产设备，目前国内该类设备制造生产能力闲置，在设备价格不作调整的情况下，可以记一笔对设备制造部门产生的外部效益；(c) 某河流污水处理设施，给下游工农业生产带来的效益，亦属于项目的外部效益等等。

3. 评价所采用的价格不同

财务评价对投入物和产出物采用现行市场价格，而国民经济评价则采用根据机会成本和供求关系确定的影子价格。关于影子价格我们将在下文讨论。

财务评价一般倾向于考虑通货膨胀的影响，而国民经济评价一般不必考虑通货膨胀的影响。

4. 主要参数不同

财务评价采用的汇率是官方汇率，以行业基准收益率作为折现率，国民经济评价则采用国家统一测定的影子汇率和社会折现率。

对于同一个投资项目，两种评价的结果可能不同。当财务评价认为不可行，而国民经济评价认为可行时，由于财务评价反映的是项目实施者的效益，若想使项目具有一定的生存能力，必须采用诸如减少税金、关税或给与一定的政策性补贴等经济政策，使财务评价成为可行。反之，财务评价认为可行，而国民经济评价认为不可行时，此项目则应该否定。

二、影子价格

（一）影子价格的概念

影子价格的概念是20世纪的中期由荷兰数学及经济学家詹恩·丁伯根和原苏联数学及经济学家康特罗维奇分别提出来的。

影子价格又称最优计划价格或计算价格，是用于预测、计划、项目评价等经济分析中使用的价格。影子价格的取名更直接源于数学线性规划中最优规划对偶解的数学概念，即在资源有限的情况下，要取得最大收益，资源对社会目标的边际效益。

从数学规划理论的角度，影子价格是社会经济处于某种最优状态下的、反映社会劳动消耗、资源稀缺程度和对最终产品需求的产品价格或资源价格。但限于实际经济问题的复杂性，目前还无法完全通过求解数学模型的办法进行求解。

（二）确定影子价格的实用方法（利特尔－米尔里斯法）

利特尔－米尔里斯法（以下简称L-M法）是针对市场机制不充分、外汇缺乏、外贸中的关税壁垒等因素，使市场价格失真的发展中国家，获取国民经济评价中使用价格的一种较实用的影子价格计算方法。

1. 货物分类

L-M法首先把货物分为两类：贸易货物和非贸易货物。贸易货物是指那些靠进口来满足需求的货物或出口货物。具体说，外贸货是指其生产、使用将直接或间接影响国家进、出口的货物，包括：

(1) 项目产出物中直接出口，替代其他企业产品使其增加出口（间接出口），或替代进口者；

(2) 项目投入物中直接进口，占用其他企业的投入物使其增加进口（间接进口），或占用原可用于出口的国内产品。

对于贸易货物以外的货物和服务都称为非贸易货物。区分两类货物时，主要是分析项目的产出或投入是主要影响对外贸易水平还是主要影响国内消费。前者为贸易货,后者为非贸易货。

对于贸易货物,L-M 法建议用口岸价格为基础来定其影子价格。即进口货用到岸价格(CIF❶),出口货物用离岸价格(FOB❷)。上述口岸价格中应剔除关税。

根据上述原则,直接出口的贸易货,其离岸价 FOB,减去项目所在地至口岸的运输费和贸易费,即为产品出厂的影子价格 P_{out}:

$$P_{out} = FOB - T_1 - T_2$$

式中　T_1——项目所在地至口岸的运输费;

　　　T_2——贸易费,其费率通常为口岸价格的 6%。

类似的办法可以确定间接出口、顶替进口货物的影子价格。

直接进口和间接进口货物的影子价格用到岸价格 CIF 确定。

2. 分解成本

对非贸易货,当可以通过扩大国内生产量来满足项目需要时,投入物的费用就等于为扩大产量所增加的一切费用。L-M 法建议,对于这样一类非贸易货物可以用分解成本来计算其影子价格。由于生产的连锁循环,非贸易货都可以按其生产的成本要素构成,进程一级一级的分解,最终可以分解成贸易货物和劳动消耗两部分。其中贸易货按前面所说的口岸价格为基础定价,劳动力费用也设法转换为口岸价格为基准,这样得到的分解成本既纠正了实际价格的扭曲,又和贸易物的价格体系相协调。其分解步骤:

(1) 按生产要素列出单位产品的各种物料消耗和费用以及单位产品所需的固定资产投资和流动资金。

(2) 用口岸价格或已知的影子价格对各种物料投入和固定资产投资及流动资金进行调整。

(3) 用社会折现率计算固定资产的资金回收费用和流动资金占用费,并将其摊入单位成品以代替原来的折旧费和流动资金利息。

(4) 剔除成本要素中的各种税金。

(5) 将实际工资和福利开支用影子工资转换。

(6) 必要时对重要的投入物的次一级再进行分解。

3. 转换系数

在分解成本中我们已用过转换系数将市场价格转换为影子价格。事实上,若对于项目牵涉到的大量贸易与非贸易都进行类似前述处理,工作量很大。国家计划部门可分地区制定标准的转换系数 SCF,计算时直接套用:

---

❶ CIF——到岸价格。

CIF 是 Cost、Insurance and Freight 的缩写,中译名为成本加保险费加运费。CIF 价格中的 Cost 指的是 FOB 价,即出口总成本价。该贸易术语是指卖方负责租船订舱,根据合同规定将货物由约定的装运港运至目的港并办理保险手续及负担运费和保险费。

❷ FOB——离岸价格。

FOB 是 Free On Board 的缩写,中译名为船上交货,又称"离岸价格"。使用这种贸易术语时,按《1990 年国际贸易易术语解释通则》,卖方应按合同规定的时间在指定的装运港口,将货物装上买方所指定的船,并及时通知买方;卖方负责办理出口清关手续,承担货物越过船舷前的一切风险和费用;货发后,及时备单,提供有关的出口单证。

$$影子价格 = SCF \times 市场价格$$

通常对某一大类的工业品规定一转换系数，计算式如下：

$$SCF = \frac{\Sigma Q_i P_i^b}{\Sigma Q_i P_i^d} \tag{9-1}$$

式中　Q_i——产品数量；

　　　P_i^b——影子价格；

　　　P_i^d——国内实际价格。

影子价格有时要经过不只一次转换才能取得。限于本书的篇幅，仅举一贸易货物利用转换系数的例子。某进口设备影子价格的转换可由表9-1算出。

影子价格的转换　　　表9-1

费用项目	国内价格单位		单位转换系数	影子价格成分
	金　额	比　重		
CIF	10	0.5	1.0	0.5
关　税	5	0.25	0	0
装　卸	1	0.05	2.1	0.105
运　输	1	0.05	2.6	0.13
其　他	3	0.15	0.8	0.12
总　计	20	1.0		0.855

到岸价格 CIF 的国内价为外汇额乘以官方汇率，故转换系数为1.0。关税不应计入费用，故转换系数为零。这样得到该类设备的转换系数为0.855。若已知投资中，这类设备的国内价格费用为100万，则用转换系数求得该设备的影子价格为85.5万元。

三、影子工资、土地费用

（一）影子工资

在国民经济评价中，用影子工资代替财务评价中的工资及提取的职工福利基金（两者合称为名义工资），以表示劳动力投入的社会费用。影子工资由两部分组成：（1）由于项目使用劳动而导致别处的被迫放弃的原有净效益，即劳动力的边际产出；（2）因劳动力就业或转移所增加的社会资源消耗，这些资源消耗并没有提高职工的生活水平，如培训费、交通费和城市管理费等。

在国民经济评价中，影子工资作为劳务费用计入经营成本中，通常将名义工资乘以转换系数，求得影子工资。

根据我国目前劳动力资源丰富的实际情况，一般建设项目的转换系数取为1.0。对就业压力很大的地区占用大量非熟练劳动力的项目，转换系数可取小于1.0。对占用大量短缺的专业技术人员的项目，转换系数可取大于1.0。

（二）土地费用

在财务评价中，土地征购等有关费用用作为支出，计入固定资产投资中。从国民经济评价的角度看，这笔费用中居民搬迁费增加资源消耗、农田净效益应计入费用，其余支出系国民经济内部的转移支付，不列入费用。国民经济评价中的土地费用，应能反映该土地不用于本项目所能创造的净效益及社会的为此而增加的资源消耗。若项目用土地是荒地，其机会成本可视为零，故其费用可取零。若项目占用农业土地，其机会成本为原来的农业净效益，应按项目所占用土地的具体情况，计算该土地在整个占用期间的净效益。

【例 9-1】 某高速公路占用水稻田 3836 亩（1 亩 = 666.67m²），占用前 3 年每亩平均产量为 500kg。一般分析认为，年产增长速度为 4%。水稻生产成本按收购价的 40% 计算。每吨收购价 400 元，出口口岸价预估为 212.9 美元，影子汇率为 4 元/美元，贸易费率取收购价的 6%。产地距口岸的平均运距为 273.4km，影子价格为 0.064 元/（t·km），社会折现率 $i_s = 10\%$，分析期 $n = 30$ 年，求分析期内的净效益现值。

【解】 （1）根据离岸价 FOB 为 $212.9 \times 4 = 851.6$ 元/t。

产地距口岸的平均运距为 273.4 公里，影子价格为 0.064 元/（t·km），产地至口岸运输费为 $0.064 \times 273.4 = 17.5$ 元/t。贸易费用为 $400 \times 6\% = 24$ 元/t。产地的稻谷影子价格为 $851.6 - 17.5 - 24 = 810.1$ 元/t。

（2）每吨稻谷的生产成本为 $400 \times 40\% = 160$ 元/t。

（3）土地生产每吨稻谷的净效益，其影子价格为 $810.1 - 160 = 650.1$ 元/t。每亩净效益 $B = 325$ 元/亩。

（4）30 年分析期每亩土地的净效益现值为：

$$P = \sum_{t=1}^{30} B \left(\frac{1}{1+i_s} \right)^t (1+4\%)^t$$

$$= \sum_{t=1}^{30} 325 \left(\frac{1+0.04}{1+0.1} \right)^t = 4561.02 \text{ 元} / \text{亩}$$

（5）项目占用 3836 亩，30 年分析期的净效益现值 $3836 \times 4561.02 = 1749.61$ 万元。

四、社会折现率、影子汇率

（一）社会折现率 i_s

社会折现率是建设项目国民经济评价的重要参数。各类建设项目的国民经济评价都采用国家规定的统一的社会折现率。i_s 是投资项目的资金所应达到的按复利计算的最低收益水平，即从国家的角度项目投资应达到的收益标准。同时，i_s 又是不同时间发生的费用和效益的折现率，因而它又代表社会对资金时间价值的判断。从使用资金的角度，i_s 是资金的机会成本，因而，一定意义上说，i_s 是资金的影子价格。

在项目经济评价中，社会折现率 i_s 是经济内部收益率指标及静态投资净效益率的判据，当项目：

$$EIRR \geq i_s$$

$$投资净效益率 = \frac{年平均净收益}{全部投资} \geq i_s$$

可认为项目达到了对国民经济的贡献，项目可行；反之则认为经济效益低而不可行。

社会折现率应体现国家经济发展目标和宏观调控意图，引导资金投向，促进资金在短期和长期项目间的合理分配，调节资金供需关系，控制资金投入规模。

在我国，社会折现率 i_s 由国家计委发布，1990 年前采用值为 $i_s = 10\%$，1990 年 9 月调整为 12%。

（二）影子汇率

影子汇率（SER）是指不同于官方汇率（OER）的、能反映外汇对国民经济真实价值的汇率，用于项目国民经济评价中外币与人民币之间的转换。

项目的国家经济评价引入影子汇率，是为了正确计算外汇这种特殊资源的实际价值。

影子汇率代表着外汇的影子价格。

国家可以利用影子汇率作为杠杆，影响项目的进出口决策，影响采用进口设备还是国产设备的选择，影响产品进口替代型项目和出口型项目的决策。如果影子汇率高，则外汇影子价格高，不利于引进方案，有利于采用国产设备的技术方案。

影子汇率由国家计委发布。1990年前影子汇率为：1美元＝4.0元人民币，当时官方汇率为1美元＝3.72元人民币。一般而言，在国家实行外贸管制和不允许外汇自由兑换的条件下，官方汇率常低于影子汇率。1990年9月国家计委将影子汇率调整为1美元折算5.8元人民币。

第二节 效益费用分析

效益费用分析法（Benefit and Cost Analysis）是一种十分重要的经济评价方法。它已被联合国工业发展组织、世界银行等机构采纳，并用于为发展中国家进行国民经济评价。早在20世纪30年代，美国政府就已开始运用效益与费用分析方法评价流域资源的开发工程。到了二次世界大战期间，该方法更是被美国政府用来作为指导，使有限的资源用于军事工程等最有效的领域。进入20世纪70年代，美国开始实行"规划预算制度（Planning Programming and Budgeting System，简称PPBS）"，要求所有政府机关对各种计划方案都要从效益费用角度予以审查。可以说，该方法在美国政府各部门，特别在公共项目的评价中，已得到高度的重视。下面我们将对这种方法进行详细介绍。

一、效益费用比 B/C

效益费用比是第一个为人们熟知的评价项目的动态指标。效益费用比，也称效益费用率，是用现金流入现值和除以现金流出现值和，其计算公式为：

$$B/C = \sum_{t=0}^{n} CI_t (1+i_c)^{-t} \Big/ \sum_{t=0}^{n} CO_t (1+i_c)^{-t} \tag{9-2}$$

对项目进行经济评价，若 $B/C \geq 1$，则该项目经济是可以接受的，否则，经济上应该予以拒绝。

由净现值 NPV 的定义可知：

$$NPV = \sum_{t=0}^{n} CI_t (1+i_c)^{-t} - \sum_{t=0}^{n} CO_t (1+i_c)^{-t} = B - C$$

所以

$$B/C = NPV/C + 1 \tag{9-3}$$

因此，若 $B/C \geq 1$，则必有 $NPV \geq 0$；若 $NPV \geq 0$，则必有 $B/C \geq 1$。所以，对于经济评价来讲，NPV 和 B/C 两个指标是等价的。

在国外此指标被用于公共项目（公共事业投资项目）的评价。所谓公共项目是指那些取得效益的人并不负担工程支出的为社会服务的项目，如公路、城市公园、图书馆、公立学校、防洪工程等等。这类工程强调社会效益，且一般由政府投资，所以效益费用比常写成：

$$\frac{B}{C} = \frac{使用者净效益(现值)}{政府的净费用(现值)} \tag{9-4}$$

$B/C \geqslant 1$，通常认为是可取的。这里存在的问题是如何选择折现率 i 和如何使公共工程的使用者效益货币化。

折现率 i 就是评价时所采用的最低期望盈利率。多数公共工程具有投资大、寿命长、见效迟的特点，在很大程度上具有社会福利性质。一般而言，可参照行业基准收益率 i_0 和政府政策、资金来源渠道等因素确定一适宜值。即希望将有限资金用到能使公共和社会发展取得最大效益的那些项目中去。

下面通过一道例题来说明公共工程使用者效益货币化的方法。

【例 9-2】 两条城市道路 A 与 B 的平面交叉口是否应改为直通式立交桥？资料如下：

(1) 道路 A 的日平均流量为 5000 辆，道路 B 为 4000 辆。

(2) 每条道路上有 50% 车辆被耽搁，道路 A 上平均每辆汽车因耽搁造成的时间损失是 1 分钟，道路 B 上为 1.2 分钟。车辆中有 20% 卡车与商用车，其余 80% 为小汽车。卡车与商用车的时间费用估计为 15 元/小时，刹车与启动则为 0.06 元/刹·启。小汽车的时间费用估计为 10 元/小时，每一次刹车与启动则为 0.04 元/刹·启。

(3) 交叉路口在过去的 4 年中发生 12 起死亡事故，赔偿总费用 50000 元/次，40 起非伤害性车祸，车祸保险赔偿费用为 1500 元/次。

(4) 将平面交叉改为直通式立交桥，初投资 500 万，年维护费 2500 元。有 15% 的车辆行程需增加 1km。卡车、商用车的公里费用 0.25 元/km，小汽车为 0.16 元/km；

(5) 平面交叉时红绿灯操纵管理费用为 2690 元/年；

(6) $i = 7\%$，分析期 $n = 40$ 年，不计残值。

【解】 使用者净效益：

(1) 每年在时间耽搁上的费用节约：

道路：$A = \left[5000 \times 365 \times (50\%) \times \dfrac{1}{60}\right] \left[(20\%) \times 15 + (80\%) \times 10\right] = 167292$ 元

道路：$B = \left[4000 \times 365 \times (50\%) \times \dfrac{1.2}{60}\right] \left[(20\%) \times 15 + (80\%) \times 10\right] = 160600$ 元

(2) 每年在刹车与启动上节约的费用：

$[(5000 + 4000) \times (50\%) \times 365][(20\%) \times 0.06 + (80\%) \times 0.04] = 72270$ 元

(3) 每年车祸费用节约：

$\dfrac{12}{4} \times 50000 + \dfrac{40}{4} \times 1500 = 165000$ 元

(4) 每年距离增加发生的费用：

$[(5000 + 4000) \times (15\%) \times 365 \times 1][(20\%) \times 0.25 + (80\%) \times 0.16] = 87709.5$ 元

净效益：(1) + (2) + (3) - (4) = 477452.5 元

政府投资的年费用：

(5) 初投资的年费用：

$5000000 \times (A/P, 7\%, 40) = 375000$ 元

(6) 年维护费：2500 元

(7) 年红绿灯操纵费用节约：2690 元

净费用：(5) + (6) - (7) = 374810 元

$$B/C = \dfrac{477452.5}{374816} = 1.27$$

政府投资给公共使用者带来了比政府投资大的效益，应该修建立交桥。本例是在建桥与不建桥之间进行的抉择。B/C只反映了货币效益，而减少人身伤亡的意义不仅仅是它所表现出的货币价值。

B/C除了"有/无对比"之外，亦可用于不同工程效果两种类似方案之间的比选，下例是突出使用者效益的方案比选。

【例9-3】 连接城市与卫星城镇之间的公路选线，有沿河路线与越山路线两个方案，有关资料如下：

(1) 车流量5000辆/日。车平均速度50km/小时，车流量中20%为商用车，其时间费用为15元/小时；80%为非商用车，时间费用为10元/小时；

(2) 沿河路线里程20公里，初投资950万元，年维修费4000元/km，路面维修每10年170万元；

(3) 越山路线里程15公里，初投资1912.5万元，年维修费5000元/km，路面维修每10年130万元；

(4) 沿河路线里程费用，商用车0.25元/km，非商用车0.16元/km，越山路线费用相应增加15%；

(5) $i_0 = 7\%$，分析期$n = 30$年，不计残值。

解：沿河路线：

(1) 政府投资年费用：

$\{950 + 170[(P/F,7\%,10) + (P/F,7\%,20)]\}(A/P,7\%,30) + 0.4 \times 20 = 95.08$万元

(2) 每年驾车时间费用：

$$\left(0.5 \times 365 \times \frac{20}{50}\right)(20\% \times 15 + 80\% \times 10) = 803 \text{万元}$$

(3) 每年里程费用：

$$(0.5 \times 365 \times 20)(20\% \times 0.25 + 80\% \times 0.16) = 649.7 \text{万元}$$

使用者总费用：(2) + (3) = 1452.7万元

越山路线：

(1) 政府投资费用：

$\{1912.5 + 130[(P/F,7\%,10) + (P/F,7\%,20)]\}(A/P,7\%,30) + 0.5 \times 15 = 169.68$万元

(2) 每年驾车时间费用：

$$\left(0.5 \times 365 \times \frac{15}{50}\right)(20\% \times 15 + 80\% \times 10) = 602.25 \text{万元}$$

(3) 每年里程费用：

$$(0.5 \times 365 \times 15)(20\% \times 0.25 + 80\% \times 0.16)(1 + 15\%) = 560.37 \text{万元}$$

使用者总费用：(2) + (3) = 1162.62元

对于不同工程效果类似方案的比选，效益成本比B/C的表现形式为：

$$\frac{B}{C} = \frac{\text{使用者的额外效益}}{\text{政府的额外成本}} \tag{9-5}$$

对本例：

$$\frac{B}{C} = \frac{\text{沿河路线使用者费用} - \text{越山路线使用者费用}}{\text{越山路线政府成本} - \text{沿河路线政府成本}} = \frac{1452.70 - 1162.62}{169.66 - 95.08} = \frac{290.08}{74.58} = 3.89$$

选择越山路线，政府每年多投入成本 74.58 万元，但使用者的行车成本减低了 290.08 万元，是政府投入的 3.89 倍，因此，应该选择越山路线。

式（9-4）和（9-5）常被称为使用者 B/C。式（9-5）中的分子可以看作由追加成本而使使用者获得的额外收益 ΔB，分母是政府追加的成本 ΔC，故将式（9-5）改写成下式更合适：

$$\frac{\Delta B}{\Delta C} = \frac{使用者额外效益}{政府额外成本} \tag{9-6}$$

二、综合效益费用比 B/C

与上节使用者效益费用比的区别是综合效益费用比把所有效益均放在分子上，即

$$\frac{B}{C} = \frac{净效益年值}{政府资本回收年值} \tag{9-7}$$

对于例 9-2 中的数据，应用式（9-7）时，属于政府效益的有红绿灯操纵费节约与年维护费的差值，放在分子上：

$$\frac{B}{C} = \frac{477452.5 + (2690 - 2500)}{5000000 \times (A/P, 7\%, 40)} = 1.27$$

上式结果与应用式（9-4）所得结果相差很小，但基本原理、目标和结论含意是不同的。

思 考 题 与 习 题

1. 国民经济评价的涵义是什么？它与财务评价的关系是什么？
2. 影子价格的涵义是什么？
3. 政府投资改善城市交通设施，投资 295 万元，将原管理费 20 万元/年减为 5 万元/年，汽车可节约待时费 35 万元/年，但汽油运行费增加 8 万元/年，$n = 20$ 年，$i = 8\%$。试分别用综合效益成本比和使用者效益成本比进行评价。

第十章 投资项目的后评价

第一节 概 述

一、项目后评价的概念

（一）项目后评价定义

项目后评价是在项目建成投产并运行一段时间后（一般为两年），对照项目立项决策、设计的技术经济要求，分析项目实施过程的成绩和问题，评价项目的效果、效益、作用和影响，判断项目目标的实现程度，总结经验教训，为指导拟建项目、调整在建项目、完善已建项目提出建议。

（二）项目后评价的特点

项目后评价不同于项目投资决策前的评价（即投资项目"前评价"）。项目前评价是指在项目决策之前，在深入细致的调查研究、科学预测和技术经济论证的基础上，分析评价项目的技术先进适用性、经济合理性和建设可能性的过程，其目的是为了建设项目投资决策提供依据。与前评价相比，项目后评价具有如下特点：

1. 现实性

投资项目后评价分析研究是项目的实际情况，是在项目投产的一定时期内，根据企业的实际经营结果，或根据实际情况重新预测数据，总结的是现实存在的经验教训，提出的是实际可行的对策措施。项目后评价的现实性决定了其评价结论的客观可靠性。而项目前评价分析研究是项目的预测情况，所用的数据都是预测数据。

2. 全面性

项目后评价的内容具有全面性，不仅要分析项目的投资过程，还要分析其生产经营过程；不仅要分析项目的投资经济效益，还要分析其社会效益、环境效益等。另外，它还要分析项目经营管理水平和项目发展的后劲和潜力。

3. 反馈性

项目后评价的目的是对现有情况进行总结和回顾，检验投资决策是否正确；并反馈信息，为今后项目管理、投资计划和投资政策的制定积累经验，使以后的宏观决策、微观决策和项目建设获得依据和借鉴。而项目前评价的目的在于为有关部门对项目的投资决策提供依据。

4. 探索性

投资项目后评价要在分析企业现状的基础上，及时发现问题、研究问题，以探索企业未来的发展方向和发展趋势。因而要求项目后评价人员具有较高的素质和创造性，能够把握影响项目效益的主要因素，并提出切实可行的改进措施。

5. 合作性

项目前评价一般只通过评价单位与投资主体间的合作，由专职的评价人员就可以提出评价报告。项目后评价涉及面广，需要各组织机构和有关人员通力合作，如专职技术经济人员、项目经理、企业经营管理人员、投资项目主管部门等，各方面融洽合作，齐心协力才能做好。

（三）项目后评价的目的

项目后评价的主要目的有：

（1）及时反馈信息，调整相关政策、计划、进度，改进或完善在建项目；

（2）增强项目实施的社会透明度和管理部门的责任心，提高投资管理水平；

（3）通过经验教训的反馈，调整和完善投资策略和发展规划，提高决策水平，改进未来的投资计划和项目的管理，提高投资效益。

（四）项目后评价的任务

后评价的任务主要有如下几个：

（1）根据项目的进程，审核项目准备和评价文件中所确定的目的。

（2）确定在项目实施各阶段实际完成的情况，分析变化的原因。

（3）分析工艺技术的选择情况，寻找成功点和失败点。

（4）对比分析项目的经济效益情况。

（五）项目后评价的一般原则

项目后评价的一般原则是：独立性、科学性、实用性、透明性和反馈性，分述如下：

1. 独立性

是指评价不受项目决策者、管理者、执行者和前评价人员的干扰，评价工作应由投资和受益以外的第三者来执行。只有这样才能保证评价结果的公正性和客观性，才能保证评价及评价者的信誉。为确保评价的独立性，必须从机构设置、人员组成、履行职责等方面综合考虑，使评价机构既保持相对的独立性又便于运作，独立性应自始至终贯穿于评价的全过程，包括项目后评价计划的制定、任务的委托、评价者的组成、资料的收集、现场调研、报告编审和信息反馈。只有这样才能发挥评价在项目管理工作中不可替代的作用。

2. 科学性

科学性取决于科学的评价方法和丰富可靠的数据资料。因此，项目管理人员、借款单位、联合融资者和项目最终受益者能否共同参与项目的评价活动就显得十分重要。针对存在的问题提出的改进建议要切实可行，评价的结论和总结的经验要经得起实践的检验，并能为今后项目的决策和实施有指导作用。

3. 反馈性

信息反馈是后评价的最终目标。也就是说，后评价是将评价结果反馈到决策部门，作为新项目立项和评价的基础，作为调整投资规划和政策的依据。因此，建立"项目管理信息系统"，通过项目周期各个阶段的信息交流和反馈，系统地为评价提供资料和向决策机构提供评价的反馈信息是非常必要的。

二、项目后评价的主要内容

（一）过程评价

过程评价是将项目执行过程的实际情况与项目立项时所确定的目标和任务进行对比分析，找出前后不同的原因，总结经验教训。主要从以下几个方面进行：

1. 前期工作评价

主要评价立项条件和决策依据是否正确，决策程序是否符合规定；勘测工作对设计与施工的满足程序，设计方案的指导思想和优选方法，技术上的先进性和可行性，经济上的合理性等。

2．建设实施评价

主要对施工准备、招标投标、施工组织方式、技术装备情况、施工技术准备、施工管理、施工进度、工程质量、工程造价、工程监理以及各种合同执行情况及生产运行准备情况等的评价。

3．生产运行评价

是指对项目从正式投产到后评价期间项目的运行情况进行评价。包括对项目设计能力和实际能力的验证；质量保证体系的完善程度；生产和人力资源管理系统、生产条件分析及原材料和能源的消耗情况、产品销售情况等的评价。

(二) 效益评价

建设项目效益后评价是项目后评价工作的有机组成部分和重要内容，效益评价的目的主要是通过对财务指标和经济指标的实际情况重新计算来确定原来的测算结果是否符合实际，并找出发生变化的主要原因。

1．财务效益后评价

主要跟据现行财税制度和现行价格体系的要求，从企业的角度出发来计算项目实际达到的赢利能力和偿还能力指标，并与预期目标做对比分析，寻找产生差异的原因。评价时应考虑财务和物价因素变化带来的影响。

2．国民经济效益后评价

从国家的整体角度出发来考察项目的实际经济效益和费用。采用不同时期的影子价格、影子汇率、影子工资率和国家最新的社会折现率等国家经济参数，扣除国民经济内部的转移支付与物价上涨因素，评价项目的国民经济实际净效益（净贡献），并与社会折现率相比较。

3．投资使用情况评价

主要检查项目原定的预算计划、资金投入计划、贷款协议计划同实际发生的情况有何差异，找出发生的原因及其影响。

(三) 影响评价

影响评价是指在项目投产 5~8 年后的完全发展阶段分析项目对其周围地区在技术、经济、社会、环境和文化方面所产生的影响和作用。项目的影响评价应站在国家的宏观立场上，重点分析项目对整个社会发展的影响。

(1) 项目经济影响评价，主要分析和评价项目对所在地区、行业、部门和国家的宏观经济影响，如对国民经济结构的影响，对提高宏观经济效益以及对国民经济长远发展的影响；并对项目所用国内资源的价值进行测算，为在宏观上判断项目资源利用的合理程度提供依据。同时，分析项目对地区、行业、部门和国家的经济发展所产生的重要作用和长远影响。

(2) 项目科学技术进步影响评价主要分析项目对国家、部门和地方的技术进步的推动作用，以及对项目所选技术本身的先进性、适用性、可靠性、配套性及经济的合理性进行分析，并与国内外同类技术装备进行对比。

（3）项目环境影响评价，主要是对照前评价时批准的"环境影响报告书"，重新审查项目对环境产生的实际影响，审查项目环境管理的决策、规定、规范和参数的可靠性和实际效果。环境影响评价主要包括项目的污染源控制、区域的环境质量、自然资源的利用、区域的生态平衡和环境管理能力等五个方面的内容。

（4）项目社会影响评价，主要是从社会发展的角度来分析项目对社会发展目标所做的贡献和产生的影响，包括有形的和无形的影响。评价的内容主要有项目对社会文化、教育、卫生的影响；对社会就业、扶贫、公平分配的影响；对社区生产与生活、社区与群众的参与、社区组织机构与经济发展的影响；对居民生活条件和生活质量的影响；对妇女、民族团结、风俗习惯和宗教信仰的影响等。

第二节 项目实施后评价

项目建设实施阶段对能否发挥预定投资效益有着十分重要的意义，这一阶段包括从项目开工、竣工验收、交付使用为止的全过程。在此阶段是人力物力的主要投放阶段，因此项目后评价是非常重要的。项目实施阶段的后评价应注意前后两方面的对比，找出问题，一方面要与开工前的工程计划对比，另一方面还应把该阶段的实施情况可能产生的结果和影响与项目决策时所预期的效果进行对比，分析偏离度。在此基础上找出原因，提出对策，总结经验教训。

一、项目开工后评价

（1）项目开工条件是否具备，手续是否齐备，是否有经批准的开工报告；

（2）项目实际开工时间与计划的开工时间是否相符，提前或延迟的原因及对整个项目建设乃至投资效益发挥的影响。

二、项目变更情况后评价

（1）项目范围、设计是否变更及其变更原因；

（2）项目范围变更、设计变更对项目建设的工期、成本和投资总额的实际影响如何。

三、施工项目组织与管理后评价

（1）施工组织方式对该项目是否科学合理；

（2）施工进度控制方法是否科学，实际施工进度与施工进度计划的偏差原因及对项目的影响；

（3）施工项目目标成本怎样，成本控制方法是否科学合理，实际成本高出或低于目标成本的原因何在。

四、项目建设资金供应与使用情况后评价

（1）建设资金供应是否适时与适度，对施工进度有何影响；

（2）项目贷款是否符合国家财政信贷制度规定，使用是否合理；

（3）资金占用情况是否合理，结合工程进度，考核资金占用是否过多或过早，并着重分析项目竣工验收后的剩余资金和未完工的在建工程的资金占用的情况；

（4）考核和分析全部资金的实际使用效率。

五、项目建设工期后评价

（1）核实各单位工程实际开工日期和竣工日期，与计划日期提前或推迟的，应查明原

因并计算实际建设工期；

（2）计算实际建设期变化率，其中主要是竣工项目定额工期率指标，并具体分析实际建设工期与计划工期或其他同类项目实际工期产生偏差的原因；

（3）计算建筑安装单位工程的施工工期，以分析建设工期的变化。

可设置如下指标：

（1）项目实际建设工期，指项目从实际开工之日起至竣工验收为止所经历的时间，不包括开工后停建、缓建所占用的时间，一般以月为计算单位。将该指标与当地同类项目的建设工期或项目计划工期相比较，考察投资效率。

（2）项目工期变化率 =（项目实际建设工程 − 项目计划建设工期）÷ 项目计划建设工期 × 100%。

（3）项目单位工程平均定额工期率 = 项目各单位工程实际工期合计 ÷ 项目各单位工程计划工期合计。

六、项目建设成本后评价

（1）主要实物工程量的实际数量是否超出预计数量；

（2）设备、工、器具购置数量，其他基本建设费用中的土地征用数量以及项目临时工程的建设数量等是否与预计情况相符，购置设备的选型和质量与设计中所列的设备规格、型号、质量标准是否相符；

（3）主要材料实际消耗量是否与预计情况相符，材料实际购进价格是否超出了概（预）算中的预算价格，是否出现过因采购供应的材料规格和质量达不到设计要求而造成浪费的情况；

（4）各项管理费用的取费标准是否符合国家有关规定，是否与工程预算中的取费标准一致。

可设置如下指标：

（1）实际建设成本是竣工项目包括物化劳动和活劳动消耗在内的实际劳动总消耗，是对竣工项目以价值量形式表现的总投入。

（2）实际建设成本变化率 =（实际建设成本 − 预计建设成本）÷ 预计建设成本 × 100%。

七、项目工程质量和安全情况后评价

（1）计算实际工程质量合格品率，实际工程质量优良品率；

（2）将实际工程质量指标与合同文件规定的或设计规定的或其他同类项目工程质量状况进行比较，工程质量较好的经验是什么，质量较差的原因何在；

（3）设备质量情况怎样，设备及其安装工程质量能否保证自投产后正常生产的需要；

（4）有无重大质量事故，产生事故的原因是什么；

（5）计算和分析工程质量事故的经济损失。包括计算返工损失率，因质量事故拖延建设工期造成的实际损失，以及分析无法补救的工程质量事故对项目投产后投资效益的影响程度；

（6）工程安全情况，有无重大安全事故发生，所带来的实际影响如何。

可设置如下指标：

（1）实际工程合格品率 = 实际单位工程合格品数量 ÷ 验收鉴定的单位工程总数 ×

100%。

(2) 实际工程质量优良品率 = 实际单位工程优良品个数÷验收鉴定的单位工程总数×100%。

(3) 实际返工损失率 = 项目累计质量事故停工返工增加投资额÷项目累计完成投资额×100%。

八、项目竣工验收后评价

(1) 项目竣工验收是否符合国家有关规定，验收工作是否高效率；

(2) 收尾工程和遗留问题的处理情况。

九、项目生产能力和单位生产能力投资后评价

(1) 项目实际生产能力与设计生产能力的偏差情况如何，其偏差产生的原因是什么，对项目实际投资效益的发挥程度如何；

(2) 项目产品实际成本对实际生产能力有何关系，项目的生产规模是否经济；

(3) 市场需求对项目实际生产能力有何影响，项目实际生产能力与实际原材料来源和燃料动力供应及交通运输条件是否相适应。

第三节 项目运行后评价

项目运营阶段是整个项目运行过程的最后一个阶段，也是项目发挥效益的阶段。项目运营阶段是指项目从交付使用、投入生产起，至项目报废为止所经历的全过程。

项目运营后评价是以项目实际运行的资料为依据，全面分析项目的实际投资效益。一方面总结项目投资的经验教训，提高今后项目决策水平；另一方面，可根据所存在的问题提出一些建设性的意见，改进经营管理，提高项目的投资效益。

项目运营后评价的主要内容包括以下几个方面：

一、经营管理水平后评价

(1) 项目投产后的机构设置是否科学合理；

(2) 管理人员的知识结构、业务水平是否与生产经营活动相适应；

(3) 生产经营策略是否切实可行；

(4) 经营管理制度是否健全，是否落实；

(5) 企业生产经营管理过程中存在的问题，并提出改进意见等。

二、技术水平后评价

(1) 生产（或运营）技术是否已全部掌握；

(2) 技术人员的知识结构、业务水平是否与生产经营活动相适应；

(3) 技术操作规程是否健全，是否落实；

(4) 生产过程中存在的技术问题等。

三、产品方案后评价

(1) 项目投产后产品规格、品种的变化情况及其对经济效益的影响；

(2) 产品方案的调整情况及其对经济效益的影响；

(3) 现行产品方案是否适应市场需求；

(4) 产品的销售方式及其对产品方案的影响。

四、试生产期（或试运营期）后评价

将项目实际试生产期（或运营期）的数据与设计试生产期（或试运营期）的指标比较，分析其变化对投资效益的影响并提出解决方案。

五、财务后评价

根据项目运行的实际数据，在现行财税制度下计算有关财务评价指标。将计算出的有关指标与项目评价中的有关指标值加以比较，并提出相应的建议。

六、国民经济后评价

根据项目运行的实际数据并依据国家有关部门公布的评价参数，计算有关国民经济评价指标。将计算出的有关指标与项目评价中的有关指标值加以比较，并提出相应的建议。

项目运营后评价共包括如上六个方面的内容，对于前三个方面的内容，主要进行定性分析；对于后三个方面的内容，要进行定量分析。

第四节　项目后评价的一般方法

项目后评价方法的基本原理是比较法（也可称作对比法），就是将项目投产后的实际情况、实际效果等与决策时期的目标相比较，从中找出差距、分析原因、提出改进措施和建议，进而总结经验、教训。项目后评价的分析方法一般有如下四种：

一、效益评价法

效益评价法又称指标计算法，是指通过计算反映项目准备、决策、实施和运营各阶段实际效益的指标，来衡量和分析项目投产后实际所取得的效益。效益评价法是把项目实际产生的效益或效果，与项目实际发生的费用或投入加以比较，进行盈利能力分析。在项目后评价阶段，效益指标（包括财务效益、经济效益、社会效益等）的计算完全是以统计的实际值为依据来进行统计分析，并相应地使用前评价中曾使用过的相同的经济评价参数来进行效益计算，以便在有可比性和计算口径一致的情况下判断项目的决策是否正确。

二、影响评价法

影响评价法又称指标对比法，是通过对项目完成后产生的客观影响与立项时预期的目标进行对照，即将项目后评价指标与决策时的预测指标进行对比，以衡量项目实际效果同预测效果或其他同类项目效果之间的偏差，从差异中发现项目存在的问题，从而判断项目决策的正确性。

三、过程评价法

过程评价法是把项目从立项决策、设计、采购直到建设实施各程序环节的实际进程与事先制定好的计划、目标相比较。通过全过程的分析评价，找出主观愿望与客观实际之间的差异，并可发现导致项目成败的主要环节和原因，提出有关的建议和措施，使以后同类项目的实施计划和目标制定得更切合实际和可行。过程评价一般有工作量大、涉及面广的特点。

四、系统评价法

系统评价法是指在后评价工作中将上述三种评价方法有机地结合起来，进行系统的分析和评价的一种方法。在上述三种方法中，效益评价法是从成本和效益的角度来判断决策目标是否正确；影响评价法则是评价项目产生的各种影响因素，其中最大的影响因素便是

项目效益；过程评价法是从各个项目的建设过程来分析造成项目的产出和投入与预期目标产生差异的原因，是效益和影响评价的基础。

另外，项目的效益又与设计、施工质量、工程进度、投资估算等密切相关，因此，需要将三者结合起来，以便得出最佳的评价结论。

总之，项目后评价的各种方法之间存在着密切的联系，只有全面理解和综合应用，才能符合项目后评价的客观、公正和科学的要求。

思考题与习题

1. 什么是项目后评价？
2. 项目后评价的主要内容有哪些？
3. 项目实施后评价包括哪几方面的内容？
4. 项目运行后评价包括哪几方面的内容？
5. 项目后评价有哪些方法？

第十一章 价 值 工 程

第一节 价值工程的基本原理

一、价值工程的基本概念

价值工程是 20 世纪 40 年代首先在美国兴起的一种科学管理方法。20 世纪 50 年代末、60 年代初，在欧洲、日本等许多工业发达国家开始推广、普及，被公认为是成熟和有效的技术经济管理方法。20 世纪 70 年代末价值工程被引入我国，在一些行业的企业中迅速推广使用，取得了显著效果。

企业的经营目标是追求利润的最大化，其实现途径有两条：一是用提价的办法增加赢利，这不仅会损害消费者利益，而且可能造成产品积压，以致最终损害企业的利益；二是用最低的成本开发生产出消费者所需要的产品。

消费者买与不买产品，取决于两个因素：一个是看它是否符合自己的需要，即产品效用或功能的满足程度；另一个是看它的价格，然后决定是否值得买。这里的值不值就是"价值"的概念。从消费者的角度来说，消费者价值＝产品功能/消费者花费，这一比值越大，产品对用户的吸引力就越大；而企业价值＝销售获得的收入/生产成本，这一比值越大，企业的获得就越多。如果忽略流通费用，"消费收入"正好等于"消费者花费"，则上式有

$$企业价值 = \frac{消费者花费}{产品功能} \times \frac{产品功能}{生产成本} = \frac{1}{消费者价值} \times 产品价值$$

显然，当产品价值一定时，企业（生产者）价值与消费者价值是成反比的。有什么办法既能提高生产者价值又能提高消费者价值呢？出路只有一条，那就是想方设法提高产品价值。产品价值越高，对生产者和消费者都越有利，因此途径二才是解决问题的根本出路，是企业、消费者和社会都获得良好经济效益的最好办法，这就是价值工程的目标。

价值工程（Value Engineering，简写 VE），也可称为价值分析（Value Analysis，简写 VA），是指以产品或作业的价值为目的，力求以最低寿命周期成本实现产品或作业使用所要求的必要功能的一项有组织的创造性活动。我国有些人也称其为功能成本分析。价值工程涉及到价值、功能和寿命周期成本等三个基本要素。

（一）价值

价值工程所述的价值，是指对象（产品或作业）具有的必要功能和取得该功能的总成本的比值，即效用（或功能）与费用之比。它是对研究对象的功能和成本的一种综合评价。其表达式为：

$$价值(V) = \frac{对象(产品或作业)具有的必要功能(F)}{达到该功能的寿命周期成本(C)} \tag{11-1}$$

上式说明，在总成本不变的情况下，产品或作业的价值与功能成正比，即功能越大，

价值就越大;反之,功能越小,价值就越小。在功能不变的情况下,产品或作业的价值与总成本成反比,即成本越低,价值就越大;成本越高,价值就越低。

由此,可以得出提高产品或作业价值的五种主要途径:

(1) 成本不变,功能提高(符号:$C\rightarrow$,$F\uparrow$);

(2) 功能不变,成本下降(符号:$C\downarrow$,$F\rightarrow$);

(3) 成本略有增加,功能大幅度提高(符号:$C\uparrow$,$F\uparrow\uparrow$);

(4) 功能略有下降,成本大幅度下降(符号:$F\downarrow$,$C\downarrow\downarrow$);

(5) 成本降低,功能提高(符号:$C\downarrow$,$F\uparrow$)。

(二) 功能

功能是指产品或作业的性能或用途,即产品或作业所承担的职能。产品的功能实质上是指产品的使用价值。

(三) 寿命周期成本

它是指产品或作业在寿命期内所花费的全部费用。它不仅包括产品研制成本和生产后的储存、流通、销售的各种费用,还包括整个使用过程的费用和残值。其表达式为:

$$C = C_1 + C_2 \pm C_3 \tag{11-2}$$

式中 C_1——设计制造费;

C_2——使用费用;

C_3——残值费用(残值收入为 $-$,清理费用为 $+$)。

一般产品或作业的功能越高,制造成本越高,但是用户在使用中所花费的使用成本会越少;若产品作业的功能越差,制造成本会越低,但是使用成本会越高。价值工程的目的,就是以最低的寿命周期成本,可靠地实现用户所要求的功能。即达到所需要的功能时,应满足寿命周期成本最小:

$$C_{\min} = \min(C_1 + C_2) \tag{11-3}$$

由于残值费用较小,为分析方便,这里将其省略了。上式思路如图 11-1 所示。

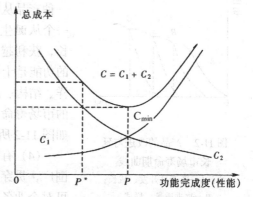

图 11-1 价值—功能分析图

二、价值工程的特点和作用

(一) 价值工程的特点

价值工程是一种以提高产品或作业价值为目标的管理技术,它具有以下特点:

(1) 价值工程强调产品功能,因此把研究重点都放在对产品功能的研究上。

(2) 价值工程将确保功能和降低成本作为一个整体同时来考虑,以便创造出总体价值最高的产品。

(3) 价值工程强调不断改革和创新,开拓新构思和新途径,获得新方案,创造新功能载体,从而简化产品结构,节约原材料,提高产品的技术经济效益。

(4) 价值工程要求将功能定量化,即将功能直接转化为能够与成本直接相比的货币值。

(5) 价值工程是以集体的智慧开展的有计划、有组织的活动。因为提高产品价值涉及产品的设计、制造、采购和销售等过程，为此必须集中人才，依靠集体的智慧和力量，发挥各方面、各环节人员的积极性，有计划有组织的开展活动。

(二) 价值工程在企业中的利用

据有关资料反映，企业开展价值工程活动一般能降低成本 10%～30%，活动的收益与支出之比可以高达数十倍以上。美国管理学会对经理和销售部门负责人调查表明，在对六种成本降低方法重要性的排序中，价值工程活动均排第二。价值工程在企业的生产经营中起到十分广泛的作用，不仅能用于改进企业产品，降低产品成本，还可以用于改进设备、工具、作业、库存和管理等，它的作用具体表现为以下几个方面：

(1) 可以有效地提高经济利益。价值工程以功能分析为核心，通过功能分析，保证必要的功能，剔除不必要的功能、重复功能及无用的功能，从而去掉不必要的成本，提高产品的竞争力。

(2) 价值工程的巨大作用往往首先在产品重新设计方面充分表现出来。通过适当的重新设计，不仅能降低材料成本、劳务成本和工厂制造费用，而且能提高一个公司的产品质量和产品价格，使产品更具有竞争能力。例如，一个灭火设备制造公司生产一种用于固定小型灭火器的托架，长期以来一直使用金属制成品，经过对产品重新设计的价值分析活动，这种托架的尺寸缩小，并用塑料取代金属，使公司节省了原托架成本的50%。

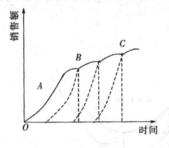

图 11-2 产品的改进与延长市场寿命期曲线
注：A—新产品开发、成长；
B—改进质量、样式。

(3) 可延长产品市场寿命期。产品的市场寿命期是指一种产品从投放市场到被淘汰为止所持续的时间。它有一个从诞生、成长、成熟到衰亡的过程。产品成熟期越长，获利越多。要维持和延长产品的成熟期，改进产品的功能是十分重要的。通过开展价值工程，改进产品式样、结构、品种、质量、提高产品功能，可以延长产品的市场寿命。改进产品功能使产品市场寿命延长的过程如图 11-2 所示。

(4) 有利于提高企业管理水平。价值工程活动涉及范围广，贯穿企业生产各环节。通过开展价值工程活动，可对企业各方面的管理工作起到一个推动作用，促进企业管理水平的提高。

(5) 可促进技术与经济相结合、软技术与硬技术相结合。价值工程既要考虑技术问题又要考虑经济问题。提高产品功能、降低产品成本，既要发挥技术人员智慧，又要发挥材料供销人员、财务人员的智慧。所以，开展价值工程工作，能使以上工作人员更紧密的结合在一起，共同研究问题，大大促进软技术和硬技术的结合。

第二节 价值工程的实施步骤

一、价值工程的工作程序

价值工程的活动过程，是一个发现问题、分析问题、解决问题的过程，一般包括准备阶段、功能分析与方案创造阶段和方案实施阶段。

(一) 准备阶段

在此阶段的主要准备工作如下：

(1) 确定课题和课题目标。根据企业经营方案所规定的目标、经营方针和经营策略等，针对企业中迫切需要解决的问题选定课题、确定课题目标。

(2) 建立价值工程活动组织。由企业负责人牵头，组织各部门的技术人员和经营管理骨干参加，一般由10~15人组成，并根据需要适当培训。

(3) 制定价值工程计划。该计划包括对价值工程活动的内容、程序、资金等的详细安排。

(二) 功能分析和方案创造阶段

这是价值工程的基本阶段，包括三个基本步骤和十二个详细步骤，如表11-1所示。

(三) 方案实施阶段

经过优选出的方案，为了确保质量和为今后审批提供依据，需要经过试验。如果试验表明某方案是最优的，可确定为正式方案，经批准后列入实施计划。方案实施过程中需要经过检查，发现问题，使之改进。方案实施完成后，要及时总结评价和验收。

二、价值工程研究对象的验收

能否正确地选择价值工程的对象是决定其活动收效大小，乃至成败的关键，选择研究对象往往要结合定性分析和定量分析。

(一) 对象选择的定性分析

(1) 从需求必要看：

1) 应选择对国计民生影响大的产品；

2) 需要量大的产品；

3) 正在研制即将投入市场的产品；

4) 用户意见大，质量、功能急需改进的产品；

5) 市场竞争激烈的产品；

6) 成本高、利润少的产品；

7) 需要扩大用户、提高市场占有率的产品。

(2) 从发展潜力看：

1) 结构复杂、造型不好的产品；

2) 工艺落后、手工劳动多的产品；

3) 原材料品种复杂、互换材料较多的产品；

4) 价值高、体积大、工序多和废品率高的产品组件。

(二) 对象选择的定量分析

在对象选择的定量分析方面，常用的计量方法有ABC法、价值系数法、百分比法、产品寿命周期选择法等。其中ABC法较为典型，应用广泛。

ABC法，又称重点选择法，或不均匀分布定律法。ABC法是用数理统计分析的方法来选择对象的，即按局部成本在总成本中所占比重的大小来选择价值工程的研究对象。这种方法的基本思路是，首先把一个产品的各种零件（或企业的各产品）按成本的大小由高到低排列起来，然后绘成费用累积分配图（见图11-3）。一般经验法则是：

A类部件：占部件总数的5%到10%，占总成本的70%到75%；

B 类部件：占部件总数的 20% 左右，占总成本的 20% 左右；
C 类部件：占部件总数的 70% 到 75%，占总成本的 5% 到 10%。

功能分析与方案创造阶段活动内容　　　　　　　　表 11-1

构思一般过程	价值工程活动程序		主要内容和要求	对应的问题
	基本步骤	详细步骤		
分析	1. 功能定义	1. 对象选择	a. 生产经营上迫切要求改进的产品 b. 改进潜力比较大的产品	1. 这是什么
		2. 收集情况	围绕价值工程对象调查： a. 企业经营目标、方针、策略 b. 用户反映、要求 c. 生产、销售、成本、价格、利润情况 d. 同行业情况 ……	
		3. 功能定义	a. 对象的功能是什么 b. 怎样实现这个功能	2. 这是干什么用的
		4. 功能整理	a. 有无多余功能 b. 有无不足功能 c. 绘出功能系统图	
	2. 功能评价	5. 功能成本分析	a. 确定功能实现成本 b. 计算功能的目标成本	3. 它的成本是多少
		6. 功能评价	a. 计算功能的重要度系数 b. 计算功能的价值或价值系数	4. 它的价值是多少
		7. 选定功能改进对象	a. 根据功能价值选定 b. 根据功能的价值系数选定	
综合评价	3. 制定改善方案	8. 创造	按照价值工程活动原则，充分发挥集体指挥和创造精神，多提出各种设想	5. 有其他方法实现这个功能吗
		9. 概略评价	初选改善方案，剔除那些不能满足功能要求、成本太高的方案	6. 新方案的成本是多少
		10. 具体化	a. 方案具体化，使其详细完整 b. 进一步开展调研	
		11. 详细评价	a. 从技术、经济两方面进行详细评价 b. 方案优选	7. 新方案能满足功能要求吗
		12. 提案	a. 制定提案书 b. 上报提案	

当然，具体还要视产品实际情况的来规定百分比。通常，将 A 类对象视为研究对象。

三、收集情报

收集情报是价值工程活动的重要环节，它可使人们明确价值分析的目标。情报资料越多，价值提高的可能性就越大。情报的主要内容如下：

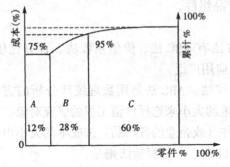

图 11-3　ABC 法

(1) 用户情报。了解用户性质、经济能力、使用目的、使用环境，以及用户对产品性能、规格、外观、售后服务等方面的要求。

(2) 技术情报。包括国内外同类产品的技术资料，与产品有关的新材料、新技术、新工艺和新标准等。

(3) 市场情报。了解市场需求、同行竞

争、同类产品价格和市场占有率等。

（4）经济情报。了解同类企业规模、经营特点、管理水平、以及产品成本、利润等方面的情报。

（5）企业内部情报。包括企业的内部供应、生产、组织，以及产品成本等方面的情报。

（6）环境保护情报。包括环境保护的现状，"三废"状况，处理方法和国家法规标准等。

（7）外协情报。包括外协单位状况，外协件的品种、数量、质量、价格、交货期等。

（8）政府和社会有关部门的法规、条例等方面的情报。

收集情报要求准确可靠，并且要求经过整理、归纳、鉴别、加工后才能应用。

四、功能分析

功能分析是价值工程的核心。它是价值工程的研究对象系统的分析其功能，科学的评价其重要性，通过功能和成本匹配关系定量计算对象价值大小，确定改进对象的过程。功能分析一般分为功能定义、功能整理、功能评价三个步骤进行。

（一）功能定义

用简洁的语言把所研究对象的功能表达出来，称为功能定义。在功能定义描述中，既要足以表达产品的有形特征——外观、材质、质量等，又要注意产品的无形特征，以揭示产品的本质。功能可按以下标志分类：

（1）按功能的重要程度，功能可以分为基本功能和辅助功能。基本功能是必不可少的功能，辅助功能属于次要功能。如台灯的基本功能是照明，它的辅助功能是装饰美观。

（2）按功能的性质，功能可以分为使用功能和外观功能。前者具有使用目的，如空调器的制冷、制热功能；后者具有外观特征，又称为美学功能，如产品造型、色彩款式、商标图案等。

（3）按目的和手段，功能可以分为上位功能和下位功能。上位功能是目的性功能，下位功能是实现上位功能的手段性功能。

（4）按总体与局部，功能又可以分为总体功能与局部功能。总体功能与局部功能是目的与手段的关系，它以各局部功能为基础，又呈现出整体性的新特点。

（5）按功能的有用性，功能又可以分为必要功能和不必要功能。使用功能、美学功能基本功能、辅助功能都是必要功能。不必要功能主要表现为：多余功能、过剩功能等。

（二）功能整理

功能整理就是要明确功能的关系，确定必要功能，剔除剩余功能。功能整理有两种方法：功能分析系统技术和功能卡片排列法。

功能分析系统技术的主要步骤如下：

（1）排出基本功能，把其中最基本功能排列在左端，称为上位功能，其余是辅助功能。

（2）逐个明确功能之间的关系，是上下位关系还是并列关系。并列关系是两个以上功能处于同等地位，都是实现同一目的必要手段。

（3）画出功能系统图，如图11-4所示。

（三）功能评价

功能评价就是用 $V=F/C$ 公式计算出各个功能的价值系数，以解决功能数量化的问题。从微观上看，功能与成本呈现一种不确定的关系，不同的企业实现同一功能的产品的成本是不同的。但是从宏观上看，功能与成本是统计正相关的，如图 11-5 所示。这一关系特征是，成本随着产品功能水平提高而上升。图中可分低功能区和高功能区。在低功能区，功能提高的幅度大于成本上升的幅度，功能价值是上升的。功能价值达到极大值时，功能与成本的比值处于最佳价值状态，此时的成果为该功能水平的功能评价值，即

$$功能评价值 = 实现值 - 功能的必要成本$$

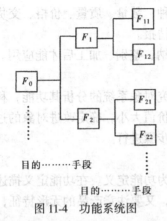

图 11-4 功能系统图

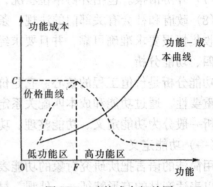

图 11-5 功能成本相关图

常用的功能评价方法有功能成本法和功能评价系数法等。功能评价系数法是采用各种方法对功能打分，求出功能重要系数，然后将功能重要系数与成本系数相比较，求出功能价值系数的方法。具体步骤如下：

(1) 计算功能重要性系数（又称功能评价系数）。在图 11-6 中，以 M_1 和 M_2 表示功能区域 1 和 2 的两个下位功能承担 F_0 的份额或比例，其他依此类推。设 W 表示各功能的重要程度，则有

$$W_1 = M_1, \quad W_{11} = M_1 \cdot M_{11}$$
$$W_{12} = M_1 \cdot M_{12}$$
$$W_2 = M_2, W_{21} = M_2 \cdot M_{21}, W_{211} = M_2 \cdot M_{21} \cdot M_{211}$$
$$W_{22} = M_2 \cdot M_{22}, W_{221} = M_2 M_{22} M_{221}$$
$$W_{222} = M_2 \cdot M_{22} \cdot M_{222}$$

W 一般可以用以下通用公式求得：

$$功能重要性系数(W) = \frac{功能单元得分}{得分总和}$$

(11-4)

确定功能重要性的重要问题是对功能打分。常用功能打分法有强制打分法（0—1 评分法或 0—4 评分法）、多比例评分法、逻辑评分法、环比评分法（又称 DARE 法）等。

0—1 评分法的做法是请 5～15 名

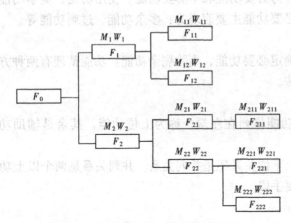

图 11-6 系统评分法的功能系统图

对产品熟悉的人员各自参加功能的评价。首先按照功能重要程度一一对比打分，最重要的打 1 分，相对最不重要的打 0 分，如表 11-2 所示。表中，要分析的对象（零部件）自己和自己相比不得分，用"×"表示。最后，根据每名参与人员选择该零部件得到的功能重要性系数 W_i，可以得到该零部件的功能重要性系数平均值

$$W = \frac{\sum_{i=1}^{k} W_i}{k} \qquad (11-5)$$

式中 k——参加功能评价的人数。

0—1 评分法样表　　　　　　　　　　　　　表 11-2

零部件	A	B	C	D	E	总分	功能重要性系数
A	×	1	1	0	1	3	0.27
B	0	×	1	0	1	2	0.18
C	0	0	×	1	1	2	0.18
D	1	1	1	×	1	4	0.37
E	0	0	0	0	×	0	0
合计						11	1.00

（2）计算成本系数。先分别计算各零部件的成本值，相加后得到成本总值，然后以成本总值分别去除各零部件的成本值。

$$成本系数 = \frac{功能单元成本值}{成本总值} \qquad (11-6)$$

（3）计算价值系数。

$$价值系数 = \frac{功能重要性系数}{成本系数} \qquad (11-7)$$

价值系数的大小由三种情况：①$V = 1$，说明价值高，功能与成本匹配合理，一般无需改进；②$V < 1$，说明成本过大，有改进的潜力，是重点改进的对象；③$V > 1$，说明功能分配偏高或成本分配偏低，应当查明原因，或者剔除多余功能，或者适当增加成本。

在选择价值工程对象的产品和零部件时，应当综合考虑价值系数偏离 1 的程度和改善幅度，优先选择 V 远远小于 1 且改善幅度大的产品或零部件。

根据功能重要性系数和成本系数求价值系数的计算可以列表进行，表格计算形式如表 11-3 所示。

价值系数计算　　　　　　　　　　　　　表 11-3

零部件名称	功能重要性系数 ①	现实成本（元） ②	成本系数 ③	价值系数 ④ = ①/③
A	0.27	7.00	0.47	0.57
B	0.18	4.00	0.27	0.67
C	0.18	2.00	0.13	1.38
D	0.37	1.80	0.12	3.08
E	0	0.20	0.01	0
合计	1.00	15.00	1.00	—

也有根据功能评价与现实成本之比得出价值系数 V，即

$$价值系数\ V = \frac{功能评价值（目标成本）F}{现实成本\ C} \qquad (11-8)$$

对于产品的目标成本的确定,可以根据同行业的先进水平或本企业的历史最好状况来确定,一般适用于具有同类可比性的产品或零部件;或是根据市场竞争的需要来确定产品的目标成本。对新产品,往往是在成本核算的基础上确定产品的目标成本。

初选方案提出后,需要对其进一步修改和做出评价,目的是发挥优点,消除缺点,以取得更大的效果。一般可采用表11-4的定量分析进行。

功能评价值与价值系数计算(单位:元)   表11-4

项目序号	子项目	功能重要性系数(1)	功能评价值(2)=目标成本×(1)	现实成本(3)	价值系数(4)=(2)/(3)	改善幅度(5)=(3)-(2)
1	A					
2	B					
3	C					
4	D					
5	E					
…	…					
	合计					

思考题与习题

1. 什么叫做价值工程?它对企业的生产经营起什么作用?
2. 提高产品价值的主要途径是什么?
3. 某产品由12种零件组成,各种零件的个数和每个零件的成本如表11-5所示,用 ABC 分析法选择价值工程研究对象,并画出 ABC 分析图。

表11-5

零件名称	a	b	c	d	e	f	g	h	i	j	k	l
零件个数	1	1	2	2	18	1	1	3	5	3	4	8
每个零件成本(元)	5.63	4.73	2.05	1.86	0.15	0.83	0.76	0.33	0.35	0.19	0.15	0.10

4. 利用0—1评分法对习题3的产品进行功能评价,评价后零件的平均得分如表11-6所示。利用价值系数判别法,如果取价值系数最小的零件作为价值工程研究对象,应该选哪一种零件?

表11-6

零件名称	a	b	c	d	e	f	g	h	i	j	k	l
平均得分	8	7	3	4	4	11	10	8	7	11	1	3

230

附录　普通复利系数表

普通复利系数表（$i=1\%$）　　　　附表1

n	$(F/P,i,n)$	$(P/F,i,n)$	$(A/P,i,n)$	$(P/A,i,n)$	$(A/F,i,n)$	$(F/A,i,n)$
1	1.0100	0.9901	1.0100	0.9901	1.0000	1.0000
2	1.0201	0.9803	0.5075	1.9704	0.4975	2.0100
3	1.0303	0.9706	0.3400	2.9410	0.3300	3.0301
4	1.0406	0.9610	0.2563	3.9020	0.2463	4.0604
5	1.0510	0.9515	0.2060	4.8534	0.1960	5.1010
6	1.0615	0.9420	0.1725	5.7955	0.1625	6.1520
7	1.0721	0.9327	0.1486	6.7282	0.1386	7.2135
8	1.0829	0.9235	0.1307	7.6517	0.1207	8.2857
9	1.0937	0.9143	0.1167	8.5660	0.1067	9.3685
10	1.1046	0.9053	0.1056	9.4713	0.0956	10.4622
11	1.1157	0.8963	0.0965	10.3676	0.0865	11.5668
12	1.1268	0.8874	0.0888	11.2551	0.0788	12.6825
13	1.1381	0.8787	0.0824	12.1337	0.0724	13.8093
14	1.1495	0.8700	0.0769	13.0037	0.0669	14.9474
15	1.1610	0.8613	0.0721	13.8651	0.0621	16.0969
16	1.1726	0.8528	0.0679	14.7179	0.0579	17.2579
17	1.1843	0.8444	0.0643	15.5623	0.0543	18.4304
18	1.1961	0.8360	0.0610	16.3983	0.0510	19.6147
19	1.2081	0.8277	0.0581	17.2260	0.0481	20.8109
20	1.2202	0.8195	0.0554	18.0456	0.0454	22.0190
21	1.2324	0.8114	0.0530	18.8570	0.0430	23.2392
22	1.2447	0.8034	0.0509	19.6604	0.0409	24.4716
23	1.2572	0.7954	0.0489	20.4558	0.0389	25.7163
24	1.2697	0.7876	0.0471	21.2434	0.0371	26.9735
25	1.2824	0.7798	0.0454	22.0232	0.0354	28.2432
26	1.2953	0.7720	0.0439	22.7952	0.0339	29.5256
27	1.3082	0.7644	0.0424	23.5596	0.0324	30.8209
28	1.3213	0.7568	0.0411	24.3164	0.0311	32.1291
29	1.3345	0.7493	0.0399	25.0658	0.0299	33.4504
30	1.3478	0.7419	0.0387	25.8077	0.0287	34.7849
31	1.3613	0.7346	0.0377	26.5423	0.0277	36.1327
32	1.3749	0.7273	0.0367	27.2696	0.0267	37.4941
33	1.3887	0.7201	0.0357	27.9897	0.0257	38.8690
34	1.4026	0.7130	0.0348	28.7027	0.0248	40.2577
35	1.4166	0.7059	0.0340	29.4086	0.0240	41.6603
40	1.4889	0.6717	0.0305	32.8347	0.0205	48.8864
45	1.5648	0.6391	0.0277	36.0945	0.0177	56.4811
50	1.6446	0.6080	0.0255	39.1961	0.0155	64.4632

普通复利系数表($i=2\%$) 附表2

n	$(F/P,i,n)$	$(P/F,i,n)$	$(A/P,i,n)$	$(P/A,i,n)$	$(A/F,i,n)$	$(F/A,i,n)$
1	1.0200	0.9804	1.0200	0.9804	1.0000	1.0000
2	1.0404	0.9612	0.5150	1.9416	0.4950	2.0200
3	1.0612	0.9423	0.3468	2.8839	0.3268	3.0604
4	1.0824	0.9238	0.2626	3.8077	0.2426	4.1216
5	1.1041	0.9057	0.2122	4.7135	0.1922	5.2040
6	1.1262	0.8880	0.1785	5.6014	0.1585	6.3081
7	1.1487	0.8706	0.1545	6.4720	0.1345	7.4343
8	1.1717	0.8535	0.1365	7.3255	0.1165	8.5830
9	1.1951	0.8368	0.1225	8.1622	0.1025	9.7546
10	1.2190	0.8203	0.1113	8.9826	0.0913	10.9497
11	1.2434	0.8043	0.1022	9.7868	0.0822	12.1687
12	1.2682	0.7885	0.0946	10.5753	0.0746	13.4121
13	1.2936	0.7730	0.0881	11.3484	0.0681	14.6803
14	1.3195	0.7579	0.0826	12.1062	0.0626	15.9739
15	1.3459	0.7430	0.0778	12.8493	0.0578	17.2934
16	1.3728	0.7284	0.0737	13.5777	0.0537	18.6393
17	1.4002	0.7142	0.0700	14.2919	0.0500	20.0121
18	1.4282	0.7002	0.0667	14.9920	0.0467	21.4123
19	1.4568	0.6864	0.0638	15.6785	0.0438	22.8406
20	1.4859	0.6730	0.0612	16.3514	0.0412	24.2974
21	1.5157	0.6598	0.0588	17.0112	0.0388	25.7833
22	1.5460	0.6468	0.0566	17.6580	0.0366	27.2990
23	1.5769	0.6342	0.0547	18.2922	0.0347	28.8450
24	1.6084	0.6217	0.0529	18.9139	0.0329	30.4219
25	1.6406	0.6095	0.0512	19.5235	0.0312	32.0303
26	1.6734	0.5976	0.0497	20.1210	0.0297	33.6709
27	1.7069	0.5859	0.0483	20.7069	0.0283	35.3443
28	1.7410	0.5744	0.0470	21.2813	0.0270	37.0512
29	1.7758	0.5631	0.0458	21.8444	0.0258	38.7922
30	1.8114	0.5521	0.0446	22.3965	0.0246	40.5681
31	1.8476	0.5412	0.0436	22.9377	0.0236	42.3794
32	1.8845	0.5306	0.0426	23.4683	0.0226	44.2270
33	1.9222	0.5202	0.0417	23.9886	0.0217	46.1116
34	1.9607	0.5100	0.0408	24.4986	0.0208	48.0338
35	1.9999	0.5000	0.0400	24.9986	0.0200	49.9945
40	2.2080	0.4529	0.0366	27.3555	0.0166	60.4020
45	2.4379	0.4102	0.0339	29.4902	0.0139	71.8927
50	2.6916	0.3715	0.0318	31.4236	0.0118	84.5794

普通复利系数表($i=3\%$)　　附表3

n	$(F/P,i,n)$	$(P/F,i,n)$	$(A/P,i,n)$	$(P/A,i,n)$	$(A/F,i,n)$	$(F/A,i,n)$
1	1.0300	0.9709	1.0300	0.9709	1.0000	1.0000
2	1.0609	0.9426	0.5226	1.9135	0.4926	2.0300
3	1.0927	0.9151	0.3535	2.8286	0.3235	3.0909
4	1.1255	0.8885	0.2690	3.7171	0.2390	4.1836
5	1.1593	0.8626	0.2184	4.5797	0.1884	5.3091
6	1.1941	0.8375	0.1846	5.4172	0.1546	6.4684
7	1.2299	0.8131	0.1605	6.2303	0.1305	7.6625
8	1.2668	0.7894	0.1425	7.0197	0.1125	8.8923
9	1.3048	0.7664	0.1284	7.7861	0.0984	10.1591
10	1.3439	0.7441	0.1172	8.5302	0.0872	11.4639
11	1.3842	0.7224	0.1081	9.2526	0.0781	12.8078
12	1.4258	0.7014	0.1005	9.9540	0.0705	14.1920
13	1.4685	0.6810	0.0940	10.6350	0.0640	15.6178
14	1.5126	0.6611	0.0885	11.2961	0.0585	17.0863
15	1.5580	0.6419	0.0838	11.9379	0.0538	18.5989
16	1.6047	0.6232	0.0796	12.5611	0.0496	20.1569
17	1.6528	0.6050	0.0760	13.1661	0.0460	21.7616
18	1.7024	0.5874	0.0727	13.7535	0.0427	23.4144
19	1.7535	0.5703	0.0698	14.3238	0.0398	25.1169
20	1.8061	0.5537	0.0672	14.8775	0.0372	26.8704
21	1.8603	0.5375	0.0649	15.4150	0.0349	28.6765
22	1.9161	0.5219	0.0627	15.9369	0.0327	30.5368
23	1.9736	0.5067	0.0608	16.4436	0.0308	32.4529
24	2.0328	0.4919	0.0590	16.9355	0.0290	34.4265
25	2.0938	0.4776	0.0574	17.4131	0.0274	36.4593
26	2.1566	0.4637	0.0559	17.8768	0.0259	38.5530
27	2.2213	0.4502	0.0546	18.3270	0.0246	40.7096
28	2.2879	0.4371	0.0533	18.7641	0.0233	42.9309
29	2.3566	0.4243	0.0521	19.1885	0.0221	45.2189
30	2.4273	0.4120	0.0510	19.6004	0.0210	47.5754
31	2.5001	0.4000	0.0500	20.0004	0.0200	50.0027
32	2.5751	0.3883	0.0490	20.3888	0.0190	52.5028
33	2.6523	0.3770	0.0482	20.7658	0.0182	55.0778
34	2.7319	0.3660	0.0473	21.1318	0.0173	57.7302
35	2.8139	0.3554	0.0465	21.4872	0.0165	60.4621
40	3.2620	0.3066	0.0433	23.1148	0.0133	75.4013
45	3.7816	0.2644	0.0408	24.5187	0.0108	92.7199
50	4.3839	0.2281	0.0389	25.7298	0.0089	112.7969

普通复利系数表（$i=4\%$） 附表4

n	$(F/P,i,n)$	$(P/F,i,n)$	$(A/P,i,n)$	$(P/A,i,n)$	$(A/F,i,n)$	$(F/A,i,n)$
1	1.0400	0.9615	1.0400	0.9615	1.0000	1.0000
2	1.0816	0.9246	0.5302	1.8861	0.4902	2.0400
3	1.1249	0.8890	0.3603	2.7751	0.3203	3.1216
4	1.1699	0.8548	0.2755	3.6299	0.2355	4.2465
5	1.2167	0.8219	0.2246	4.4518	0.1846	5.4163
6	1.2653	0.7903	0.1908	5.2421	0.1508	6.6330
7	1.3159	0.7599	0.1666	6.0021	0.1266	7.8983
8	1.3686	0.7307	0.1485	6.7327	0.1085	9.2142
9	1.4233	0.7026	0.1345	7.4353	0.0945	10.5828
10	1.4802	0.6756	0.1233	8.1109	0.0833	12.0061
11	1.5395	0.6496	0.1141	8.7605	0.0741	13.4864
12	1.6010	0.6246	0.1066	9.3851	0.0666	15.0258
13	1.6651	0.6006	0.1001	9.9856	0.0601	16.6268
14	1.7317	0.5775	0.0947	10.5631	0.0547	18.2919
15	1.8009	0.5553	0.0899	11.1184	0.0499	20.0236
16	1.8730	0.5339	0.0858	11.6523	0.0458	21.8245
17	1.9479	0.5134	0.0822	12.1657	0.0422	23.6975
18	2.0258	0.4936	0.0790	12.6593	0.0390	25.6454
19	2.1068	0.4746	0.0761	13.1339	0.0361	27.6712
20	2.1911	0.4564	0.0736	13.5903	0.0336	29.7781
21	2.2788	0.4388	0.0713	14.0292	0.0313	31.9692
22	2.3699	0.4220	0.0692	14.4511	0.0292	34.2480
23	2.4647	0.4057	0.0673	14.8568	0.0273	36.6179
24	2.5633	0.3901	0.0656	15.2470	0.0256	39.0826
25	2.6658	0.3751	0.0640	15.6221	0.0240	41.6459
26	2.7725	0.3607	0.0626	15.9828	0.0226	44.3117
27	2.8834	0.3468	0.0612	16.3296	0.0212	47.0842
28	2.9987	0.3335	0.0600	16.6631	0.0200	49.9676
29	3.1187	0.3207	0.0589	16.9837	0.0189	52.9663
30	3.2434	0.3083	0.0578	17.2920	0.0178	56.0849
31	3.3731	0.2965	0.0569	17.5885	0.0169	59.3283
32	3.5081	0.2851	0.0559	17.8736	0.0159	62.7015
33	3.6484	0.2741	0.0551	18.1476	0.0151	66.2095
34	3.7943	0.2636	0.0543	18.4112	0.0143	69.8579
35	3.9461	0.2534	0.0536	18.6646	0.0136	73.6522
40	4.8010	0.2083	0.0505	19.7928	0.0105	95.0255
45	5.8412	0.1712	0.0483	20.7200	0.0083	121.0294
50	7.1067	0.1407	0.0466	21.4822	0.0066	152.6671

普通复利系数表（$i=5\%$）

n	$(F/P,i,n)$	$(P/F,i,n)$	$(A/P,i,n)$	$(P/A,i,n)$	$(A/F,i,n)$	$(F/A,i,n)$
1	1.0500	0.9524	1.0500	0.9524	1.0000	1.0000
2	1.1025	0.9070	0.5378	1.8594	0.4878	2.0500
3	1.1576	0.8638	0.3672	2.7232	0.3172	3.1525
4	1.2155	0.8227	0.2820	3.5460	0.2320	4.3101
5	1.2763	0.7835	0.2310	4.3295	0.1810	5.5256
6	1.3401	0.7462	0.1970	5.0757	0.1470	6.8019
7	1.4071	0.7107	0.1728	5.7864	0.1228	8.1420
8	1.4775	0.6768	0.1547	6.4632	0.1047	9.5491
9	1.5513	0.6446	0.1407	7.1078	0.0907	11.0266
10	1.6289	0.6139	0.1295	7.7217	0.0795	12.5779
11	1.7103	0.5847	0.1204	8.3064	0.0704	14.2068
12	1.7959	0.5568	0.1128	8.8633	0.0628	15.9171
13	1.8856	0.5303	0.1065	9.3936	0.0565	17.7130
14	1.9799	0.5051	0.1010	9.8986	0.0510	19.5986
15	2.0789	0.4810	0.0963	10.3797	0.0463	21.5786
16	2.1829	0.4581	0.0923	10.8378	0.0423	23.6575
17	2.2920	0.4363	0.0887	11.2741	0.0387	25.8404
18	2.4066	0.4155	0.0855	11.6896	0.0355	28.1324
19	2.5270	0.3957	0.0827	12.0853	0.0327	30.5390
20	2.6533	0.3769	0.0802	12.4622	0.0302	33.0660
21	2.7860	0.3589	0.0780	12.8212	0.0280	35.7193
22	2.9253	0.3418	0.0760	13.1630	0.0260	38.5052
23	3.0715	0.3256	0.0741	13.4886	0.0241	41.4305
24	3.2251	0.3101	0.0725	13.7986	0.0225	44.5020
25	3.3864	0.2953	0.0710	14.0939	0.0210	47.7271
26	3.5557	0.2812	0.0696	14.3752	0.0196	51.1135
27	3.7335	0.2678	0.0683	14.6430	0.0183	54.6691
28	3.9201	0.2551	0.0671	14.8981	0.0171	58.4026
29	4.1161	0.2429	0.0660	15.1411	0.0160	62.3227
30	4.3219	0.2314	0.0651	15.3725	0.0151	66.4388
31	4.5380	0.2204	0.0641	15.5928	0.0141	70.7608
32	4.7649	0.2099	0.0633	15.8027	0.0133	75.2988
33	5.0032	0.1999	0.0625	16.0025	0.0125	80.0638
34	5.2533	0.1904	0.0618	16.1929	0.0118	85.0670
35	5.5160	0.1813	0.0611	16.3742	0.0111	90.3203
40	7.0400	0.1420	0.0583	17.1591	0.0083	120.7998
45	8.9850	0.1113	0.0563	17.7741	0.0063	159.7002
50	11.4674	0.0872	0.0548	18.2559	0.0048	209.3480

普通复利系数表($i=6\%$) 附表6

n	$(F/P,i,n)$	$(P/F,i,n)$	$(A/P,i,n)$	$(P/A,i,n)$	$(A/F,i,n)$	$(F/A,i,n)$
1	1.0600	0.9434	1.0600	0.9434	1.0000	1.0000
2	1.1236	0.8900	0.5454	1.8334	0.4854	2.0600
3	1.1910	0.8396	0.3741	2.6730	0.3141	3.1836
4	1.2625	0.7921	0.2886	3.4651	0.2286	4.3746
5	1.3382	0.7473	0.2374	4.2124	0.1774	5.6371
6	1.4185	0.7050	0.2034	4.9173	0.1434	6.9753
7	1.5036	0.6651	0.1791	5.5824	0.1191	8.3938
8	1.5938	0.6274	0.1610	6.2098	0.1010	9.8975
9	1.6895	0.5919	0.1470	6.8017	0.0870	11.4913
10	1.7908	0.5584	0.1359	7.3601	0.0759	13.1808
11	1.8983	0.5268	0.1268	7.8869	0.0668	14.9716
12	2.0122	0.4970	0.1193	8.3838	0.0593	16.8699
13	2.1329	0.4688	0.1130	8.8527	0.0530	18.8821
14	2.2609	0.4423	0.1076	9.2950	0.0476	21.0151
15	2.3966	0.4173	0.1030	9.7122	0.0430	23.2760
16	2.5404	0.3936	0.0990	10.1059	0.0390	25.6725
17	2.6928	0.3714	0.0954	10.4773	0.0354	28.2129
18	2.8543	0.3503	0.0924	10.8276	0.0324	30.9057
19	3.0256	0.3305	0.0896	11.1581	0.0296	33.7600
20	3.2071	0.3118	0.0872	11.4699	0.0272	36.7856
21	3.3996	0.2942	0.0850	11.7641	0.0250	39.9927
22	3.6035	0.2775	0.0830	12.0416	0.0230	43.3923
23	3.8197	0.2618	0.0813	12.3034	0.0213	46.9958
24	4.0489	0.2470	0.0797	12.5504	0.0197	50.8156
25	4.2919	0.2330	0.0782	12.7834	0.0182	54.8645
26	4.5494	0.2198	0.0769	13.0032	0.0169	59.1564
27	4.8223	0.2074	0.0757	13.2105	0.0157	63.7058
28	5.1117	0.1956	0.0746	13.4062	0.0146	68.5281
29	5.4184	0.1846	0.0736	13.5907	0.0136	73.6398
30	5.7435	0.1741	0.0726	13.7648	0.0126	79.0582
31	6.0881	0.1643	0.0718	13.9291	0.0118	84.8017
32	6.4534	0.1550	0.0710	14.0840	0.0110	90.8898
33	6.8406	0.1462	0.0703	14.2302	0.0103	97.3432
34	7.2510	0.1379	0.0696	14.3681	0.0096	104.1838
35	7.6861	0.1301	0.0690	14.4982	0.0090	111.4348
40	10.2857	0.0972	0.0665	15.0463	0.0065	154.7620
45	13.7646	0.0727	0.0647	15.4558	0.0047	212.7435
50	18.4202	0.0543	0.0634	15.7619	0.0034	290.3359

普通复利系数表($i=7\%$) 附表 7

n	$(F/P,i,n)$	$(P/F,i,n)$	$(A/P,i,n)$	$(P/A,i,n)$	$(A/F,i,n)$	$(F/A,i,n)$
1	1.0700	0.9346	1.0700	0.9346	1.0000	1.0000
2	1.1449	0.8734	0.5531	1.8080	0.4831	2.0700
3	1.2250	0.8163	0.3811	2.6243	0.3111	3.2149
4	1.3108	0.7629	0.2952	3.3872	0.2252	4.4399
5	1.4026	0.7130	0.2439	4.1002	0.1739	5.7507
6	1.5007	0.6663	0.2098	4.7665	0.1398	7.1533
7	1.6058	0.6227	0.1856	5.3893	0.1156	8.6540
8	1.7182	0.5820	0.1675	5.9713	0.0975	10.2598
9	1.8385	0.5439	0.1535	6.5152	0.0835	11.9780
10	1.9672	0.5083	0.1424	7.0236	0.0724	13.8164
11	2.1049	0.4751	0.1334	7.4987	0.0634	15.7836
12	2.2522	0.4440	0.1259	7.9427	0.0559	17.8885
13	2.4098	0.4150	0.1197	8.3577	0.0497	20.1406
14	2.5785	0.3878	0.1143	8.7455	0.0443	22.5505
15	2.7590	0.3624	0.1098	9.1079	0.0398	25.1290
16	2.9522	0.3387	0.1059	9.4466	0.0359	27.8881
17	3.1588	0.3166	0.1024	9.7632	0.0324	30.8402
18	3.3799	0.2959	0.0994	10.0591	0.0294	33.9990
19	3.6165	0.2765	0.0968	10.3356	0.0268	37.3790
20	3.8697	0.2584	0.0944	10.5940	0.0244	40.9955
21	4.1406	0.2415	0.0923	10.8355	0.0223	44.8652
22	4.4304	0.2257	0.0904	11.0612	0.0204	49.0057
23	4.7405	0.2109	0.0887	11.2722	0.0187	53.4361
24	5.0724	0.1971	0.0872	11.4693	0.0172	58.1767
25	5.4274	0.1842	0.0858	11.6536	0.0158	63.2490
26	5.8074	0.1722	0.0846	11.8258	0.0146	68.6765
27	6.2139	0.1609	0.0834	11.9867	0.0134	74.4838
28	6.6488	0.1504	0.0824	12.1371	0.0124	80.6977
29	7.1143	0.1406	0.0814	12.2777	0.0114	87.3465
30	7.6123	0.1314	0.0806	12.4090	0.0106	94.4608
31	8.1451	0.1228	0.0798	12.5318	0.0098	102.0730
32	8.7153	0.1147	0.0791	12.6466	0.0091	110.2182
33	9.3253	0.1072	0.0784	12.7538	0.0084	118.9334
34	9.9781	0.1002	0.0778	12.8540	0.0078	128.2588
35	10.6766	0.0937	0.0772	12.9477	0.0072	138.2369
40	14.9745	0.0668	0.0750	13.3317	0.0050	199.6351
45	21.0025	0.0476	0.0735	13.6055	0.0035	285.7493
50	29.4570	0.0339	0.0725	13.8007	0.0025	406.5289

普通复利系数表($i=8\%$) 附表8

n	$(F/P,i,n)$	$(P/F,i,n)$	$(A/P,i,n)$	$(P/A,i,n)$	$(A/F,i,n)$	$(F/A,i,n)$
1	1.0800	0.9259	1.0800	0.9259	1.0000	1.0000
2	1.1664	0.8573	0.5608	1.7833	0.4808	2.0800
3	1.2597	0.7938	0.3880	2.5771	0.3080	3.2464
4	1.3605	0.7350	0.3019	3.3121	0.2219	4.5061
5	1.4693	0.6806	0.2505	3.9927	0.1705	5.8666
6	1.5869	0.6302	0.2163	4.6229	0.1363	7.3359
7	1.7138	0.5835	0.1921	5.2064	0.1121	8.9228
8	1.8509	0.5403	0.1740	5.7466	0.0940	10.6366
9	1.9990	0.5002	0.1601	6.2469	0.0801	12.4876
10	2.1589	0.4632	0.1490	6.7101	0.0690	14.4866
11	2.3316	0.4289	0.1401	7.1390	0.0601	16.6455
12	2.5182	0.3971	0.1327	7.5361	0.0527	18.9771
13	2.7196	0.3677	0.1265	7.9038	0.0465	21.4953
14	2.9372	0.3405	0.1213	8.2442	0.0413	24.2149
15	3.1722	0.3152	0.1168	8.5595	0.0368	27.1521
16	3.4259	0.2919	0.1130	8.8514	0.0330	30.3243
17	3.7000	0.2703	0.1096	9.1216	0.0296	33.7502
18	3.9960	0.2502	0.1067	9.3719	0.0267	37.4502
19	4.3157	0.2317	0.1041	9.6036	0.0241	41.4463
20	4.6610	0.2145	0.1019	9.8181	0.0219	45.7620
21	5.0338	0.1987	0.0998	10.0168	0.0198	50.4229
22	5.4365	0.1839	0.0980	10.2007	0.0180	55.4568
23	5.8715	0.1703	0.0964	10.3711	0.0164	60.8933
24	6.3412	0.1577	0.0950	10.5288	0.0150	66.7648
25	6.8485	0.1460	0.0937	10.6748	0.0137	73.1059
26	7.3964	0.1352	0.0925	10.8100	0.0125	79.9544
27	7.9881	0.1252	0.0914	10.9352	0.0114	87.3508
28	8.6271	0.1159	0.0905	11.0511	0.0105	95.3388
29	9.3173	0.1073	0.0896	11.1584	0.0096	103.9659
30	10.0627	0.0994	0.0888	11.2578	0.0088	113.2832
31	10.8677	0.0920	0.0881	11.3498	0.0081	123.3459
32	11.7371	0.0852	0.0875	11.4350	0.0075	134.2135
33	12.6760	0.0789	0.0869	11.5139	0.0069	145.9506
34	13.6901	0.0730	0.0863	11.5869	0.0063	158.6267
35	14.7853	0.0676	0.0858	11.6546	0.0058	172.3168
40	21.7245	0.0460	0.0839	11.9246	0.0039	259.0565
45	31.9204	0.0313	0.0826	12.1084	0.0026	386.5056
50	46.9016	0.0213	0.0817	12.2335	0.0017	573.7702

普通复利系数表($i=9\%$)　　　　附表9

n	$(F/P,i,n)$	$(P/F,i,n)$	$(A/P,i,n)$	$(P/A,i,n)$	$(A/F,i,n)$	$(F/A,i,n)$
1	1.0900	0.9174	1.0900	0.9174	1.0000	1.0000
2	1.1881	0.8417	0.5685	1.7591	0.4785	2.0900
3	1.2950	0.7722	0.3951	2.5313	0.3051	3.2781
4	1.4116	0.7084	0.3087	3.2397	0.2187	4.5731
5	1.5386	0.6499	0.2571	3.8897	0.1671	5.9847
6	1.6771	0.5963	0.2229	4.4859	0.1329	7.5233
7	1.8280	0.5470	0.1987	5.0330	0.1087	9.2004
8	1.9926	0.5019	0.1807	5.5348	0.0907	11.0285
9	2.1719	0.4604	0.1668	5.9952	0.0768	13.0210
10	2.3674	0.4224	0.1558	6.4177	0.0658	15.1929
11	2.5804	0.3875	0.1469	6.8052	0.0569	17.5603
12	2.8127	0.3555	0.1397	7.1607	0.0497	20.1407
13	3.0658	0.3262	0.1336	7.4869	0.0436	22.9534
14	3.3417	0.2992	0.1284	7.7862	0.0384	26.0192
15	3.6425	0.2745	0.1241	8.0607	0.0341	29.3609
16	3.9703	0.2519	0.1203	8.3126	0.0303	33.0034
17	4.3276	0.2311	0.1170	8.5436	0.0270	36.9737
18	4.7171	0.2120	0.1142	8.7556	0.0242	41.3013
19	5.1417	0.1945	0.1117	8.9501	0.0217	46.0185
20	5.6044	0.1784	0.1095	9.1285	0.0195	51.1601
21	6.1088	0.1637	0.1076	9.2922	0.0176	56.7645
22	6.6586	0.1502	0.1059	9.4424	0.0159	62.8733
23	7.2579	0.1378	0.1044	9.5802	0.0144	69.5319
24	7.9111	0.1264	0.1030	9.7066	0.0130	76.7898
25	8.6231	0.1160	0.1018	9.8226	0.0118	84.7009
26	9.3992	0.1064	0.1007	9.9290	0.0107	93.3240
27	10.2451	0.0976	0.0997	10.0266	0.0097	102.7231
28	11.1671	0.0895	0.0989	10.1161	0.0089	112.9682
29	12.1722	0.0822	0.0981	10.1983	0.0081	124.1354
30	13.2677	0.0754	0.0973	10.2737	0.0073	136.3075
31	14.4618	0.0691	0.0967	10.3428	0.0067	149.5752
32	15.7633	0.0634	0.0961	10.4062	0.0061	164.0370
33	17.1820	0.0582	0.0956	10.4644	0.0056	179.8003
34	18.7284	0.0534	0.0951	10.5178	0.0051	196.9823
35	20.4140	0.0490	0.0946	10.5668	0.0046	215.7108
40	31.4094	0.0318	0.0930	10.7574	0.0030	337.8824
45	48.3273	0.0207	0.0919	10.8812	0.0019	525.8587
50	74.3575	0.0134	0.0912	10.9617	0.0012	815.0836

普通复利系数表($i=10\%$) 附表 10

n	$(F/P,i,n)$	$(P/F,i,n)$	$(A/P,i,n)$	$(P/A,i,n)$	$(A/F,i,n)$	$(F/A,i,n)$
1	1.1000	0.9091	1.1000	0.9091	1.0000	1.0000
2	1.2100	0.8264	0.5762	1.7355	0.4762	2.1000
3	1.3310	0.7513	0.4021	2.4869	0.3021	3.3100
4	1.4641	0.6830	0.3155	3.1699	0.2155	4.6410
5	1.6105	0.6209	0.2638	3.7908	0.1638	6.1051
6	1.7716	0.5645	0.2296	4.3553	0.1296	7.7156
7	1.9487	0.5132	0.2054	4.8684	0.1054	9.4872
8	2.1436	0.4665	0.1874	5.3349	0.0874	11.4359
9	2.3579	0.4241	0.1736	5.7590	0.0736	13.5795
10	2.5937	0.3855	0.1627	6.1446	0.0627	15.9374
11	2.8531	0.3505	0.1540	6.4951	0.0540	18.5312
12	3.1384	0.3186	0.1468	6.8137	0.0468	21.3843
13	3.4523	0.2897	0.1408	7.1034	0.0408	24.5227
14	3.7975	0.2633	0.1357	7.3667	0.0357	27.9750
15	4.1772	0.2394	0.1315	7.6061	0.0315	31.7725
16	4.5950	0.2176	0.1278	7.8237	0.0278	35.9497
17	5.0545	0.1978	0.1247	8.0216	0.0247	40.5447
18	5.5599	0.1799	0.1219	8.2014	0.0219	45.5992
19	6.1159	0.1635	0.1195	8.3649	0.0195	51.1591
20	6.7275	0.1486	0.1175	8.5136	0.0175	57.2750
21	7.4002	0.1351	0.1156	8.6487	0.0156	64.0025
22	8.1403	0.1228	0.1140	8.7715	0.0140	71.4027
23	8.9543	0.1117	0.1126	8.8832	0.0126	79.5430
24	9.8497	0.1015	0.1113	8.9847	0.0113	88.4973
25	10.8347	0.0923	0.1102	9.0770	0.0102	98.3471
26	11.9182	0.0839	0.1092	9.1609	0.0092	109.1818
27	13.1100	0.0763	0.1083	9.2372	0.0083	121.0999
28	14.4210	0.0693	0.1075	9.3066	0.0075	134.2099
29	15.8631	0.0630	0.1067	9.3696	0.0067	148.6309
30	17.4494	0.0573	0.1061	9.4269	0.0061	164.4940
31	19.1943	0.0521	0.1055	9.4790	0.0055	181.9434
32	21.1138	0.0474	0.1050	9.5264	0.0050	201.1378
33	23.2252	0.0431	0.1045	9.5694	0.0045	222.2515
34	25.5477	0.0391	0.1041	9.6086	0.0041	245.4767
35	28.1024	0.0356	0.1037	9.6442	0.0037	271.0244
40	45.2593	0.0221	0.1023	9.7791	0.0023	442.5926
45	72.8905	0.0137	0.1014	9.8628	0.0014	718.9048
50	117.3909	0.0085	0.1009	9.9148	0.0009	1163.9085

普通复利系数表($i=11\%$) 附表 11

n	$(F/P,i,n)$	$(P/F,i,n)$	$(A/P,i,n)$	$(P/A,i,n)$	$(A/F,i,n)$	$(F/A,i,n)$
1	1.1100	0.9009	1.1100	0.9009	1.0000	1.0000
2	1.2321	0.8116	0.5839	1.7125	0.4739	2.1100
3	1.3676	0.7312	0.4092	2.4437	0.2992	3.3421
4	1.5181	0.6587	0.3223	3.1024	0.2123	4.7097
5	1.6851	0.5935	0.2706	3.6959	0.1606	6.2278
6	1.8704	0.5346	0.2364	4.2305	0.1264	7.9129
7	2.0762	0.4817	0.2122	4.7122	0.1022	9.7833
8	2.3045	0.4339	0.1943	5.1461	0.0843	11.8594
9	2.5580	0.3909	0.1806	5.5370	0.0706	14.1640
10	2.8394	0.3522	0.1698	5.8892	0.0598	16.7220
11	3.1518	0.3173	0.1611	6.2065	0.0511	19.5614
12	3.4985	0.2858	0.1540	6.4924	0.0440	22.7132
13	3.8833	0.2575	0.1482	6.7499	0.0382	26.2116
14	4.3104	0.2320	0.1432	6.9819	0.0332	30.0949
15	4.7846	0.2090	0.1391	7.1909	0.0291	34.4054
16	5.3109	0.1883	0.1355	7.3792	0.0255	39.1899
17	5.8951	0.1696	0.1325	7.5488	0.0225	44.5008
18	6.5436	0.1528	0.1298	7.7016	0.0198	50.3959
19	7.2633	0.1377	0.1276	7.8393	0.0176	56.9395
20	8.0623	0.1240	0.1256	7.9633	0.0156	64.2028
21	8.9492	0.1117	0.1238	8.0751	0.0138	72.2651
22	9.9336	0.1007	0.1223	8.1757	0.0123	81.2143
23	11.0263	0.0907	0.1210	8.2664	0.0110	91.1479
24	12.2392	0.0817	0.1198	8.3481	0.0098	102.1742
25	13.5855	0.0736	0.1187	8.4217	0.0087	114.4133
26	15.0799	0.0663	0.1178	8.4881	0.0078	127.9988
27	16.7386	0.0597	0.1170	8.5478	0.0070	143.0786
28	18.5799	0.0538	0.1163	8.6016	0.0063	159.8173
29	20.6237	0.0485	0.1156	8.6501	0.0056	178.3972
30	22.8923	0.0437	0.1150	8.6938	0.0050	199.0209
31	25.4104	0.0394	0.1145	8.7331	0.0045	221.9132
32	28.2056	0.0355	0.1140	8.7686	0.0040	247.3236
33	31.3082	0.0319	0.1136	8.8005	0.0036	275.5292
34	34.7521	0.0288	0.1133	8.8293	0.0033	306.8374
35	38.5749	0.0259	0.1129	8.8552	0.0029	341.5896
40	65.0009	0.0154	0.1117	8.9511	0.0017	581.8261
45	109.5302	0.0091	0.1110	9.0079	0.0010	986.6386
50	184.5648	0.0054	0.1106	9.0417	0.0006	1668.7712

普通复利系数表($i=12\%$) 附表 12

n	$(F/P,i,n)$	$(P/F,i,n)$	$(A/P,i,n)$	$(P/A,i,n)$	$(A/F,i,n)$	$(F/A,i,n)$
1	1.1200	0.8929	1.1200	0.8929	1.0000	1.0000
2	1.2544	0.7972	0.5917	1.6901	0.4717	2.1200
3	1.4049	0.7118	0.4163	2.4018	0.2963	3.3744
4	1.5735	0.6355	0.3292	3.0373	0.2092	4.7793
5	1.7623	0.5674	0.2774	3.6048	0.1574	6.3528
6	1.9738	0.5066	0.2432	4.1114	0.1232	8.1152
7	2.2107	0.4523	0.2191	4.5638	0.0991	10.0890
8	2.4760	0.4039	0.2013	4.9676	0.0813	12.2997
9	2.7731	0.3606	0.1877	5.3282	0.0677	14.7757
10	3.1058	0.3220	0.1770	5.6502	0.0570	17.5487
11	3.4785	0.2875	0.1684	5.9377	0.0484	20.6546
12	3.8960	0.2567	0.1614	6.1944	0.0414	24.1331
13	4.3635	0.2292	0.1557	6.4235	0.0357	28.0291
14	4.8871	0.2046	0.1509	6.6282	0.0309	32.3926
15	5.4736	0.1827	0.1468	6.8109	0.0268	37.2797
16	6.1304	0.1631	0.1434	6.9740	0.0234	42.7533
17	6.8660	0.1456	0.1405	7.1196	0.0205	48.8837
18	7.6900	0.1300	0.1379	7.2497	0.0179	55.7497
19	8.6128	0.1161	0.1358	7.3658	0.0158	63.4397
20	9.6463	0.1037	0.1339	7.4694	0.0139	72.0524
21	10.8038	0.0926	0.1322	7.5620	0.0122	81.6987
22	12.1003	0.0826	0.1308	7.6446	0.0108	92.5026
23	13.5523	0.0738	0.1296	7.7184	0.0096	104.6029
24	15.1786	0.0659	0.1285	7.7843	0.0085	118.1552
25	17.0001	0.0588	0.1275	7.8431	0.0075	133.3339
26	19.0401	0.0525	0.1267	7.8957	0.0067	150.3339
27	21.3249	0.0469	0.1259	7.9426	0.0059	169.3740
28	23.8839	0.0419	0.1252	7.9844	0.0052	190.6989
29	26.7499	0.0374	0.1247	8.0218	0.0047	214.5828
30	29.9599	0.0334	0.1241	8.0552	0.0041	241.3327
31	33.5551	0.0298	0.1237	8.0850	0.0037	271.2926
32	37.5817	0.0266	0.1233	8.1116	0.0033	304.8477
33	42.0915	0.0238	0.1229	8.1354	0.0029	342.4294
34	47.1425	0.0212	0.1226	8.1566	0.0026	384.5210
35	52.7996	0.0189	0.1223	8.1755	0.0023	431.6635
40	93.0510	0.0107	0.1213	8.2438	0.0013	767.0914
45	163.9876	0.0061	0.1207	8.2825	0.0007	1358.2300
50	289.0022	0.0035	0.1204	8.3045	0.0004	2400.0182

普通复利系数表($i=13\%$)　　　　附表13

n	$(F/P,i,n)$	$(P/F,i,n)$	$(A/P,i,n)$	$(P/A,i,n)$	$(A/F,i,n)$	$(F/A,i,n)$
1	1.1300	0.8850	1.1300	0.8850	1.0000	1.0000
2	1.2769	0.7831	0.5995	1.6681	0.4695	2.1300
3	1.4429	0.6931	0.4235	2.3612	0.2935	3.4069
4	1.6305	0.6133	0.3362	2.9745	0.2062	4.8498
5	1.8424	0.5428	0.2843	3.5172	0.1543	6.4803
6	2.0820	0.4803	0.2502	3.9975	0.1202	8.3227
7	2.3526	0.4251	0.2261	4.4226	0.0961	10.4047
8	2.6584	0.3762	0.2084	4.7988	0.0784	12.7573
9	3.0040	0.3329	0.1949	5.1317	0.0649	15.4157
10	3.3946	0.2946	0.1843	5.4262	0.0543	18.4197
11	3.8359	0.2607	0.1758	5.6869	0.0458	21.8143
12	4.3345	0.2307	0.1690	5.9176	0.0390	25.6502
13	4.8980	0.2042	0.1634	6.1218	0.0334	29.9847
14	5.5348	0.1807	0.1587	6.3025	0.0287	34.8827
15	6.2543	0.1599	0.1547	6.4624	0.0247	40.4175
16	7.0673	0.1415	0.1514	6.6039	0.0214	46.6717
17	7.9861	0.1252	0.1486	6.7291	0.0186	53.7391
18	9.0243	0.1108	0.1462	6.8399	0.0162	61.7251
19	10.1974	0.0981	0.1441	6.9380	0.0141	70.7494
20	11.5231	0.0868	0.1424	7.0248	0.0124	80.9468
21	13.0211	0.0768	0.1408	7.1016	0.0108	92.4699
22	14.7138	0.0680	0.1395	7.1695	0.0095	105.4910
23	16.6266	0.0601	0.1383	7.2297	0.0083	120.2048
24	18.7881	0.0532	0.1373	7.2829	0.0073	136.8315
25	21.2305	0.0471	0.1364	7.3300	0.0064	155.6196
26	23.9905	0.0417	0.1357	7.3717	0.0057	176.8501
27	27.1093	0.0369	0.1350	7.4086	0.0050	200.8406
28	30.6335	0.0326	0.1344	7.4412	0.0044	227.9499
29	34.6158	0.0289	0.1339	7.4701	0.0039	258.5834
30	39.1159	0.0256	0.1334	7.4957	0.0034	293.1992
31	44.2010	0.0226	0.1330	7.5183	0.0030	332.3151
32	49.9471	0.0200	0.1327	7.5383	0.0027	376.5161
33	56.4402	0.0177	0.1323	7.5560	0.0023	426.4632
34	63.7774	0.0157	0.1321	7.5717	0.0021	482.9034
35	72.0685	0.0139	0.1318	7.5856	0.0018	546.6808
40	132.7816	0.0075	0.1310	7.6344	0.0010	1013.7042
45	244.6414	0.0041	0.1305	7.6609	0.0005	1874.1646
50	450.7359	0.0022	0.1303	7.6752	0.0003	3459.5071

普通复利系数表($i=14\%$) 附表 14

n	$(F/P,i,n)$	$(P/F,i,n)$	$(A/P,i,n)$	$(P/A,i,n)$	$(A/F,i,n)$	$(F/A,i,n)$
1	1.1400	0.8772	1.1400	0.8772	1.0000	1.0000
2	1.2996	0.7695	0.6073	1.6467	0.4673	2.1400
3	1.4815	0.6750	0.4307	2.3216	0.2907	3.4396
4	1.6890	0.5921	0.3432	2.9137	0.2032	4.9211
5	1.9254	0.5194	0.2913	3.4331	0.1513	6.6101
6	2.1950	0.4556	0.2572	3.8887	0.1172	8.5355
7	2.5023	0.3996	0.2332	4.2883	0.0932	10.7305
8	2.8526	0.3506	0.2156	4.6389	0.0756	13.2328
9	3.2519	0.3075	0.2022	4.9464	0.0622	16.0853
10	3.7072	0.2697	0.1917	5.2161	0.0517	19.3373
11	4.2262	0.2366	0.1834	5.4527	0.0434	23.0445
12	4.8179	0.2076	0.1767	5.6603	0.0367	27.2707
13	5.4924	0.1821	0.1712	5.8424	0.0312	32.0887
14	6.2613	0.1597	0.1666	6.0021	0.0266	37.5811
15	7.1379	0.1401	0.1628	6.1422	0.0228	43.8424
16	8.1372	0.1229	0.1596	6.2651	0.0196	50.9804
17	9.2765	0.1078	0.1569	6.3729	0.0169	59.1176
18	10.5752	0.0946	0.1546	6.4674	0.0146	68.3941
19	12.0557	0.0829	0.1527	6.5504	0.0127	78.9692
20	13.7435	0.0728	0.1510	6.6231	0.0110	91.0249
21	15.6676	0.0638	0.1495	6.6870	0.0095	104.7684
22	17.8610	0.0560	0.1483	6.7429	0.0083	120.4360
23	20.3616	0.0491	0.1472	6.7921	0.0072	138.2970
24	23.2122	0.0431	0.1463	6.8351	0.0063	158.6586
25	26.4619	0.0378	0.1455	6.8729	0.0055	181.8708
26	30.1666	0.0331	0.1448	6.9061	0.0048	208.3327
27	34.3899	0.0291	0.1442	6.9352	0.0042	238.4993
28	39.2045	0.0255	0.1437	6.9607	0.0037	272.8892
29	44.6931	0.0224	0.1432	6.9830	0.0032	312.0937
30	50.9502	0.0196	0.1428	7.0027	0.0028	356.7868
31	58.0832	0.0172	0.1425	7.0199	0.0025	407.7370
32	66.2148	0.0151	0.1421	7.0350	0.0021	465.8202
33	75.4849	0.0132	0.1419	7.0482	0.0019	532.0350
34	86.0528	0.0116	0.1416	7.0599	0.0016	607.5199
35	98.1002	0.0102	0.1414	7.0700	0.0014	693.5727
40	188.8835	0.0053	0.1407	7.1050	0.0007	1342.0251
45	363.6791	0.0027	0.1404	7.1232	0.0004	2590.5648
50	700.2330	0.0014	0.1402	7.1327	0.0002	4994.5213

普通复利系数表($i=15\%$) 附表 15

n	$(F/P,i,n)$	$(P/F,i,n)$	$(A/P,i,n)$	$(P/A,i,n)$	$(A/F,i,n)$	$(F/A,i,n)$
1	1.1500	0.8696	1.1500	0.8696	1.0000	1.0000
2	1.3225	0.7561	0.6151	1.6257	0.4651	2.1500
3	1.5209	0.6575	0.4380	2.2832	0.2880	3.4725
4	1.7490	0.5718	0.3503	2.8550	0.2003	4.9934
5	2.0114	0.4972	0.2983	3.3522	0.1483	6.7424
6	2.3131	0.4323	0.2642	3.7845	0.1142	8.7537
7	2.6600	0.3759	0.2404	4.1604	0.0904	11.0668
8	3.0590	0.3269	0.2229	4.4873	0.0729	13.7268
9	3.5179	0.2843	0.2096	4.7716	0.0596	16.7858
10	4.0456	0.2472	0.1993	5.0188	0.0493	20.3037
11	4.6524	0.2149	0.1911	5.2337	0.0411	24.3493
12	5.3503	0.1869	0.1845	5.4206	0.0345	29.0017
13	6.1528	0.1625	0.1791	5.5831	0.0291	34.3519
14	7.0757	0.1413	0.1747	5.7245	0.0247	40.5047
15	8.1371	0.1229	0.1710	5.8474	0.0210	47.5804
16	9.3576	0.1069	0.1679	5.9542	0.0179	55.7175
17	10.7613	0.0929	0.1654	6.0472	0.0154	65.0751
18	12.3755	0.0808	0.1632	6.1280	0.0132	75.8364
19	14.2318	0.0703	0.1613	6.1982	0.0113	88.2118
20	16.3665	0.0611	0.1598	6.2593	0.0098	102.4436
21	18.8215	0.0531	0.1584	6.3125	0.0084	118.8101
22	21.6447	0.0462	0.1573	6.3587	0.0073	137.6316
23	24.8915	0.0402	0.1563	6.3988	0.0063	159.2764
24	28.6252	0.0349	0.1554	6.4338	0.0054	184.1678
25	32.9190	0.0304	0.1547	6.4641	0.0047	212.7930
26	37.8568	0.0264	0.1541	6.4906	0.0041	245.7120
27	43.5353	0.0230	0.1535	6.5135	0.0035	283.5688
28	50.0656	0.0200	0.1531	6.5335	0.0031	327.1041
29	57.5755	0.0174	0.1527	6.5509	0.0027	377.1697
30	66.2118	0.0151	0.1523	6.5660	0.0023	434.7451
31	76.1435	0.0131	0.1520	6.5791	0.0020	500.9569
32	87.5651	0.0114	0.1517	6.5905	0.0017	577.1005
33	100.6998	0.0099	0.1515	6.6005	0.0015	664.6655
34	115.8048	0.0086	0.1513	6.6091	0.0013	765.3654
35	133.1755	0.0075	0.1511	6.6166	0.0011	881.1702
40	267.8635	0.0037	0.1506	6.6418	0.0006	1779.0903
45	538.7693	0.0019	0.1503	6.6543	0.0003	3585.1285
50	1083.6574	0.0009	0.1501	6.6605	0.0001	7217.7163

普通复利系数表($i=17\%$)　　　　附表 16

n	$(F/P,i,n)$	$(P/F,i,n)$	$(A/P,i,n)$	$(P/A,i,n)$	$(A/F,i,n)$	$(F/A,i,n)$
1	1.1700	0.8547	1.1700	0.8547	1.0000	1.0000
2	1.3689	0.7305	0.6308	1.5852	0.4608	2.1700
3	1.6016	0.6244	0.4526	2.2096	0.2826	3.5389
4	1.8739	0.5337	0.3645	2.7432	0.1945	5.1405
5	2.1924	0.4561	0.3126	3.1993	0.1426	7.0144
6	2.5652	0.3898	0.2786	3.5892	0.1086	9.2068
7	3.0012	0.3332	0.2549	3.9224	0.0849	11.7720
8	3.5115	0.2848	0.2377	4.2072	0.0677	14.7733
9	4.1084	0.2434	0.2247	4.4506	0.0547	18.2847
10	4.8068	0.2080	0.2147	4.6586	0.0447	22.3931
11	5.6240	0.1778	0.2068	4.8364	0.0368	27.1999
12	6.5801	0.1520	0.2005	4.9884	0.0305	32.8239
13	7.6987	0.1299	0.1954	5.1183	0.0254	39.4040
14	9.0075	0.1110	0.1912	5.2293	0.0212	47.1027
15	10.5387	0.0949	0.1878	5.3242	0.0178	56.1101
16	12.3303	0.0811	0.1850	5.4053	0.0150	66.6488
17	14.4265	0.0693	0.1827	5.4746	0.0127	78.9792
18	16.8790	0.0592	0.1807	5.5339	0.0107	93.4056
19	19.7484	0.0506	0.1791	5.5845	0.0091	110.2846
20	23.1056	0.0433	0.1777	5.6278	0.0077	130.0329
21	27.0336	0.0370	0.1765	5.6648	0.0065	153.1385
22	31.6293	0.0316	0.1756	5.6964	0.0056	180.1721
23	37.0062	0.0270	0.1747	5.7234	0.0047	211.8013
24	43.2973	0.0231	0.1740	5.7465	0.0040	248.8076
25	50.6578	0.0197	0.1734	5.7662	0.0034	292.1049
26	59.2697	0.0169	0.1729	5.7831	0.0029	342.7627
27	69.3455	0.0144	0.1725	5.7975	0.0025	402.0323
28	81.1342	0.0123	0.1721	5.8099	0.0021	471.3778
29	94.9271	0.0105	0.1718	5.8204	0.0018	552.5121
30	111.0647	0.0090	0.1715	5.8294	0.0015	647.4391
31	129.9456	0.0077	0.1713	5.8371	0.0013	758.5038
32	152.0364	0.0066	0.1711	5.8437	0.0011	888.4494
33	177.8826	0.0056	0.1710	5.8493	0.0010	1040.4858
34	208.1226	0.0048	0.1708	5.8541	0.0008	1218.3684
35	243.5035	0.0041	0.1707	5.8582	0.0007	1426.4910
40	533.8687	0.0019	0.1703	5.8713	0.0003	3134.5218
45	1170.4794	0.0009	0.1701	5.8773	0.0001	6879.2907
50	2566.2153	0.0004	0.1701	5.8801	0.0001	15089.5017

普通复利系数表($i=20\%$) 附表17

n	$(F/P,i,n)$	$(P/F,i,n)$	$(A/P,i,n)$	$(P/A,i,n)$	$(A/F,i,n)$	$(F/A,i,n)$
1	1.2000	0.8333	1.2000	0.8333	1.0000	1.0000
2	1.4400	0.6944	0.6545	1.5278	0.4545	2.2000
3	1.7280	0.5787	0.4747	2.1065	0.2747	3.6400
4	2.0736	0.4823	0.3863	2.5887	0.1863	5.3680
5	2.4883	0.4019	0.3344	2.9906	0.1344	7.4416
6	2.9860	0.3349	0.3007	3.3255	0.1007	9.9299
7	3.5832	0.2791	0.2774	3.6046	0.0774	12.9159
8	4.2998	0.2326	0.2606	3.8372	0.0606	16.4991
9	5.1598	0.1938	0.2481	4.0310	0.0481	20.7989
10	6.1917	0.1615	0.2385	4.1925	0.0385	25.9587
11	7.4301	0.1346	0.2311	4.3271	0.0311	32.1504
12	8.9161	0.1122	0.2253	4.4392	0.0253	39.5805
13	10.6993	0.0935	0.2206	4.5327	0.0206	48.4966
14	12.8392	0.0779	0.2169	4.6106	0.0169	59.1959
15	15.4070	0.0649	0.2139	4.6755	0.0139	72.0351
16	18.4884	0.0541	0.2114	4.7296	0.0114	87.4421
17	22.1861	0.0451	0.2094	4.7746	0.0094	105.9306
18	26.6233	0.0376	0.2078	4.8122	0.0078	128.1167
19	31.9480	0.0313	0.2065	4.8435	0.0065	154.7400
20	38.3376	0.0261	0.2054	4.8696	0.0054	186.6880
21	46.0051	0.0217	0.2044	4.8913	0.0044	225.0256
22	55.2061	0.0181	0.2037	4.9094	0.0037	271.0307
23	66.2474	0.0151	0.2031	4.9245	0.0031	326.2369
24	79.4968	0.0126	0.2025	4.9371	0.0025	392.4842
25	95.3962	0.0105	0.2021	4.9476	0.0021	471.9811
26	114.4755	0.0087	0.2018	4.9563	0.0018	567.3773
27	137.3706	0.0073	0.2015	4.9636	0.0015	681.8528
28	164.8447	0.0061	0.2012	4.9697	0.0012	819.2233
29	197.8136	0.0051	0.2010	4.9747	0.0010	984.0680
30	237.3763	0.0042	0.2008	4.9789	0.0008	1181.8816
31	284.8516	0.0035	0.2007	4.9824	0.0007	1419.2579
32	341.8219	0.0029	0.2006	4.9854	0.0006	1704.1095
33	410.1863	0.0024	0.2005	4.9878	0.0005	2045.9314
34	492.2235	0.0020	0.2004	4.9898	0.0004	2456.1176
35	590.6682	0.0017	0.2003	4.9915	0.0003	2948.3411
40	1469.7716	0.0007	0.2001	4.9966	0.0001	7343.8578
45	3657.2620	0.0003	0.2001	4.9986	0.0001	18281.3099
50	9100.4382	0.0001	0.2000	4.9995	0.0000	45497.1908

普通复利系数表($i=25\%$)　　　附表18

n	$(F/P,i,n)$	$(P/F,i,n)$	$(A/P,i,n)$	$(P/A,i,n)$	$(A/F,i,n)$	$(F/A,i,n)$
1	1.2500	0.8000	1.2500	0.8000	1.0000	1.0000
2	1.5625	0.6400	0.6944	1.4400	0.4444	2.2500
3	1.9531	0.5120	0.5123	1.9520	0.2623	3.8125
4	2.4414	0.4096	0.4234	2.3616	0.1734	5.7656
5	3.0518	0.3277	0.3718	2.6893	0.1218	8.2070
6	3.8147	0.2621	0.3388	2.9514	0.0888	11.2588
7	4.7684	0.2097	0.3163	3.1611	0.0663	15.0735
8	5.9605	0.1678	0.3004	3.3289	0.0504	19.8419
9	7.4506	0.1342	0.2888	3.4631	0.0388	25.8023
10	9.3132	0.1074	0.2801	3.5705	0.0301	33.2529
11	11.6415	0.0859	0.2735	3.6564	0.0235	42.5661
12	14.5519	0.0687	0.2684	3.7251	0.0184	54.2077
13	18.1899	0.0550	0.2645	3.7801	0.0145	68.7596
14	22.7374	0.0440	0.2615	3.8241	0.0115	86.9495
15	28.4217	0.0352	0.2591	3.8593	0.0091	109.6868
16	35.5271	0.0281	0.2572	3.8874	0.0072	138.1085
17	44.4089	0.0225	0.2558	3.9099	0.0058	173.6357
18	55.5112	0.0180	0.2546	3.9279	0.0046	218.0446
19	69.3889	0.0144	0.2537	3.9424	0.0037	273.5558
20	86.7362	0.0115	0.2529	3.9539	0.0029	342.9447
21	108.4202	0.0092	0.2523	3.9631	0.0023	429.6809
22	135.5253	0.0074	0.2519	3.9705	0.0019	538.1011
23	169.4066	0.0059	0.2515	3.9764	0.0015	673.6264
24	211.7582	0.0047	0.2512	3.9811	0.0012	843.0329
25	264.6978	0.0038	0.2509	3.9849	0.0009	1054.7912
26	330.8722	0.0030	0.2508	3.9879	0.0008	1319.4890
27	413.5903	0.0024	0.2506	3.9903	0.0006	1650.3612
28	516.9879	0.0019	0.2505	3.9923	0.0005	2063.9515
29	646.2349	0.0015	0.2504	3.9938	0.0004	2580.9394
30	807.7936	0.0012	0.2503	3.9950	0.0003	3227.1743
31	1009.7420	0.0010	0.2502	3.9960	0.0002	4034.9678
32	1262.1774	0.0008	0.2502	3.9968	0.0002	5044.7098
33	1577.7218	0.0006	0.2502	3.9975	0.0002	6306.8872
34	1972.1523	0.0005	0.2501	3.9980	0.0001	7884.6091
35	2465.1903	0.0004	0.2501	3.9984	0.0001	9856.7613
40	7523.1638	0.0001	0.2500	3.9995	0.0000	30088.6554

普通复利系数表($i=30\%$) 附表19

n	$(F/P,i,n)$	$(P/F,i,n)$	$(A/P,i,n)$	$(P/A,i,n)$	$(A/F,i,n)$	$(F/A,i,n)$
1	1.3000	0.7692	1.3000	0.7692	1.0000	1.0000
2	1.6900	0.5917	0.7348	1.3609	0.4348	2.3000
3	2.1970	0.4552	0.5506	1.8161	0.2506	3.9900
4	2.8561	0.3501	0.4616	2.1662	0.1616	6.1870
5	3.7129	0.2693	0.4106	2.4356	0.1106	9.0431
6	4.8268	0.2072	0.3784	2.6427	0.0784	12.7560
7	6.2749	0.1594	0.3569	2.8021	0.0569	17.5828
8	8.1573	0.1226	0.3419	2.9247	0.0419	23.8577
9	10.6045	0.0943	0.3312	3.0190	0.0312	32.0150
10	13.7858	0.0725	0.3235	3.0915	0.0235	42.6195
11	17.9216	0.0558	0.3177	3.1473	0.0177	56.4053
12	23.2981	0.0429	0.3135	3.1903	0.0135	74.3270
13	30.2875	0.0330	0.3102	3.2233	0.0102	97.6250
14	39.3738	0.0254	0.3078	3.2487	0.0078	127.9125
15	51.1859	0.0195	0.3060	3.2682	0.0060	167.2863
16	66.5417	0.0150	0.3046	3.2832	0.0046	218.4722
17	86.5042	0.0116	0.3035	3.2948	0.0035	285.0139
18	112.4554	0.0089	0.3027	3.3037	0.0027	371.5180
19	146.1920	0.0068	0.3021	3.3105	0.0021	483.9734
20	190.0496	0.0053	0.3016	3.3158	0.0016	630.1655
21	247.0645	0.0040	0.3012	3.3198	0.0012	820.2151
22	321.1839	0.0031	0.3009	3.3230	0.0009	1067.2796
23	417.5391	0.0024	0.3007	3.3254	0.0007	1388.4635
24	542.8008	0.0018	0.3006	3.3272	0.0006	1806.0026
25	705.6410	0.0014	0.3004	3.3286	0.0004	2348.8033
26	917.3333	0.0011	0.3003	3.3297	0.0003	3054.4443
27	1192.5333	0.0008	0.3003	3.3305	0.0003	3971.7776
28	1550.2933	0.0006	0.3002	3.3312	0.0002	5164.3109
29	2015.3813	0.0005	0.3001	3.3317	0.0001	6714.6042
30	2619.9956	0.0004	0.3001	3.3321	0.0001	8729.9855
31	3405.9943	0.0003	0.3001	3.3324	0.0001	11349.9811
32	4427.7926	0.0002	0.3001	3.3326	0.0001	14755.9755
33	5756.1304	0.0002	0.3001	3.3328	0.0001	19183.7681
34	7482.9696	0.0001	0.3000	3.3329	0.0000	24939.8985
35	9727.8604	0.0001	0.3000	3.3330	0.0000	32422.8681
40	36118.8648	0.0000	0.3000	3.3332	0.0000	120392.8827

参 考 文 献

1. 黄渝祥，邢爱芳主编．工程经济学．上海：同济大学出版社，1996
2. 宋国防，贾湖主编．工程经济学．天津：天津大学出版社，2000
3. 吴添祖主编．技术经济学概论．北京：高等教育出版社，1998
4. 綦振平，杨汉宏主编．工程经济学．北京：煤炭工业出版社，2001
5. 杜葵主编．工程经济学．重庆：重庆大学出版社，2001
6. 陶燕瑜，张宜松主编．工程技术经济．重庆：重庆大学出版社，2001
7. 朱铮编著．价值工程概论．北京：科学出版社，1988
8. 郑连庆等编著．建筑工程经济与管理．广州：华南理工大学出版社，1997
9. 于守法主编．建设项目评价方法与参数应用讲座．北京：中国计划出版社，1995
10. 中国建筑学会编著．工程网络计划技术规程教程．北京：中国建筑工业出版社，2000
11. 李昌友主编．土木工程经济与管理．北京：中国铁道出版社，2001
12. 李南主编．工程经济学．北京：科学出版社，2000
13. 邓卫主编．建筑工程经济．北京：清华大学出版社，2000
14. 国家计划委员会，建设部．建设项目经济评价方法与参数（第二版）．北京：中国计划出版社，1993；
15. 刘长滨主编．建筑工程技术经济学．北京：中国建筑工业出版社，1992
16. 和宏明，彭兆声主编．建设项目可行性研究与经济评价手册．北京：中国物价出版社，1998
17. 李京文，郑友敬主编．技术经济手册——理论方法卷．北京：中国科学技术出版社，1990
18. 傅家骥，吴贵生主编．技术经济学．北京：中国经济出版社，1987
19. 赵国杰编著．建设项目经济评价．天津：天津科技翻译出版公司，1989
20. 赵国杰等编著．技术经济学．天津：天津大学出版社，1993
21. 李定荣，李开孟主编．建设项目可行性研究．天津：天津大学出版社，1995
22. 周惠珍主编．投资项目经济评价．北京：中国审计出版社，1997
23. 郝丽萍主编．现代管理方法教程．天津：天津大学出版社，1993
24. 张士英，张文泉，王京芹主编．技术经济预测与决策．天津：天津大学出版社，1996
25. 郎荣燊，刘荔娟主编．现代项目管理学．天津：天津大学出版社，1997
26. 范忠宝主编．投资项目评估教程．北京：经济科学出版社，2002
27. 朱康全主编．技术经济学．广州：暨南大学出版社，2001
28. 易志云，高民杰主编．成功项目管理．北京：中国经济出版社，2002
29. 毕梦林主编．技术经济学．沈阳：东北大学出版社，2001
30. 姜伟新，张三力主编．投资项目后评价．北京：中国石化出版社，2001
31. 郑垂勇，岳金桂，许长新主编．项目分析技术经济学．南京：河海大学出版社，1999
32. 李一智主编．经济预测技术．北京：清华大学出版社，1991
33. 侯文超编著．经济预测——理论、方法及应用．北京：商务印刷馆，1993
34. 冯文权主编．经济预测的原理与方法．武汉：武汉大学出版社，1986
35. 李铁映，张昕主编．预测决策方法．沈阳：辽宁科学技术出版社，1984

36 华伯泉主编．经济预测的统计方法．北京：中国统计出版社，1988
37 邓聚龙编著．灰色预测与决策．武汉：华中理工大学出版社，1986
38 李成，余建星．船舶修理项目经济分析和评价方法．中国修船．2003（2）：4-7
39 余建星，杨丽等．经济预测方法研究及其在港口与海洋工程中的应用．中国港湾建设．2003（5）：8-12
40 刘睿、余建星．援外工程项目计价特点．工程建设与设计．2002（6）：42-43
41 余建星，李建辉等．基于模糊综合评判管道风险分析的方法研究．中国海上油气．1998，10（2）：13-19
42 余建星，詹强等．穿越管道的疲劳失稳风险评估方法的研究．地震工程与工程振动．2001，21（2）：58-63
43 余建星，雷威．埋地输油管道腐蚀风险分析方法与研究．油气储运：2001，20（2）：5-12
44 余建星，黄振广等．输油管道风险评估方法中风险分析因素权重调整研究．中国海上油气（工程）．2001，13（5）：41-44
45 余建星，刘立名等．模糊影响图在海洋工程项目风险分析中的应用．中国海上油气．2002，14（3）：38-41，44
46 余建星，李成．工程风险分析中的风险当量及其评价标准．海洋技术．2004，23（1）：48-51，61
47 余建星，李成．基于过程分析的工程系统风险分析方法．船舶工程．2003，25（5）：53-55
48 李承，余建星．模糊神经网络在近海机动卸载平台风险分析中的应用．山东科技大学学报．2003，22（4）：93-95
49 宋先锋，余建星．对油脂加工企业生产成本的分析与探讨．中国油脂．2003，28（2）：62-64
50 严智洲，戴玉生主编．灰色系统预测与应用．江苏：江苏科技出版社，1989
51 汪培龙，韩立岩主编．应用模糊数学．北京：北京经济学院出版社，1989
52 天津大学概率统计教研究．应用概率统计．天津：天津大学出版社，1990
53 洪承礼主编．土木工程决策经济分析．北京：人民交通出版社，1994
54 郭仲伟编著．风险分析与决策．北京：机械工业出版社，1986
55 克里斯·查普曼，斯蒂芬·沃德编著．项目风险管理（过程、技术和洞察力）．北京：电子工业出版社，2003